Wolfgang Swat **Der Tote in der Wäschetruhe**

W0196548

ISBN 978-3-86789-453-1

1. Auflage dieser Ausgabe
© 2014 BEBUG mbH / Bild und Heimat, Berlin
© 1998 Verlag Das Neue Berlin, Berlin
Umschlaggestaltung: capa
Umschlagabbildung: Chris Keller / bobsairport
Druck und Bindung: GGP Media GmbH, Pößneck

In Kooperation mit der SUPERillu
www.superillu-shop.de

Wolfgang Swat

Der Tote in der Wäschetruhe

und zwanzig weitere Verbrechen

Bild und Heimat

Inhalt

Vorwort

»Der Tote in der Wäschetruhe« schildert Kriminalfälle haupt-sächlich aus den 70er und 80er Jahren, die sich in der DDR, spe-ziell im ehemaligen Bezirk Cottbus, zugetragen haben. Offiziell verlautete damals wenig über die Verbrechen, ihre Hintergrün-de, Motive und Konsequenzen – zumal es auch keine Boule-vardpresse gab. So blieb es meist bei kargen »Mitteilungen der VP« in den Lokalausgaben der regionalen Tageszeitung. Umso mehr verbreiteten sich Informationen zu Straftaten vor Ort über den »Buschfunk«, was Gerüchten und Spekulationen viel Raum ließ.

Das vorliegende Buch hält sich an die Fakten. Die Verbre-chen haben sich so ereignet, wie sie hier geschildert sind. Um dem Leser die detaillierten und umfänglichen Akten fasslich zu präsentieren, musste aus dem Material die Essenz destilliert werden. So sind aus Gründen der Zusammenfassung und im Interesse einer komprimierten Darstellung gelegentlich Er-mittlungsschritte unerwähnt geblieben, die zur Aufklärung beigetragen haben. Die Kriminalisten der Cottbuser Mordun-tersuchungskommission (MUK) und die Staatsanwälte mögen es nachsehen.

Das Studium der zum Teil umfangreichen Unterlagen hat dem Autor bewusst gemacht, mit welcher Akribie und enor-men Aufklärungsbereitschaft die Kriminalisten der MUK die Spur der Verbrecher aufgenommen und sie mit großem Ein-satz, kriminalistischem Spürsinn und Fachwissen zur Strecke gebracht haben.

Im Abschnitt »Rätselhafte Kriminalfälle« werden drei Ver-brechen geschildert, die bis heute nicht aufgeklärt sind bezie-hungsweise in denen die Strafverfolgung aus politischen Grün-den vereitelt wurde. Diese Fälle lieferten dem Autor Stoff für eine Serie in der Tageszeitung *Lausitzer Rundschau* Mitte der 90er Jahre und sind für dieses Buch anhand neuer Recherchen ergänzt worden. Authentisch sind die Namen von Staatsanwalt Horst Helbig und dem inzwischen verstorbenen Gerichtspsychologen Prof. Dr. med. Ehrig Lange von der Medizinischen Akademie »Carl Gustav Carus« in Dresden. Diese beiden Männer haben mit ihren engagierten Auftritten in Cottbuser Gerichtssälen zu DDR-Zeiten, aber auch nach der Wende Geschichte geschrieben.

Alle anderen Namen von Tätern, Opfern und Zeugen sind aus Gründen des Persönlichkeitsschutzes frei erfunden. Eventuelle Übereinstimmungen mit real existierenden Personen wären reiner Zufall.

Schwierig war es, etwas über den Verbleib der Täter nach Verbüßung der Strafe zu erfahren. Wo ein Hinweis fehlt, ist der Autor an die Grenzen der Möglichkeiten seiner Recherche gestoßen.

Dialoge im Buch, wenn sie nicht original aus den Akten entnommen wurden, sind möglichen Gesprächen nachempfunden. Passagen, die aus Anklageschriften, Urteilen, psychiatrischen Gutachten und Ermittlungsprotokollen zitiert werden, sind kursiv dargestellt.

Das Buch ist keine wissenschaftliche Abhandlung. Quellenangaben und Erläuterungen wurden in den Texten in aller Kürze vorgenommen.

Natürlich soll »Der Tote in der Wäschetruhe« die Interessenten kriminalistischer Sachliteratur spannend unterhalten – aber nicht nur das. Das Buch soll auch Anregungen geben für die Analyse des Vergangenen. In der Bundesrepublik kamen in den 80er Jahren 1,6 Morde auf 100 000 Einwohner. Auch in der DDR gab es schwerste Straftaten, wurden Frauen und Mädchen vergewaltigt, gab es Morde aus niedrigsten Motiven. Die Statistik weist für die 80er Jahre einen Mordfall auf 100 000

Einwohner aus. Diese Diskrepanz ist keineswegs ausreichend untersucht.

Beim Aktenstudium fiel allerdings auf, dass aus den Unterlagen fast alles über die Täter, doch sehr wenig oder gar nichts über die Opfer und die Hinterbliebenen zu erfahren war. Damals wie heute ist das Strafrecht nahezu ausschließlich auf die Täter orientiert. Die Hinterbliebenen der Opfer von Verbrechen werden allzu oft allein gelassen, wie das Beispiel von Gerda und Werner Moritz aus Maukendorf bei Hoyerswerda zeigt. Über drei Jahrzehnte nach der Ermordung ihrer Tochter haben sie für dieses Buch ihr Leiden geschildert. So wird für den Leser ein Aspekt von Gewaltverbrechen beleuchtet, der noch immer viel zu oft im Dunkeln bleibt.

Ein Buch wie dieses ist nicht das Ergebnis der Arbeit eines Einzelnen. Matthias Warnke hat bei der Auswahl der Fälle seinen Anteil. Er war viele Jahre Mitglied der Morduntersuchungskommission in Cottbus, die er zuletzt bis zu seiner Pensionierung geleitet hat. Sehr hilfreich war die Zusammenarbeit mit der Staatsanwaltschaft Cottbus, die das Studium der Akten auf unbürokratische Art und Weise ermöglichte. Und nicht zuletzt danke ich meinem lang jährigen Freund Berndt Fleischer, Polizeisprecher im Schutzbereich Cottbus/Spree-Neiße für seine kritischen Hinweise.

Leichenfund im Kabelgraben

Max Gärtner ist ein verurteilter Mörder. Das Bezirksgericht Cottbus hat ihn im Februar 1983 zu einer lebenslangen Freiheitsstrafe verurteilt, nicht zuletzt aufgrund des Geständnisses des Angeklagten in der Hauptverhandlung. Fünf Jahre später wird die Strafe im Zuge eine Amnestie auf fünfzehn Jahre Gefängnis reduziert. Seit März 1995 befindet sich Max Gärtner wieder auf freiem Fuß und lebt zurückgezogen in Cottbus. Die vierjährige Bewährungszeit, die mit der Strafaussetzung verbunden war, hat er ohne Fehl und Tadel bestanden. Im Frühjahr 2005 wird der Mann ins Polizeipräsidium Cottbus bestellt. Er soll eine DNA-Probe abgeben, damit sein genetischer Fingerabdruck in die bundesweite Datenbank aufgenommen werden kann, in der die menschlichen Codes von Schwerverbrechern erfasst sind. Max Gärtner folgt dieser Aufforderung widerspruchslos. Nachdem ein Kriminalkommissar den Abstrich im Mund vorgenommen hat, verabschiedet sich Gärtner höflich. Fast beiläufig äußert er beim Hinausgehen ruhig und emotionslos:

»Ich bin unschuldig verurteilt worden, die Tat habe ich nicht begangen. Trotzdem habe ich kein Interesse an einer Wiederaufnahme des Falls. Für mich ist die Sache abgeschlossen.« Der Kriminalkommissar, ein erfahrener Mordermittler, schreibt dennoch einen Vermerk und gibt ihn zu den Akten. Ist Max Gärtner damals fälschlicherweise beschuldigt und als Mörder verurteilt worden?

Ereignet hat sich das Verbrechen im Jahr 1982 in Cottbus. Es ist März, also der Monat, in dem Frauenkollektive aus Betrieben, Genossenschaften und gesellschaftlichen Organisationen den Internationalen Frauentag feiern. Die Gaststätten sind in jenen Tagen gut ausgelastet. Wer nicht rechtzeitig Plätze bestellt, hat schlechte Karten.

Ganz auf Frauentagsfeiern eingestellt ist auch die HO-Gaststätte *Zur Post* im Cottbuser Stadtteil Madlow. Nicht weit vom Restaurant entfernt befindet sich auf der rechten Seite in Richtung Stadtmitte der Südfriedhof. Zum Friedhof gehört ein sowjetisches Ehrenmal, das zwischen Straßenbahngleisen und Friedhofsgrenze liegt. Es erinnert an die russischen Soldaten, die im Zweiten Weltkrieg bei der Befreiung von Cottbus gefallen und auf einem extra Grabfeld innerhalb des Friedhofes bestattet sind. Gegenüber erstreckt sich das Areal einer großen Kaserne der Nationalen Volksarmee und die Gaststätte *Zum Postkutscher*. Eine Straßenbahn verbindet das Zentrum mit dem südlich gelegenen, vorstädtischen Madlow.

Am 4. März 1982 sitzen seit dem späten Nachmittag Frauen einer Brigade vom Rechenzentrum der Reichsbahn in Cottbus in der *Post* zusammen. Zunächst lassen sich die Damen Kaffee und Kuchen schmecken und am Abend dann Schnitzel mit Kartoffeln und Gemüse. Natürlich wird auch das eine oder andere Glas Wein getrunken, doch übermäßig fließt der Alkohol nicht. Mit am Tisch der Frauentagsfeier Platz genommen hat auch die vierzig Jahre alte Monika Grafe. Wie immer ist die schwarzhaarige Frau mit der Brille eher zurückhaltend. Sie sieht nicht besonders gut aus, und wegen ihrer nervlichen Verfassung musste sie schon mehrfach Ärzte konsultieren.

Zum Publikum der *Post* gehören an diesem Abend auch Gäste, die nichts mit der Frauentagsfeier zu tun haben. Der Friedhofsarbeiter Heinrich Bärmann hat sich an diesem Tag hier mit seiner Freundin Hilde Karschunke »auf ein Bier« verabredet. Beide trennen sich später, weil der Durst von Hilde eher gestillt ist als der ihres Freundes Heinrich.

Gegen zwanzig Uhr verlässt die Frauentagsgesellschaft das Restaurant. Die Straßenbahn hat Verspätung. Die lustige Runde wartet und fährt dann gemeinsam Richtung Stadtmitte. Nur Monika Grafe geht zu Fuß. Sie fühlt sich nicht wohl, hat

Kopfschmerzen und braucht frische Luft. Seit Jahren leidet die alleinstehende Frau an Schizophrenie, die von Zeit zu Zeit in akute Schübe mündet. Auch ihr Heimweg führt sie in die Stadt. Die Kolleginnen sehen sie jedoch nicht mehr, obwohl die Bahn an ihr vorbeifahren müsste.

An besagtem 4. März 1982 ist für den 25-jährigen Max Gärtner um 5.45 Uhr die Nacht vorbei. Die Eltern, bei denen das Einzelkind noch immer wohnt, schlafen weiter. Die Mutter arbeitet als Angestellte in der Verwaltung des Bezirksgerichtes Cottbus. Der Vater war viele Jahre Kraftfahrer im VEB Textilreinigung. Aus gesundheitlichen Gründen musste er aus diesem Beruf ausscheiden. Er kam als Laborgehilfe bei der Bezirksdirektion Straßenwesen unter.

Viel Zeit benötigt Max Gärtner nicht für seine Morgentoilette. Das leicht gewellte Haar reicht über die Ohren bis zum Nacken und ein kleiner Oberlippenbart soll ihm etwas mehr Männlichkeit verleihen. Wie üblich trinkt er zum Frühstück zwei Tassen Bohnenkaffee. Dabei hört er sich im Radio die Nachrichten und den Wetterbericht an und raucht eine Zigarette seiner Lieblingsmarke Cabinet. Gegen 6.15 Uhr verlässt er das Haus.

Es ist der übliche Tagesbeginn für den 25-Jährigen, wenn er Frühschicht hat im VEB Cottbusverkehr. Seit dem erfolgreichen Abschluss der zehnten Klasse ist er dort beschäftigt. Max Gärtner hat Schienenfahrzeugschlosser gelernt. Eigentlich wollte er Chemiefacharbeiter werden oder Elektriker. Beide Berufswünsche konnte er nicht verwirklichen. Vielleicht lag es daran, dass er seine Lehre nur mit der Note befriedigend abgeschlossen hat, obwohl er die Abschlussprüfungen der zehnten Klasse an der 12. Oberschule mit der Note »gut« bewältigt hatte und die Lehrer durchaus von ihm angetan waren. Sie schätzten ihn als einen »befähigten, interessierten, verantwortungsbewussten und gewissenhaften, kritisch denkenden und urteilenden Schüler« ein.

Die Schlosserarbeiten im Betrieb gehen ihm auch nach der Lehre nicht richtig von der Hand. Erst nachdem er die Fahrerlaubnis zum Führen von Straßenbahnen erworben hat und im Gleisbau Arbeitswagen chauffieren darf, fühlt er sich wohler.

Schon während der Schulzeit fällt auf, dass der Junge sich schwertut, Kontakte zu knüpfen. Er verbringt viel Zeit zu Hause bei den Eltern. Er begleitet sie in die Gartengaststätte, fährt mit ihnen gemeinsam in den Urlaub oder zu Verwandten. Daheim hört Max gern Schlagermusik, liest viel, vor allem Indianer-, Kriminal- und Abenteuerbücher. Intensiv kümmert sich der Heranwachsende um seinen Wellensittich und kurvt in der Freizeit mit dem Moped durch die Gegend, meistens jedoch allein. Zwar spielt Max Gärtner bei der BSG Fortschritt Fußball, doch seine spielerischen Fähigkeiten sind bescheiden. Dass er kleine Dienste wie das Schleppen des Mannschaftskoffers oder die Versorgung seiner Mitspieler mit Halbzeitgetränken bereitwillig erledigt, ändert nichts daran, dass der schmächtig wirkende Junge von seinen Mitspielern als Versager abgestempelt und verspottet wird, zumal er sich schämt, mit den anderen nackt zu duschen. Nur einmal, zum Ende der Schulzeit und zu Beginn der Lehre, hat er einen richtigen Freund. Beide haben sich während des Englischunterrichts kennengelernt. Stundenlang spielen sie Schach miteinander und hören gemeinsam Musik.

Als sich der Freund das Leben nimmt, bricht für Max Gärtner eine Welt zusammen. Fast ein halbes Jahr lang spricht er kaum mit jemandem, auch nicht mit den Eltern, antwortet selbst auf Fragen nur kurz und mürrisch. Seine Kontaktschwierigkeiten verstärken sich. Im Wohngebiet wirkt der inzwischen vierundzwanzig Jahre alte Mann ehrenamtlich im Aktiv für Ordnung und Sicherheit mit. Auch dort fällt auf, dass Gärtner sehr an seiner Mutter hängt und wohl noch nie eine Freundin hatte. Im Betrieb ist er als Einzelgänger bekannt. Zwar nimmt er schon mal an Betriebsvergnügen teil, hat auch im Umgang mit Kolleginnen keine Probleme, doch viel lieber ist er allein. Das Arbeitskollektiv bedeutet ihm nichts.

Genau diese Distanz und Abneigung anderen gegenüber nagen an diesem Morgen an ihm. Am Vormittag muss sich Max Gärtner vor einem Kollektiv, den Mitgliedern der betrieblichen Konfliktkommission, verantworten. Im Dezember 1982 war er mit seinem Arbeitswagen auf ein anderes Fahrzeug geprallt. Ein Schaden von eintausend Mark ist dabei entstanden. Ihm wird die Schuld gegeben, und weil er das nicht einsieht, wird er vor die Kommission zitiert. Außerdem muss er nach der Frühschicht und der Rechtfertigung vor dem betrieblichen Gremium am Abend noch eine Schicht zur Reinigung der Gleisanlagen schieben. Er ist alles andere als gut gelaunt.

Einen Tag später, am 5. März um 6.45 Uhr. Im Sozialgebäude des Südfriedhofs sind die Friedhofsarbeiter versammelt. Der Chef, Gottfried Werker, hat eine Arbeitsberatung angesetzt. Mit dabei ist auch Heinrich Bärmann. Der sitzt auf seinem Holzstuhl wie auf Kohlen. Gleich nach der Beratung meldet er sich bei Werker ab. Er müsse dringend zur Kripo. Am Abend hätten ihn eine Frau und drei Männer in der Gaststätte *Zur Post* angequatscht, ihm die Brieftasche gestohlen und wären geflüchtet. Werker stimmt der Anzeige bei der Kripo während der Arbeitszeit zu, und Bärmann geht. Es ist inzwischen etwa acht Uhr morgens. Der Leiter des Südfriedhofes blickt gewohnheitsmäßig aus dem Fenster und sieht, wie der Kollege auf der anderen Straßenseite etwas sucht unter den Robinienbüschen und dem Kabelgraben, der dort ausgeschachtet ist. Offensichtlich hofft er, die gestohlene Brieftasche zu finden, denkt sich der Chef. Plötzlich hört Werker, wie sein Friedhofsarbeiter schreit:

»Hier liegt eine Tote!« Er eilt zu Bärmann, der auf einen Frauenkörper im Kabelgraben zeigt. Es handelt sich um eine leblose

Frau mit sichtbar schweren Kopfverletzungen. Ihre Kleidung ist bis zur Brust hochgeschoben, der Unterkörper ist entblößt. Strumpfhose, Schlüpfer und Stiefel liegen neben der Leiche im Graben. Werker verständigt die Polizei und wenig später treffen die Spezialisten der Morduntersuchungskommission am Tatort ein. Der wird wie üblich in solchen Fällen weiträumig abgesperrt, um keine Spuren zu vernichten. Die Tote wird fotografiert, Tatortskizzen entstehen. Der herbeigerufene Gerichtsmediziner nennt als wahrscheinliche Todesursache mehrfache Schläge mit einem harten Gegenstand auf den Kopf des Opfers. Tatwerkzeug könnte eine Stange gewesen sein, gibt er vorsichtig einen ersten Tipp. Ob die Frau vergewaltigt wurde, kann zu diesem Zeitpunkt noch nicht sicher gesagt werden, obwohl der nackte Unterkörper darauf hindeutet. Spermaspuren finden die Gerichtsmediziner später bei der Obduktion allerdings nicht. Die Tote ist zunächst nicht zu identifizieren. Eine Handtasche ist trotz intensiver und weiträumiger Suche nirgendwo zu finden. Einige Stunden später wird klar, dass es sich um Monika Grafe handelt. Eine Kollegin ruft gegen zehn Uhr bei der Polizei an, weil diese nicht zur Arbeit erschienen ist und sich auch zu Hause nicht meldet.

Ins Visier der Ermittler gerät zunächst Friedhofsarbeiter Bärmann. Seine Aussagen sind widersprüchlich. Mal spricht er von einer Frau und drei Männern, die ihm die Brieftasche gestohlen haben, mal von einer Frau und zwei Männern, schließlich von drei Jugendlichen. Auch die Zeitangaben sind unscharf. Der Friedhofsarbeiter will um 22.20 Uhr die *Post* verlassen haben und zehn Minuten später bei der Freundin eingetroffen sein. Die wiederum gibt zu Protokoll, dass es eine Stunde früher gewesen sei. Das deckt sich mit den Angaben des Gaststättenpersonals, wonach das Lokal um 21.30 Uhr geschlossen hat.

In der *Lausitzer Rundschau*, der örtlichen Tageszeitung, die in fast jedem Haushalt der Region gelesen wird, erscheinen Fahndungsmitteilungen der Polizei. Es werden Zeugen gesucht, die sich am Abend und in den Nachtstunden im Bereich der Gaststätte, des Friedhofs und der NVA-Kaserne aufgehalten haben. Gefahndet wird außerdem nach der Handtasche des Opfers samt Inhalt. Die Tasche wird jedoch nie gefunden. Die Brieftasche, die sich darin befunden hat, entdecken Spaziergänger Wochen später weit entfernt vom Tatort im Stadtteil Klein-Ströbitz.

Der Verdacht gegen Bärmann erhärtet sich nicht. Dafür rückt Max Gärtner in den Kreis der Verdächtigen. Bei der Überprüfung der Fahrpläne der Straßenbahn fällt auf, dass Gärtner und sein Kollege Klaus Handrick in der fraglichen Zeit zwischen einundzwanzig und zweiundzwanzig Uhr mit einem Werkstattwagen vom Stadtzentrum Richtung Cottbus-Madlow unterwegs waren, mit dem Auftrag, Wasserkästen im Gleiskörper zu reinigen. Diese müssen regelmäßig von angespültem Sand gesäubert werden, um einen störungsfreien Bahnbetrieb zu gewährleisten. Dazu wird der Deckel mit Hilfe von Hammer und Weichenstelleisen entfernt und der Kasten mit einem starken Wasserstrahl ausgespritzt. Hartnäckiger Schmutz, der dem Wasser trotzt, muss mit dem Weichenstelleisen oder anderem geeigneten Werkzeug beseitigt werden. Ist alles sauber und wieder ordnungsgemäß abgedeckt, kommt der Schlauch auf den Wagen und der nächste Wasserkasten wird angefahren. Wie lange die Reinigung dauert, ist schwer abzuschätzen. Je nach Verschmutzungsgrad benötigen die Gleisarbeiter manchmal nur wenige Minuten oder aber Stunden.

Gärtner und Handrick werden in den nächsten Tagen mehrmals als Zeugen vernommen. Während Handrick glaubhaft machen kann, dass er mit den Arbeiten im Gleis beschäftig war, fällt auf, dass Gärtner längere Zeit allein im Werkstattwagen war, was nicht ungewöhnlich ist. Ihm oblag es hauptsächlich, den Wagen zu fahren und darüber hinaus sicherzustellen, dass der Straßenbahn-Personentransport nicht gestört wird. Das erforderte, den Werkstattwagen auf der eingleisigen Strecke gegebenenfalls in Ausweichbuchten zu steuern. Handrick räumt gegenüber den Ermittlern ein, dass Gärtner ihm hin und wieder, aber nicht durchgängig beim Reinigen der Wasserkästen zur Hand ging.

Max Gärtner gibt schließlich zu, dass er Monika Grafe gegen 21.30 gesehen hat. Wo diese sich zwischen zwanzig Uhr, als sie die Gaststätte verließ und ihren Fußmarsch antrat, und 21.30 Uhr aufgehalten hat, ist nicht eindeutig geklärt. Ärzte erklärten, dass das Verhalten von Schizophrenie-Kranken in der Schubphase unkontrolliert ist und das Handeln völlig unlogisch sein kann. Wahrscheinlich ist das Opfer links in eine Seitenstraße eingebogen und später auf die Hauptstraße zurückgekehrt.

Die Kriminalisten belehren den Zeugen Gärtner, dass er von nun an als Beschuldigter vernommen wird. Der gesteht den Ermittlern zwanzig Tage nach dem Mord an Monika Grafe, dass er das spätere Opfer angesprochen habe, sexuellen Kontakt mit der Frau wollte und als die ablehnte, auf sie eingeschlagen habe. Einen Tag später erlässt das Kreisgericht Cottbus-Stadt Haftbefehl. Zur Tat äußert sich Gärtner gegenüber dem Haftrichter nicht. Er sei am Tag vorher von früh an zu den strafrechtlichen Vorwürfen vernommen worden und könne sich jetzt nicht mehr konzentrieren, so seine Begründung. Gärtner räumt jedoch ein, dass die Geschädigte jene Frau ist, die er aus sexueller Lust heraus angemacht habe, gegen die er gewalttätig geworden war und die dann getötet aufgefunden wurde. »Ich fühle mich aber nicht schuldig, sie vorsätzlich getötet zu haben«, sagt er.

Es folgen in den nächsten Wochen intensive Vernehmungen, manchmal täglich. Die Kriminalisten finden nur schwer Kontakt zum Beschuldigten. Er ist verschlossen und misstrauisch.

Fragen beantwortet er nur bruchstückhaft. Zusammenhängende Sätze kommen ihm nicht über die Lippen. Stundenlang sitzt Gärtner den Vernehmern gegenüber, ohne auch nur ein Wort zu sagen. Man sieht förmlich, wie es in seinem Kopf rumort. Auf Fragen zur Sexualität reagiert der junge Mann schamhaft und bekommt einen roten Kopf. Ist er erregt, tritt ihm Schweiß aus allen Poren. Die Bekleidung wird förmlich durchtränkt und er verströmt einen unangenehmen, penetranten Körpergeruch. Auffällig sind seine Erinnerungslücken, wenn es um Details des Tatablaufs geht. »Man muss bei ihm ständig abwägen, was Lüge ist und was Wahrheit«, schreiben die Kriminalisten in einer Zwischeneinschätzung auf. Vieles gibt er erst zu, wenn er sich in die Enge getrieben fühlt. Seine Mutter fleht in einem Brief an ihren Sohn:

»Ich bitte dich, sage die Wahrheit und erspare uns bitte weiteren Ärger. Wir möchten mal zur Ruhe kommen und nicht laufend zu Vernehmungen geholt werden. Denk an meinen Gesundheitszustand. Du ersparst uns und anderen viel Ärger. Deine Mutti«

Die vielen Aussagen von Max Gärtner im Ermittlungsverfahren inhaltlich auf einen Nenner zu bringen, ist schwer. Aus der Vernehmung am 24. März 1982, die Grundlage des Haftbefehls ist, sowie aus dem schriftlichen Geständnis, das er knapp einen Monat später erstellt, ergibt sich folgendes Bild:

Am Tatabend befinden sich Gärtner und sein Kollege Handrick mit ihrem Arbeitswagen gegen 21.30 Uhr an einer Haltestelle kurz vor dem Friedhof, als Gärtner die später Geschädigte kommen sieht. Diese läuft auf den Gleisen Richtung Stadtmitte und kommt direkt auf ihn zu. Sein Nervenkostüm ist arg strapaziert. Noch immer ärgert er sich darüber, dass ihn die Konfliktkommission wegen des Unfalls zur dreihundert Mark Schadenersatz verdonnert hat. Außerdem ist er sexuell erregt. Auf der Fahrt mit dem Arbeitswagen vom Depot hinaus Richtung Madlow erblickt er Mädchen, die seine Fantasie anregen. »Die müsste man mal bumsen«, denkt Gärtner, der trotz seiner fünfundzwanzig Jahre noch männlich unberührt ist. Einmal erst war er kurz davor, seine Unschuld zu verlieren. Während des Armee-Dienstes hatte er Kontakt zu einer Frau, doch die war ihm in seiner Verklemmtheit zu schnell in ihrer Annäherung und zu direkt in ihrer Lust.

»Das war eine Nutte, die sofort nackt mit mir ins Bett gehen wollte«, beichtet er seinem Vater, als der ihn einmal auf sexuelle Kontakte anspricht. Der Wunsch danach beherrscht ihn, doch noch nie ist er einer Frau so nahegekommen, dass daraus intime Wirklichkeit geworden wäre.

Als Monika Grafe auf seiner Höhe ist, spricht Gärtner sie an: »Wollen wir mal ne Nummer machen«, fragt er die Frau, die er auf fünfunddreißig bis vierzig Jahre schätzt, und legt ihr dabei die Hand auf die Schulter. Sie ist keine Schönheit, ziemlich kräftig gebaut und scheint etwas angetrunken zu sein, doch das interessiert ihn nicht. Die Angesprochene reagiert jedoch nicht wie erhofft, sondern schüttelt die lästige Hand ab, geht weiter, dreht sich um und antwortet: »Mit dir doch nicht, kannst du das überhaupt?« Gärtner fühlt sich provoziert und rennt ihr hinterher.

»Das wollen wir doch mal sehen«, giftet der Verschmähte und hält sie erneut fest. Das alles passiert in Höhe des sowjetischen Ehrenmals. Energisch reißt sich die Verfolgte los, versetzt ihrem Widersacher mehrere Backpfeifen und wechselt hinüber auf die andere Straßenseite, auf der sich die NVA-Kaserne und die Gaststätte *Zur Postkutsche* befinden. Jetzt brennen bei Gärtner endgültig die Sicherungen durch. Er reißt sein Opfer brutal nieder. Sie schlägt mit dem Kopf auf dem Gehweg auf und bleibt benommen liegen. Durch ein Gebüsch zerrt er sie auf eine kleine Wiese, um mit ihr den Geschlechtsverkehr auch gegen ihren Willen zu vollziehen. Monika kommt wieder zu sich. Als sie um Hilfe schreien will, hält Gärtner ihr den Mund zu. Die Überfallene wehrt sich mit allen Kräften, droht, die Polizei zu holen, versucht, aufzustehen und zu flüchten. Es kommt zu einem heftigen Kampf. Der Peiniger ist stärker. Er würgt sein Opfer und schlägt mehrfach mit dem Stelleisen zu, das er die ganze Zeit in der Ellenbogenbeuge mitgeschleppt hat. Die Waffe in seinen Händen ist ein fünfundachtzig Zentimeter langes und zwanzig Millimeter starkes Rundeisen, das an einem Ende abgeflacht ist. Es wiegt zweieinhalb Kilogramm. Mindestens zehn Mal muss er auf den Kopf eingeschlagen haben. Weitere Hiebe treffen den Oberkörper im Brustbereich, stellen Gerichtsmediziner bei der Obduktion der Leiche fest.

Als die Frau still vor ihm liegt, merkt Max Gärtner, dass er sein eigentliches Ziel, den Geschlechtsverkehr, nicht mehr verwirklichen kann. Samen hat sich in seine Hose ergossen, das Glied ist erschlafft. Er reißt ihr dennoch Strumpfhose, Schlüpfer, Miederhöschen und Stiefel vom Körper. Das Kleid samt Unterrock und Hemd stülpt er über den blutenden Kopf. Dann manipuliert Gärtner mit den Fingern am Geschlechtsteil der nun Wehrlosen. Er greift um sich und steckt dem Opfer vier Steine in die Scheide. Er schleift die Frau näher an das Kasernengelände heran und legt sie in den dort ausgehobenen Kabelgraben, damit sie nicht entdeckt wird. Max Gärtner geht zurück, nimmt die Handtasche an sich, öffnet sie, nimmt aus dem Portemonnaie hundert Mark und steckt die darin befindliche Brieftasche mit dem Personalausweis in seine Hose. Die Kleidungsstücke, die am Tatort verstreut liegen, wirft er in den Kabelgraben neben das Opfer. Dann rennt er zum Arbeitswagen zurück. Sein Kollege Handrick arbeitet noch an den Gleisen und steht nach wie vor mit dem Rücken zur Straße. Später ermitteln die Kriminalisten bei Tatortrekonstruktionen und in einem Weg-Zeit-Diagramm, dass die Strecke exakt einhundertvierundsiebzig Meter betrug. Als Handrick mit dem Reinigen des Wasserkastens – es ist der dritte von insgesamt fünf auf der Strecke – fertig ist, setzen beide die Fahrt fort. Zurück im Depot, trinken die Gleisarbeiter noch ein Bier. Als sie gegen drei Uhr morgens den Betrieb verlassen wollen, laufen sie dem Sicherheitsinspektor in die Arme, der Gärtner zur Alkoholprobe auffordert. Weil sich das Röhrchen färbt, muss er die Fahrerlaubnis abgeben. Dann geht er nach Hause. Die nächsten Tage verbringt Gärtner, als sei nichts gewesen.

Monika Grafe, das ergibt die Obduktion, ist an massiven Schädelfrakturen mit Hirnprellungen und an den Folgen des Würgens verstorben. Der Tod muss nach Erkenntnissen der Gerichtsmediziner gegen zwei Uhr morgens eingetreten sein. Spuren im Graben lassen darauf schließen, dass sie lange gegen den Tod gekämpft hat.

Obwohl Polizei und Staatsanwaltschaft zwei umfassende Geständnisse vorliegen haben – eins davon ist auf Verlangen der Ermittler vom Beschuldigten handschriftlich verfasst –, bleiben ihnen Zweifel. Gärtners Erinnerungslücken, das Zugeben und Abstreiten von Details, machen sie nachdenklich. Mal will er das Stelleisen in die Büsche geworfen, dann wieder zum Arbeitswagen mitgenommen haben. Einerseits gibt er zu, Handtasche, Portemonnaie und Brieftasche an sich genommen zu haben, dann bestreitet er es wieder. Darauf angesprochen, ob er überhaupt der Täter sein könne, reagiert er jedoch energisch. »Ich weiß genau, was ich getan habe«, sagt er mehrfach. Seine zeitweiligen »Filmrisse« erklärt der Tatverdächtige damit, dass ihm »die Sicherungen durchgebrannt« seien und er die Kontrolle über sich verloren habe.

Im Ermittlungsverfahren spielt die sexuelle Entwicklung von Gärtner eine entscheidende Rolle. Die Kriminalisten vermuten darin das Motiv für das Gewaltverbrechen. Die Hemmungen beim Flirten mit Frauen liegen auf der Hand. Das Verlangen nach intimen Kontakten ist übermächtig, doch er resigniert sofort, wenn er bei den gelegentlichen Besuchen von Tanzveranstaltungen von den Angesprochenen abgewiesen wird. Daraus erwachsen Enttäuschung, Ratlosigkeit und Hemmungen gegenüber Frauen, die in Wut und Hass gegen sie und gegen sich selbst umschlagen. Zeiten von Gleichgültigkeit wechseln mit Abschnitten starker Erregung, in denen er sehr leicht reizbar ist. Schließlich entwickeln sich sexuelle Zwangsvorstellungen, die in Ersatzhandlungen münden. Gärtner berichtet stockend von Träumen, die ihn beherrschen. Darin wird er von Frauen bedrängt und vergewaltigt, und er zahlt mit Gleichem zurück. Dabei kommt es im Schlaf zum Samenerguss. Im Traum will er auch schon Frauen umgebracht haben.

Gärtner wird darauf hin ambulant in der gerichtspsychiatrischen Abteilung der Charité Berlin untersucht. Nach dem Gespräch will er erkannt haben, dass er Gewalt braucht, um sich sexuell zu befriedigen, und dass er deshalb am Tatabend Monika Grafe hinterhergegangen ist. In einem Schreiben an die Staatsanwaltschaft Cottbus informiert die von der Schweigepflicht entbundene Ärztin der Berliner Charité, die Gärtner begutachtet hat, über eine Begebenheit während der Untersuchung.

»Nach Abschluss des Gesprächs wurde der Proband plötzlich deutlich erregt und gespannt. Er müsse noch etwas sagen, was das Schönste sei, dass man eine Frau auf eine Folterbank spanne und sie am Hals an einem Strick sowie an den Füßen auseinanderziehe. Er kam auf mich zu, bat, das demonstrieren zu dürfen, zitterte am ganzen Körper, fasste mich an den Hals, anschließend an den Füßen, flatterte regelrecht und war auch sichtlich sexuell erregt, ohne allerdings grob zu werden, ein Verhalten, das ich bisher in einer Arzt-Patienten-Situation aus einem neutralen Gesprächsabschluss heraus noch nicht erlebt habe.«

Trotz der Abnormität auf sexuellem Gebiet kommen die Gutachter in Berlin zu der Erkenntnis, dass es keinen Grund gibt, an der Aussage von Gärtner zum Kerngeschehen zu zweifeln. Die Erinnerungslücken ließen darauf schließen, dass der Beschuldigte Informationen bewusst zurückhalte.

Beispielsweise die zum Verbleib der Tatwaffe und der Handtasche, die die Polizei nie sicherstellen konnte. Zwar hat die Kripo beim Verkehrsbetrieb drei Stelleisen beschlagnahmt, die durch die Form des Stangen-Endes für die Kopfverletzungen infrage kommen, doch mit Sicherheit können die Kriminaltechniker keines als Tatwaffe benennen. Auch blutverdächtige Stellen an zwei von drei Eisen helfen nicht weiter, weil die Menge zu gering ist für weitere Analysen. Dass Gärtner die Handtasche des Opfers an sich genommen hat, liegt nahe. Zu einem Mitgefangenen soll er geäußert haben: »Die Tasche finden die nie.« Anfang Mai 1982 gibt die Staatsanwaltschaft Cottbus bei der Medizinischen Akademie Carl Gustav Carus in Dresden ein forensisch-psychiatrisches Gutachten zu Geisteszustand, Persönlichkeitsentwicklung und tatbezogener Zurechnungsfähigkeit in Auftrag. Über einen Monat lang wird Max Gärtner in der Sonderabteilung für Untersuchungsgefangene der Neurologisch-Psychiatrischen Klinik der Akademie umfassend untersucht und beobachtet. Dem inzwischen verstorbenen Gutachter, Prof. Dr. sc. med. Ehrig Lange, liegen dazu die Ermittlungsunterlagen der Staatsanwaltschaft Cottbus vor. Der anerkannte Gerichtspsychologe, der die Klinik als Direktor leitet, geht behutsam vor. Zunächst steht die Persönlichkeitsentwicklung von der Kindheit bis zum Tatzeitpunkt im Mittelpunkt. Wie schon bei der Untersuchung an der Charité in Berlin berichtet Gärtner auch Professor Lange von seinen wirren sexuellen Fantasien.

Erst zum Ende der Exploration geht es um die Tat. Der Beschuldigte wird Tage vorher auf diese Besprechung vorbereitet, damit er sich darauf einstellen kann. Grundlage soll das im Ermittlungsverfahren von Gärtner abgegebene handschriftliche Geständnis sein, das er auf Verlangen der Kriminalisten angefertigt hatte. Satz für Satz und ganz in Ruhe will Prof. Lange mit dem Mordverdächtigen das Niedergeschriebene durchgehen. Gleich zu Beginn der Unterredung dann die Überraschung: Gärtner erklärt, dass er mit der Tat überhaupt nichts zu tun habe und dass er alle Geständnisse widerrufe. Er sei durch den Druck der Vernehmungen und die sich immer wiederholenden Fragen völlig nervös gemacht worden. Dabei habe er Angaben gemacht, die nicht der Wahrheit entsprächen. Die Vernehmungen hätten ihn in einen geistigen Zustand gebracht, in dem er nicht mehr er selbst gewesen sei.

Lange hält ihm entgegen, dass sein handschriftliches Geständnis von der äußeren Form her völlig korrekt sei und gegen einen Zustand geistiger Verwirrung spräche. Daraus könnte abgeleitet werden, dass er es ohne Druck und nicht in geistiger Verwirrung geschrieben habe. Gärtner beharrt darauf, dass der Inhalt des Geständnisses durch die vorangegangenen Vernehmungen geprägt sei. Erst in der Dresdner Klinik habe er die Kraft gefunden, kritisch mit sich selbst, den Anschuldigungen und den bisherigen Vernehmungsmethoden umzugehen.

Max Gärtner erhält darauf hin drei Tage Zeit, den Ablauf des Tages, an dem die Tat geschehen ist, mit allen ihm eigenen Erinnerungen und in allen Einzelheiten darzulegen. Heraus kommt ein mehrseitiges Papier mit dem Widerruf des einst abgegebenen schriftlichen Geständnisses. Von einer Begegnung mit Monika Grafe ist darin nicht mehr die Rede. Im Kern läuft es darauf hinaus, dass Handrick und er an diesem Abend die auf der Madlower Straßenbahnstrecke befindlichen fünf Wasserkästen hintereinander ohne Pause gesäubert hätten und dass er seinem Kollegen dabei ohne Unterbrechung geholfen habe. Ergo könne er nicht der Täter sein.

Noch einmal gehen die Kriminalisten an die Rekonstruktion der Abläufe in der fraglichen Zeit. Sie befragen erneut Handrick und zwei weitere Straßenbahnfahrer, die mit ihren Fahrzeugen auf der Strecke unterwegs waren. In einem Experiment wird versucht, in dem durch Fahrpläne und Zeugenaussagen gesicherten Zeitfenster die fünf Wasserkästen hintereinander zu säubern. Es misslingt. Vielmehr bestätigt sich der Ablauf, wie ihn Gärtner in seinem schriftlichen Geständnis geschildert hat. Danach kann der Beschuldigte die Tat nur zwischen 21.30 und 21.50 begangen haben. Ausgehend von allen Umständen standen ihm neun Minuten und dreißig Sekunden zur Verfügung, halten die Kriminalisten im Weg-Zeit-Diagramm fest. Für den Weg vom Standort des Arbeitswagens bis zum Tatort und zurück werden jeweils eineinhalb Minuten ermittelt. Für die eigentliche Tathandlung verbleiben sechseinhalb Minuten. Für die Schläge und das Würgen sowie die Manipulationen am Geschlechtsteil des Opfers werden nach mehrfacher Rekonstruktion maximal vier Minuten gestoppt. Gärtner kann demnach problemlos seinen Werkstattwagen für diese Zeit verlassen haben, ohne dass sein Kollege Klaus Handrick davon etwas bemerkt haben muss. Für ihn war wichtig, dass der Wagen von Gärtner nach dem Reinigen des Wasserkastens weitergefahren wurde. Und das ist geschehen.

Gärtner rückt unter der Last der Indizien vom Widerruf des Geständnisses ab und gibt erneut zu, Monika Grafe getötet zu haben.

Die Staatsanwaltschaft Cottbus klagt am 27. Dezember 1982 den inzwischen sechsundzwanzig Jahre alten, nicht vorbestraften Max Gärtner an, »*vorsätzlich durch vollendeten Mord das Leben eines Menschen vernichtet und in Tateinheit damit begangener versuchter Vergewaltigung und vollendeten Missbrauch zu sexuellen Handlungen die Freiheit und Würde eines Menschen angegriffen zu haben*«. Das Tatgeschehen ergebe sich aus den eigenen Aussagen des Beschuldigten, umfangreichen Spuren sowie kriminaltechnischen und gerichtsmedizinischen Untersuchungen. Der Angeklagte habe in kaltblütiger und brutaler Weise das Leben eines Menschen ausgelöscht, um seine sexuellen Begierden zu befriedigen, heißt es in der Anklageschrift. Zum Beweis benennt Staatsanwalt Horst Helbig dreizehn Zeugen. Als Sachbeweise werden sechsunddreißig Gutachten, Tatortskizzen, Fotos, Protokolle von Untersuchungsexperimenten und Tatrekonstruktionen aufgeführt. Hinzu kommen Asservate wie Bekleidungsstücke der Toten, die sichergestellt wurden.

Im Februar 1983 findet vor dem ersten Strafsenat des Bezirksgerichtes Cottbus der Prozess gegen Max Gärtner statt. Wiederum gesteht er die Tat. Das Gericht verurteilt ihn zu einer lebenslangen Freiheitsstrafe. Er sei voll schuldfähig gewesen, als er Monika Grafe am Abend des 4. März 1982 verfolgte, sie schlug und würgte und sexuell missbrauchte. Daran gibt es für Richter und Schöffen nach der Beweisaufnahme keine Zweifel. Zwar hätten sich nach Ansicht des psychiatrischen Sachverständigen Prof. Dr. Lange aufgrund normabweichender Entwicklung im Bereich der Sexualität beim Angeklagten Traumvorstellungen mit sadistischem Inhalt entwickelt, doch eine krankhafte Abnormität läge nicht vor, heißt es dazu in der Urteilsbegründung. Das Geständnis des Angeklagten in der gerichtlichen Hauptverhandlung befinde sich in voller Übereinstimmung mit allen anderen Beweismitteln. Das Gericht stellt fest, dass Gärtner in seinen Aussagen eindeutig Täterwissen darlegt. Nur der Täter konnte Tatzeit und Tatwerkzeug benennen. Nur er konnte wissen, dass kein Geschlechtsverkehr durchgeführt wurde und dass es am Opfer keine Spermaspuren gab. Zum Täterwissen gehörten auch Aussagen über die vier Steine in der Scheide des Opfers.

Einen hohen Beweiswert misst das Gericht dem kriminaltechnischen Gutachten der Cottbuser Polizei insbesondere zur

Faseruntersuchung bei. An der blauen Arbeitsjacke des Angeklagten stellten die Spezialisten eine Vielzahl von Faserspuren fest. Eine Konzentration dieser Fasern befand sich demnach an den Ärmeln im Bereich der Beugen der Ellenbogen und an der Vorderseite der Jacke. Es wurden dreiundvierzig karminrote, neunundzwanzig blaue und vierundsechzig schwarze Polyakrylnitril-Fasern an der Jacke isoliert, obwohl diese gewaschen worden war. »Diese Fasern stammen mit Sicherheit aus dem Kleid der Getöteten«, ist im Urteil zu lesen. Kriminalisten hatten nämlich herausgefunden, das im örtlichen Konsument-Warenhaus nur sechs solcher Kleider verkauft wurden. Blutspuren an der Arbeitsjacke waren dagegen mit den damaligen Untersuchungsmethoden nicht mehr nachweisbar.

Die Tatausführung werten die Richter als Ausdruck äußerster Grausamkeit und Brutalität des Angeklagten. Wörtlich heißt es dazu im Urteil:

»Auf offener Straße überfiel er unter bewusster Ausnutzung der Abendzeit und des geringen Verkehrs sein Opfer. Hinterhältig schlug er es mit einer schweren Eisenstange zu Boden und schleifte es durch ein Gebüsch. Dort setzte er sein brutales Handeln durch starkes Würgen fort und zerstörte die Zungenbeinfortsätze. Den Höhepunkt seiner Grausamkeit fand er in den brutalen Schlägen mit dem Weichenstelleisen auf das bereits wehrlose Opfer, wobei er das Schädeldach spaltete und das Schläfenbein zertrümmerte. Seine Brutalität setzte er dann am Geschlechtsteil seines Opfers fort. Diese Tatausführung zeigt eine besonders hohe Intensität.«

Zwei Monate später bestätigt das Oberste Gericht der DDR das Urteil.

Damit ist der Fall erledigt, bis Max Gärtner bei der eingangs erwähnten Abgabe der Speichelprobe im Frühjahr 2005 gegenüber der Polizei behauptet, dass er Monika Grafe nicht ermordet habe. Experten des Landeskriminalamtes Brandenburg nehmen sich darauf hin nochmals die Akten vor und analysieren sie. Sie kommen dabei zu bemerkenswerten Erkenntnissen. Aus ihrer Sicht hat Gärtner kein Täterwissen preisgegeben. Die Tatschilderung folge dem jeweiligen Erkenntnisstand der Ermittler, und wesentliche Details hätte er nicht nennen können. Durch die Praxis sei bekannt, dass ein unreifer und unsicherer Charakter wie Gärtner durch hartnäckige Vernehmungen und moralische Vorhaltungen, wie in diesem Fall durch die Mutter, leicht zu falschen Geständnissen zu führen ist. Zudem schlussfolgert das LKA, dass die äußerst gewalttätige Tat den bis dahin von Gärtner bekannten Verhaltensweisen widerspricht. Es sei äußerst selten, dass ein derartiges Tatverhalten einfach »so vom Himmel« falle.

Schutzengel für ein Baby

Frank Bärle ist wie von Sinnen. Er rennt zum Kinderbettchen, in dem sein neun Wochen alter Sohn Claudius gerade eingeschlafen ist. Der Vater reißt sein Kind an sich und rennt durch das Zimmer zum weit geöffneten Fenster. Der Tisch, der davor steht, stoppt seinen Lauf. Nur kurz zögert der Mann, dann wirft er das inzwischen schreiende Bündel wie einen Spielball durch das Fenster aus dem dritten Stock des Hauses. Elf Meter tiefer und mehr als zehn Meter von der Hauswand entfernt, schlägt das Baby auf. Kurz vor dem Aufprall mindert eine Absperrkette, die eine etwa drei Meter breite Rasenfläche links des Hauseingangs einfasst, die Wucht des Falls. Das Kind landet mit dem Kopf auf dem betonierten Fußweg und mit den

Füßen auf dem Gras. Der Kleine erleidet lebensgefährliche Verletzungen, unter anderem ein Schädelhirntrauma dritten Grades, eine Schädelbasisfraktur und Hämatome an Kopf und Körper. Drei Tage lang ringen der Säugling und die ihn betreuenden Ärzte mit dem Tod. Dann ist Claudius über den Berg. Nach eineinhalb Monaten Krankenhausaufenthalt kann er nach Hause in die Arme seiner Mutter Christiane Stanze entlassen werden. Claudius muss einen Schutzengel gehabt haben, dass er diesen Sturz überlebte. Vater Frank Bärle befindet sich zu dieser Zeit auf Beschluss des Kreisgerichtes Hoyerswerda in Untersuchungshaft im Gefängnis in Cottbus.

Die Tragödie ereignete sich Ende Februar 1978 in Hoyerswerda im Bezirk Cottbus. Hoyerswerda, das ursprünglich kleine Ackerbürgerstädtchen, hat sich von siebentausend Einwohnern gemausert auf inzwischen rund 70 000. Das Gaskombinat Schwarze Pumpe mit seinen Veredelungsanlagen und die Kohlegruben ringsum, die Brikettfabriken, Kokerei und Druckgaswerk in Schwarze Pumpe beliefern, hat Menschen aus allen Teilen der Republik angezogen. In der Neustadt von Hoyerswerda sind Wohnsiedlungen aus Plattenbauten wie Pilze aus dem Boden geschossen. Dennoch ist Wohnraum knapp, und wer nicht verheiratet ist und nicht in der Kohle arbeitet, hat kaum Chancen auf die eigenen vier Wände.

Zu ihnen gehören Frank Bärle und Christiane Stanze. Die beiden kennen sich seit über einem Jahr und sind verlobt, als Mitte Dezember 1977 ihr gemeinsamer Sohn Claudius geboren wird. Die kleine Familie lebt gemeinsam in der Zweiraumwohnung bei Christianes Mutter. Gibt es Streit, bieten Frank Bärles Eltern, die im benachbarten Spremberg wohnen, eine Zufluchtsstätte. Bei seinen Eltern schlüpfte Frank unter, wenn ihn die oft genervte Schwiegermutter kritisiert, weil er ihrer Meinung nach mal wieder zu viel Alkohol getrunken hat und deshalb zu laut und auf brausend ist oder weil er den Fernsehapparat eingeschaltet hat, obwohl sie ihre Ruhe haben will. Dann hagelt es Drohungen wie: »Verschwinde, das hier ist meine Wohnung.« Ernst gemeint waren solche Aufforderungen bisher nie, zumal sich Tochter Christiane stets auf die Seite ihres Verlobten stellte. Hochzeitspläne waren schon geschmiedet, und der Gang zum Standesamt war nur wegen des »dicken Bauches« von Christiane verschoben worden.

Am Tag des tragischen Geschehens fährt Christiane mit dem kleinen Sohn im Kinderwagen mit dem Bus von Hoyerswerda nach Spremberg. Sie will Frank Bärle von seiner Arbeitsstelle abholen. Der 22-Jährige ist in der dortigen Gasverteiler-Station des VEB Energiekombinat Ost als Gashilfsmonteur beschäftigt. Das Paar will ein wenig durch die Stadt bummeln, etwas einkaufen und ein paar Stunden zu zweit genießen. Claudius wissen sie bei Oma und Opa in Spremberg gut aufgehoben. Bald schon landen die beiden in der Gaststätte *Börse*, in der die jungen Leute Bekannte treffen und »hängen« bleiben. Natürlich wird etwas getrunken. Gegen einundzwanzig Uhr verlassen sie beschwipst die Kneipe. Frank hat sieben Bier und fünf Schnäpse intus, seine Verlobte etwas weniger. Besser wäre es gewesen, er hätte es Christiane gleichgetan. Denn Frank weiß, dass zu viel Alkohol ihm nicht guttut. Er nimmt regelmäßig Tabletten, seit bei ihm im Kindesalter Epilepsie festgestellt wurde. Zwar hatte er seit 1974 keinen Anfall mehr, doch die Ärzte haben ihn zur Zurückhaltung ermahnt. Hinzu kommt seine extreme Schwerhörigkeit. Ein Ohr ist taub, auf dem anderen hört er nur mit Hilfe eines Hörgerätes. Das erschwert ihm die Kommunikation. Er regt sich dadurch gerade unter Alkoholeinfluss schnell auf, wird laut, und Nichtigkeiten können ihn emotional zur Weißglut treiben. Am nächsten Tag weiß er dann nicht mehr, warum er diskutiert und gestritten und ob ihm überhaupt jemand zugehört hat.

Frank und Christiane gehen nicht mehr ganz sicheren

Schrittes, aber dennoch gut gelaunt zu den Bärles, um Claudius abzuholen. Natürlich schimpfen die Großeltern, weil es so spät ist, schließlich braucht das Baby seinen geregelten Ablauf. Um nicht noch mehr Zeit zu vertrödeln, bringt Franks Vater die junge Familie mit dem Auto nach Hause. Die Fahrt dauert keine halbe Stunde. Als sie daheim eintreffen, ist es dennoch kurz vor dreiundzwanzig Uhr. Frank trägt den Kleinen die drei Stockwerke nach oben, gibt dem Baby dabei zärtlich einen Kuss auf die Wange. Vor der Wohnungstür stößt er gegen die offenstehende Tür des Sicherungskastens, so dass es im ganzen Haus scheppert. Beim Betreten der Wohnung unterhalten sich die Verlobten, wobei Frank Bärle bedingt durch seine Schwerhörigkeit und den Alkohol noch lauter spricht als gewöhnlich. »Ich kümmere mich um Claudius, du kannst Abendbrot machen«, verteilt Christiane die Arbeit. Sie zieht sich mit dem Säugling ins Kinderzimmer zurück, das die junge Familie bewohnt, und wickelt ihr Baby. Frank geht in die Küche, macht Schranktüren und Besteckkasten auf und zu, schneidet mit der Maschine Brot, klappert mit Tellern und Besteck, öffnet sich eine Flasche Bier. In der Küche und im Korridor brennt das Licht. Christianes Mutter Monika erwacht von dem Lärm und der »Festbeleuchtung in allen Räumen« und macht ihrer Tochter und dem zukünftigen Schwiegersohn heftige Vorwürfe. »Was macht ihr denn um diese Zeit für einen Krach«, wettert sie los. »Das geht dich überhaupt nichts an«, schnauzt Frank zurück. Monika kommt dadurch erst richtig in Fahrt. »Müsst ihr euch mit dem Kind so lange rumtreiben, und musst du dich immer besaufen?«, geht sie verbal auf den Freund ihrer Tochter los. Das Gezeter wird so laut und dauert so lange, dass davon sogar Mitbewohner zwei Stockwerke tiefer munter werden.

Der Streit der Erwachsenen eskaliert, als Frank im Kinderzimmer Bier aus der mitgebrachten Flasche verschüttet. Nun platzt auch Christiane der Kragen. »Ich habe diese ewigen

Streitereien satt. Jetzt ist Schluss, hau endlich ab«, herrscht sie ihren Verlobten an. Der versteht die Welt nicht mehr. »Was wollt ihr eigentlich von mir«, reagiert er gereizt. Er packt Christiane an den Oberarmen, schüttelt sie durch, schreit: »Sag, dass du das nicht ernst meinst, sag es«. Wutentbrannt stößt er sie mit aller Kraft auf die Liege. Dadurch schlägt die junge Frau mit dem Kopf gegen die Wand. Sie weint vor Schmerz und aus Verzweiflung, weil der bis vor kurzem schöne Abend so anders als erhofft endet.

Mit den Worten »Du bist wohl verrückt geworden« mischt sich die Mutter ein und versetzt dem Schwiegersohn eine Ohrfeige. Dann beugt sie sich über das Kinderbett, um dem schreienden Baby den Nuckel zu geben. Erbost schubst Frank die Frau zur Seite, die gegen den Schrank fällt, der neben dem Kinderbett an der Wand steht. »Ich rufe die Polizei, wenn du nicht sofort meine Wohnung verlässt«, schreit Monika mehr aus Wut und Empörung als aus Schmerz und fügt unmissverständlich hinzu: »Der Kleine bleibt hier.« Frank schnappt sich die Schwiegermutter, drängt sie aus dem Zimmer und verschließt die Tür von innen. Die so in den Korridor Ausgesperrte trommelt heftig mit den Fäusten gegen die Tür und droht wieder, Uniformierte herbeizurufen.

Christiane hat sich inzwischen mit brummendem Schädel und einer langsam wachsenden Beule am Hinterkopf von der Couch erhoben. Sie nimmt Claudius aus dem Bett und drückt den Jungen fest an ihre Brust. Frank geht auf sie zu, schreit, bettelt, fleht: »Sag etwas. Sag, dass du das vorhin nicht so gemeint hast, dass ich abhauen soll.« Doch Christiane schluchzt nur und schweigt. Die von ihrem Verlobten ersehnten Worte will sie nicht aussprechen. Er nimmt trotz ihres Widerstands das Kind an sich und legt es in das Bett zurück.

Durch die Auseinandersetzung und Erregung schwitzt der Mann am ganzen Körper. Er geht zum Fenster, zieht die Gardine beiseite und öffnet beide Flügel. Die frische Luft bringt ihn jedoch nicht zur Besinnung. Im Gegenteil: Weil seine Verlobte noch immer nichts sagt und ihn anstarrt, geht er erneut auf sie zu: »Hast du deine Meinung geändert?«, fragt er und droht:

»Ich mache ernst!« Christiane ist wie gelähmt vor Schreck. Sie befürchtet, dass ihr Freund sie aus dem Fenster stößt oder selbst hinausspringt. Doch der schnappt sich den Jungen und wirft ihn wie einen Spielball hinaus. »Mein Junge, mein Junge ist aus dem Fenster raus«, schreit die Mutter wie von Sinnen.

In diesem Augenblick wird Frank Bärle klar, dass er den schrecklichen Gedanken verwirklicht hat, der sich in seinem Kopf zusammengebraut hat: »Wenn ich Claudius nicht haben kann, soll ihn niemand haben. Dann töte ich ihn«, hatte es in seinem Schädel gehämmert. Als er erfasst, was er gerade seinem Kind angetan hat, rennt er zur Kinderzimmertür, schließt sie auf und stürzt gemeinsam mit Christiane und der Schwiegermutter die Treppen hinunter. Zunächst will Frank flüchten in der Annahme, dass sein Sohn den Sturz nicht überlebt hat. Nach ungefähr fünfzig Metern wird ihm die Zwecklosigkeit seines Davonrennens bewusst. Er kehrt um und hört das Baby schreien. Ein ihm fremder junger Mann hat es auf dem Arm. »Gib ihn mir, er muss doch ins Krankenhaus«, bettelt der verstörte Vater. Der Helfer verweigert es ihm mit den Worten: »Lassen Sie mal, Sie zittern ja viel zu sehr.« Kurze Zeit später treffen ein Funkstreifenwagen der VP und ein Rettungsfahrzeug des DRK ein, die Nachbarn alarmiert haben. Das Kind wird ins Krankenhaus gebracht und Frank Bärle nach ersten Befragungen vor Ort zum Polizeirevier geschafft. Ein dort durchgeführter Test ergibt bei ihm einen Alkoholwert im Blut von eins Komma zwei Promille.

Wie üblich bei solchen schweren Straftaten fordert die Staatsanwaltschaft Cottbus ein psychiatrisches Gutachten über den Tatverdächtigen an. Der sachverständige Experte für die

Cottbuser Ermittler ist in der Regel Prof. Dr. med. Ehrig Lange von der Medizinischen Akademie »Carl Gustav Carus« in Dresden. Er soll Geisteszustand, Persönlichkeitsentwicklung und Zurechnungsfähigkeit des Beschuldigten untersuchen.

Frank Bärle hat es in seinem Leben bedingt durch gesundheitliche Probleme nicht einfach gehabt. Als er vier Jahre alt ist, stellen die Ärzte bei ihm Schwerhörigkeit fest. Mit sechs Jahren wird er erstmals von einem epileptischen Anfall heimgesucht. Mit Tabletten ist die Krankheit jedoch beherrschbar. In der Schule hat der Junge Schwierigkeiten, vor allem dann, wenn Denkleistungen gefordert sind. Rechtschreibung und Kopfrechnen bereiten ihm besondere Schwierigkeiten, und das auch noch Jahre später. Lesen macht ihm Spaß. Einmal bleibt er in der Schule sitzen und wird nach acht Jahren aus der siebten Schulklasse entlassen. Die Mitschüler hänseln ihn bis zur Unerträglichkeit. Sie verpassen ihm Spitznamen wie »Pellkartoffel«, nehmen den Ranzen weg und schütten den Inhalt aus oder greifen ihm schmerzhaft zwischen die Beine. Dabei möchte er sein wie seine Altersgefährten. Er erfindet Storys, um Aufmerksamkeit zu erhaschen. Anerkennung erlangt er so nicht: Er wird als Spinner verachtet.

Mit Mädchen kommt der Junge besser aus. Von ihnen fühlt er sich akzeptiert. Auch später bei Tanzveranstaltungen geht er bei ihnen »als guter Tänzer richtig ab«, wie er selbst einschätzt. Damit die Mädchen ihm seine Schwerhörigkeit nicht auf den ersten Blick ansehen, trägt Frank lange Haare, um das Hörgerät zu verdecken. Besonders gern erinnert er sich an Situationen, in denen er seine Männlichkeit bestätigen kann und gegen Konkurrenz erfolgreich ist. Andererseits plagen ihn Selbstmordgedanken, wenn er sich gehänselt und beleidigt fühlt.

Unter Alkoholeinfluss reagiert Frank Bärle häufig aggressiv. Einmal bekommt dies sogar sein Vater zu spüren, und der herbeigerufene Arzt, der ihm eine Beruhigungsspritze geben will, nachdem er aus dem Badfenster der elterlichen Wohnung im ersten Stock gesprungen war.

Am Ende der gründlichen nervenärztlichen Untersuchung kommt Prof. Dr. Lange zu dem Schluss, dass zum Tatzeitpunkt bei Frank Bärle eine erhebliche Verminderung der Zurechnungsfähigkeit bestand. Die Tat sei nach Ansicht des Gutachters zu kennzeichnen als affektiv fehl- bis ungesteuerte Reaktion eines hirngeschädigten und in der zwischenmenschlichen Kommunikation schwer beeinträchtigten abnorm erregbaren jungen Mannes, der zusätzlich unter erheblicher Alkoholeinwirkung stand. Sein Intelligenzgrad ist gering, doch schwachsinnig im medizinischen Sinne ist er nicht.

Unter diesen Gesichtspunkten klagt die Staatsanwaltschaft Frank Bärle im August 1978 an, dass er »das Leben eines Säuglings erheblich gefährdet und ihn schwer an der Gesundheit geschädigt« habe. Er habe ein Kind töten wollen, um das er sich sonst stark bemühte, nur um auf brutale Weise Druck auf die Entscheidung seiner Verlobten auszuüben, die ihn aus der Wohnung weisen wollte.

Noch im gleichen Monat findet der Prozess vor dem Bezirksgericht Cottbus statt. Entgegen der Auffassung des Gutachters erkennt das Gericht in der Tat jedoch keine Affekthandlung und billigt Frank Bärle auch keine psychische Zwangslage zu. Diese ergebe sich überwiegend aus einem langen Konflikt, auf dessen Höhepunkt der Täter in seiner Handlungsfähigkeit erheblich eingeschränkt sei. Eine solche Situation lag zum Zeitpunkt der Straftat nicht vor, heißt es in der Urteilsbegründung. Frühere Auseinandersetzungen mit der Schwiegermutter habe der Angeklagte beigelegt, indem er einfach nach Hause fuhr, über das Wochenende bei den Eltern blieb und anschließend ohne Groll zurückkehrte und ohne Vorbehalte wieder aufgenommen wurde. In einer psychischen Zwangslage hätte sich der Angriff des Angeklagten zudem gegen die beiden Frauen als Auslöser der Auseinandersetzung und nicht gegen das unschuldige Kind gerichtet, ist die Auffassung des ersten Strafsenats.

Die Staatsanwaltschaft hatte in ihrem Plädoyer sowohl eine Affekthandlung wie auch eine verminderte Zurechnungsfähigkeit des Angeklagten aufgrund des Alkoholeinflusses zur Tatzeit ausgeschlossen und eine zehnjährige Haftstrafe gefordert. Dem Angeklagten sei aus Erfahrungen der Vergangenheit bekannt gewesen, dass erheblicher Alkoholgenuss bei ihm ungesteuerte abnorme Reaktionen hervorruft, die auch zu Tätlichkeiten führen, so die Begründung.

Dem widerspricht das Gericht nicht, erkennt aber dennoch auf eine verminderte Schuldfähigkeit. Der Angeklagte habe nicht gewusst, dass sich ein Erregungszustand, der auch unter normalen Bedingungen auftreten kann, bei ihm bereits durch geringe Mengen Alkohol verstärken könne. Genau das aber wurde durch die Untersuchungen an der Medizinischen Akademie Dresden herausgefunden. Die ihn daheim behandelnden Ärzte hätten Frank Bärle Alkoholgenuss nicht untersagt, sondern lediglich zur Vorsicht geraten und empfohlen, sich nur ab und zu ein Glas Wein zu gönnen, steht dazu im Urteil. Der Angeklagte habe damit durch Alkoholmissbrauch nicht schuldhaft einen bereits bestehenden Erregungszustand verschärft. Das Gericht stellt jedoch auch fest, dass dennoch eine erhebliche Schuld bestehen bleibt. Es verurteilt den Angeklagten wegen versuchten Mordes im Zustand erheblich beeinträchtigter Zurechnungsfähigkeit zu einer Freiheitsstrafe von acht Jahren.

Christiane Stanze hat sich nach dem Verbrechen an ihrem Kind noch vor der Verurteilung von Frank Bärle getrennt. Folgeschäden für Claudius sind nicht bekannt.

Doppelmord im Hinterhaus

Cottbus im Winter 1975, fünf Tage vor Weihnachten. Es ist drei Uhr morgens. Kaum ein Mensch ist zu dieser frühen Zeit auf den Straßen. Hin und wieder rumpeln Lastkraftwagen der Typen W50 oder LO durch die Straßen, beladen mit Milch für Kauf hallen und Schulen oder mit Backwaren, die von der Großbäckerei zu den Handelseinrichtungen in der Stadt und der Umgebung gefahren werden. Nur hinter wenigen Fenstern in den Plattenbauten an den Peripherien der jüngsten Großstadt der DDR und in den altehrwürdigen und teils verfallenen Häusern in der Stadtmitte brennt Licht. Vor den Nachtschichtlern in den umliegenden Tagebauen, Brikettfabriken oder Kraftwerken liegen noch einige Stunden Arbeit. Die Frauen und Männer, die sie ablösen werden, genießen ihren Schlaf.

Bei Magdalene Bogner klingelt just in diese Stille hinein der Wecker. So wie jeden Tag in der Woche. Nach einem Blick auf die Uhr dreht sie sich noch einmal um. Wenig später schiebt sie das Federbett beiseite. Die Raumpflegerin ist das frühe Aufstehen gewöhnt. Bis zum Arbeitsbeginn bleibt ihr eine gute halbe Stunde. Ihre Arbeitsstelle, das Haus des Handwerks auf dem Cottbuser Altmarkt, liegt nur einen Katzensprung entfernt von ihrer Wohnung.

Gegen 3.45 Uhr trifft sie im Sitz der Handwerkskammer des Bezirkes Cottbus ein. Der Tag beginnt wie immer – fast wie immer. Ihr fällt auf, dass das Hinterhaus des Gebäudekomplexes, anders als sonst, in völliger Dunkelheit liegt. Dort wohnt Familie Ragow. Dabei müsste Hertha Ragow schon auf den Beinen sein, denn auch sie geht putzen.

Hat Hertha Ragow verschlafen? Ist sie krank? Hat sie Urlaub? So richtig macht sich Magdalene Bogner keine Gedanken. Sie arbeitet: Papierkörbe entleeren, Staub wischen, Fußböden reinigen. Das Haus des Handwerks hat viele Büros, und mit ihrer Kollegin Anna Bubner muss sie sich sputen, damit alles vor Arbeitsbeginn der Angestellten fertig ist.

Inzwischen ist es 4.30 Uhr. Die Raumpflegerinnen legen eine Pause ein. Sie brühen Kaffee auf und wickeln die Frühstücksbrote aus. Plötzlich hören sie Schritte in dem stillen Haus.

»Bestimmt ist Hertha Ragow zu spät aufgewacht und hastet nun zur Arbeit«, denkt sich Magdalene Bogner.

Dann rumort es im Treppenhaus. Das Klappern von Schlüsseln dringt zu den beiden Frauen. Jemand schließt die Telefonzentrale auf, kurz danach klappt eine Tür. Die Putzfrauen hören eine aufgeregte männliche Stimme. Schreck fährt den beiden Frauen in die Glieder. Vorsichtig blicken sie aus der kleinen Kaffeeküche hinaus auf den langen Korridor. Dort ist nichts zu sehen. Sie wollen sich schon wieder an den Pausentisch setzen, als ein Mann aus der Telefonzentrale kommt. Er hastet auf Magdalene Bogner und Anna Bubner zu. Seine rechte Hand ist blutüberströmt, und Blut tropft von ihr auf den Fußboden.

»Ruft den Notarzt. Bei den Ragows ist etwas passiert«, stößt er aufgeregt hervor und rennt zum Hinterhaus. Magdalene Bogner wählt den Notruf 110 um 4.40 Uhr.

Ein Streifenwagen der Polizei rast heran. Der Diensthabende des Deutschen Roten Kreuzes (DRK) schickt einen Krankenwagen los. Die Sanitäter fordern zehn Minuten später die »Dringliche Medizinische Hilfe« an. Gegen fünf Uhr trifft der Notarzt ein. Er findet Hertha Ragow, die im Flur der Hinterhauswohnung in einer Blutlache auf dem Boden liegt. Der Arzt kann weder ihr noch ihrem Mann Max helfen, der zusammengesunken neben der Toilette hockt. Beide Opfer haben Stichwunden im Oberkörper und sind tot. Es ist offensichtlich, dass sie ermordet wurden. Im Kinderzimmer des Hauses wimmert die 16-jährige Juliane vor sich hin. Sie ist im Brustbereich verletzt, stellt der Arzt fest. Neben ihr kauert der Mann, der die

Raumpflegerinnen im Haus des Handwerks alarmiert hat. Er hält sich mit der linken Hand das rechte Handgelenk. Ein paar Tropfen Blut sickern durch seine Finger auf den Boden. Alkoholdunst umweht ihn. Er und das Mädchen werden in das Bezirkskrankenhaus Cottbus eingeliefert. Die Morduntersuchungskommission der Polizei wird mobilisiert.

Rückblende. Am 18. Dezember um 19.30 Uhr fährt der Eilzug aus Wilhelm-Pieck-Stadt Guben auf dem Bahnhof in Cottbus ein. Aus einem Wagen der zweiten Klasse steigt Harry Wegmann. Der siebenundzwanzig Jahre alte Mann ist von athletischer Gestalt. Gepäck hat er nicht bei sich. Nur ein unscheinbarer Waschbeutel baumelt ihm von der Schulter. Wegmann schlendert durch die Stadt. Er besucht verschiedene Gaststätten, trinkt Bier, brütet vor sich hin. Anspannung steht ihm ins Gesicht geschrieben. Seine Kneipentour führt den Maurer aus dem Wohnungsbaukombinat später in die Gaststätte *Schlachteplatte*. Dort kauft er eine Flasche Likör der Marke Halb und Halb. Zuletzt landet der unstetig wirkende Mann in der *Mitropa* am Bahnhof. Diese Gaststätte hat am längsten geöffnet. Mit jedem Bier, das er in den vergangenen Stunden getrunken hat, haben sich Wut, Enttäuschung, Verzweiflung und Hass in ihm gesteigert. Seit drei Wochen brodelt es schon in ihm – seit ihn am 25. November ein Brief von seiner 16-jährigen Freundin Juliane Ragow erreichte. Er hatte die Schülerin Mitte August, unmittelbar nachdem er aus dem Gefängnis gekommen war, kennengelernt. Dort hatte er wegen versuchter Vergewaltigung seine zweite Freiheitsstrafe von drei Jahren und sechs Monaten verbüßt. Bereits 1969 hatte das Militärgericht Dresden gegen den Panzersoldaten wegen vollendeter Vergewaltigung eine Haftstrafe von zwei Jahren und neun Monaten verhängt. Immer war es der Alkohol, der ihn aggressiv, unberechenbar und hemmungslos machte. Zehn Bier und zehn kleine Schnäpse waren die Tagesration. Im Knast hat er sich geschworen, mit der Sauferei aufzuhören. Als er Juliane kennenlernt, soll diese sein Halt sein. Schnell kommen sich der 16-jährige Teenager und der gutaussehende schwarzhaarige muskulöse junge Mann näher. Wegmann hat Erfahrung mit Frauen. Sie liegen ihm zu Füßen oder werden – wie seine Vorstrafen beweisen – von ihm mit Gewalt genommen. Einmal schon war er verlobt. Mit seiner Exfreundin hat er einen gemeinsamen Sohn. Trotz des Kindes zerbrach die Beziehung, weil er dem Alkohol übermäßig zusprach und dann schnell jähzornig und gewalttätig wurde. Betrunken hatte er der Frau, die er heiraten wollte, mehrfach gedroht: »Ich schlage dich tot«, um dann, wieder nüchtern, reuevoll Besserung zu geloben.

Anfangs läuft es gut mit seiner neuen Freundin. Nach wenigen Tagen kommt es zum intimen Kontakt. Juliane wird kurz nach der ersten Liebesnacht schwanger. Als Wegmann erfährt, dass er nicht der erste Mann im Leben der Heranwachsenden ist, reagiert er gereizt. Seine guten Vorsätze schlagen ins Gegenteil um. Eifersucht nagt an ihm. Er sieht in Gedanken, wie sich seine Freundin mit anderen Jungs amüsiert, wenn er in Guben und nicht bei ihr in Cottbus ist. Obwohl es dafür keine Anhaltspunkte gibt, wachsen die Spannungen. Das Paar streitet sich oft und immer heftiger. Wegmann droht Juliane: »Ich überlasse dich keinem anderen. Wenn du mich verlässt, bringe ich mich um.«

Und nun dieser Brief von seiner Freundin. Juliane macht darin Schluss. Harry Wegmann rennt vom Briefkasten zum Telefon, fleht die Geliebte an, zu ihm zu halten, sie erwarte doch ein Kind von ihm. Er fährt nach Cottbus, einmal, zweimal, dreimal. Juliane bleibt bei ihrer Entscheidung, zumal die Eltern, vor allem die Mutter, die Beziehung zu dem älteren Freund nur mit vielen Vorbehalten akzeptiert, sie aber nie aus vollem Herzen begrüßt hatten. »Juliane gehört mir, sonst keinem« – der Gedanke wird immer stärker.

Inzwischen ist der neue Tag bereits eine Stunde alt. Die *Mitropa*-Gaststätte schließt. Harry Wegmann macht sich auf den Weg, bereit, seinen Plan zu verwirklichen. Mut und Kaltblütigkeit dafür hat er sich seit siebzehn Uhr aus drei Flaschen und zehn Glas Bier angetrunken.

Alles, was er für sein Vorhaben braucht, steckt im Waschbeutel, in Hosen- und Jackentaschen. Im Betrieb hat sich Wegmann aus einem großen Nagel einen Dietrich geformt. Vor Antritt der Fahrt hat er zudem ein Fahrtenmesser mit stabiler Klinge und ein Campingbeil gekauft. Zu seiner Ausstattung gehört außerdem eine Rasierklinge.

Seit dem Aufbruch aus dem verräucherten Lokal ist eine dreiviertel Stunde vergangen. Dann steht Wegmann vor dem Haus des Handwerks auf dem Cottbuser Altmarkt. Von der Klosterstraße aus betritt er den Hof der Familie Ragow. Er weiß von früheren Besuchen bei Juliane, dass er nicht direkt in die Wohnung eindringen kann. Ein Riegel versperrt von innen die Haustür. Doch es gibt einen anderen Zugang, über einen angrenzenden Saal. Mit mitgebrachten Schlüsseln und dem Dietrich gelingt es, zwei Türen zu öffnen. Wegmann steht im Haus. Der Eindringling schleicht am Elternschlafraum vorbei die Treppe hinauf ins Obergeschoss, wo seine Freundin ihr Zimmer hat. Harry Wegmann rüttelt sie wach und fordert sie auf, zu ihm zurückzukehren. »Du liebst mich doch und bekommst ein Kind von mir«, sagt er und behauptet, dass sie nur dem Drängen der Eltern nachgegeben habe. Während des Gesprächs holt er das Fahrtenmesser aus dem Waschbeutel hervor und legt es auf die Kopfseite des Bettes. Juliane achtet nicht darauf. Unmissverständlich macht sie dem Exfreund klar, dass wirklich Schluss sei, und zwar nicht, weil die Eltern es so wollen, sondern weil sie seine Eifersucht, seine Drohungen und Wutanfälle nicht mehr ertragen kann.

Wegmann will Julianes Entschluss nicht akzeptieren. »Erstich mich!«, fordert er Juliane auf und greift nach dem Messer. Er gibt es ihr jedoch nicht, sondern geht auf sein Opfer los. Erst jetzt erkennt das Mädchen die Gefahr des Augenblicks. »Mutti, Mutti«, ruft es und versucht, vor dem Täter zu flüchten. Juliane kommt jedoch nur bis zum Fußende des Bettes. Wegmann ergreift sie, hält mit der rechten Hand ihren Mund zu, sticht mit dem Fahrtenmesser in der linken Hand auf den Oberkörper des Opfers ein. Seine Freundin blutet und verliert das Bewusstsein. Durch den Krach und die Schreie der Tochter aus dem Schlaf geschreckt, hastet Hertha Ragow die Treppe hoch. Wegmann ist auf das Kommen vorbereitet, hat die Situation in den letzten Tagen in Gedanken mehrfach durchgespielt. Er löscht das Licht im Kinder- und Wohnzimmer, geht zur Flurtür, durch die die Eltern kommen müssen. Als Hertha Ragow zur Tochter will, sticht der Täter sie nieder. Die Mutter versucht vergeblich, mit den Händen Gesicht und Körper zu schützen. Sie stürzt zu Boden, stöhnt mehrfach auf und bleibt dann regungslos liegen.

Kurt Ragow folgt wenig später seiner Frau. Im Flur erkennt er den Mann mit dem Messer in der Hand. »Harry, was machst du? Bleib ein Mensch«, fleht er ihn an. Wegmann schreit ihn an:

»Du bist doch selbst schuld. Hast mich zum Mörder gemacht.« Dann rammt er ihm mit aller Kraft das Messer in den Bauch. Der Mann bricht zusammen, versucht, sich mit letzter Kraft aufzurichten. Es gelingt ihm nicht.

Wegmann wendet sich ab, ohne sich um die Opfer zu kümmern. Er geht in das Kinderzimmer und schaltet die Nachttischlampe ein. Plötzlich hört er Juliane wimmern: »Vati, wo bist du, hilf mir!« Sie fordert ihren Exfreund auf, den Vater zu ihr zu bringen. Wegmann schleppt den blutenden Mann an das Bett des Mädchens. Dieser bittet nach kurzer Zeit, wieder auf die Toilette gebracht zu werden. Der Täter tut das Verlangte. Er ist überzeugt, dass sein Opfer sterben wird.

Wegmann begibt sich erneut zu Juliane. Er holt aus dem Waschbeutel die Rasierklinge hervor, greift zur Flasche Halb und Halb und trinkt daraus in großen Schlucken. Er selbst will keine Schmerzen haben, wenn er sich die Pulsadern aufschneidet. Mit der Klinge ritzt er am rechten Handgelenk, bis es blutet. Dann setzt er sich vor Julianes Bett. »Das wollte ich nicht, das wollte ich nicht«, jammert er wieder und wieder.

Etwa zehn Minuten vergehen. Juliane bittet ihren Peiniger, Hilfe zu holen. Den überkommt so etwas wie Reue. Juliane ist noch so jung, und sie erwartet ein Kind von ihm. Er rennt hinüber zum Haus des Handwerks.

Hertha und Kurt Ragow sind durch die schweren Stichverletzungen innerlich verblutet. Bei der Obduktion stellen die Gerichtsmediziner bei der Frau vier Stiche in die Brust fest. Einer hat die Lunge getroffen. Bei ihrem Mann haben die Messerstiche in den Oberbauch die Leber und die große Körperschlagader zerstört. Beide Opfer hatten höchstens in den ersten dreißig Minuten eine Überlebenschance.

Die Verletzungen bei Juliane Ragow sind weniger schwer. Die zwei Stiche in den Brustkorb haben die Brustwand nicht durchstoßen. Das größere Problem aus medizinischer Sicht ist der Schock, den sie erlitten hat. Sie ist zwar ansprechbar, aber völlig apathisch. Einen Tag vor Silvester kann Juliane Ragow aus dem Krankenhaus entlassen werden.

Wegmann stellt sich bei der Einlieferung ins Krankenhaus bewusstlos, doch sein Täuschungsmanöver misslingt. Die Verletzung am rechten Handgelenk ist minimal. Die Wunde blutet schon längst nicht mehr. Die Ärzte diagnostizieren das Öffnen der Pulsader lediglich als »Probierschnitt«.

Die Staatsanwaltschaft Cottbus beantragt noch am gleichen Tag Haftbefehl für Harry Wegmann. Das Kreisgericht Cottbus-Stadt verhängt gegen ihn umgehend Untersuchungshaft.

In den folgenden Wochen und Monaten wird Wegmann

mehrmals vernommen. Die Kriminalisten der MUK verglei-chen die trasselogischen, daktyloskopischen und Faserspuren vom Tatort, die in einem kriminaltechnischen Gutachten der Bezirksbehörde der Deutschen Volkspolizei bewertet werden, mit den Aussagen des Beschuldigten. Die Eltern von Harry Wegmann werden zur Entwicklung ihres Sohnes vernommen. Ende Juni 1976 erhebt die Staatsanwaltschaft Cottbus Mordan-klage gegen Harry Wegmann. Die Anklageschrift umfasst drei-zehn Seiten.

»Der Beschuldigte hat in brutaler und kaltblütiger Weise das Le-ben von zwei Menschen vernichtet und ein weiteres Menschen-leben angegriffen«, heißt es darin. Und weiter: »Das Motiv der verbrecherischen Handlungen des Beschuldigten ist von krassem Egoismus und beispielloser Rücksichtslosigkeit geprägt. Weil die Geschädigten sich nicht den egoistischen Wünschen und Vorstel-lungen des Beschuldigten unterordneten, wurden sie von ihm kaltblütig beseitigt.«

Der Lebensweg von Harry Wegmann war bereits vor den Mor-den alles andere als geradlinig und konfliktfrei. Mit sexuel-len Entgleisungen hatte er, wie bereits erwähnt, mehrfach die Grenzen des Gesetzes überschritten. Bereits 1966 musste sich Wegmann als 18-Jähriger vor der Konfliktkommission seines damaligen Betriebs wegen Verbreitung pornografischer Bil-der verantworten. Er kam mit einer Verwarnung der ehren-amtlich tätigen Kommissionsmitglieder davon. In Guben war er als Großkotz bekannt. Gern gab er sich als Mitarbeiter der Staatssicherheit aus oder als Fahrlehrer. Er belästigte mehrfach Mädchen und Frauen sexuell. Sie waren für ihn nur Objekte zur Befriedigung seiner Bedürfnisse. Mit siebzehn Jahren hatte er nach eigenen Angaben das erste Mal sexuellen Kontakt mit einem Mädchen. In der Folgezeit will er etwa zwanzig Sexualpartnerinnen gehabt haben. Zudem war Alkohol sein ständiger Feierabendbegleiter.

1968 wurde Wegmann zur Nationalen Volksarmee der DDR eingezogen. Er gehörte zunächst einem Unteroffiziers-Ausbildungsregiment in Weißkeißel an, einem Armeestützpunkt unweit der deutsch-polnischen Grenze. Später war er dann im Panzerregiment in Cottbus stationiert. Seine Vorgesetzten hatten mehr Ärger als Freude mit ihm. Er war labil, starrsinnig, überheblich und von sich eingenommen, schrieben sie ihm in die Akte. Allein von Juli bis Dezember 1968 wurde Wegmann vier Mal bestraft, belobigt aber nie. Während eines Ausgangs vergewaltigt er das erste Mal eine Frau. Die Strafe von zwei Jahren und neun Monaten musste er nicht voll verbüßen. Ein knappes Jahr wurde ihm zur Bewährung erlassen.

In der Strafvollzugseinrichtung Bautzen hatte er sich gut den Gegebenheiten angepasst. Er trat nach Einschätzung der Anstaltsleitung politisch korrekt auf, spielte in der Gemeinschaft eine positive Rolle und arbeitete hart an sich. Er ordnete sich ein und war diszipliniert.

Wegmann konnte die Freiheit jedoch nur kurz genießen. Es gelang ihm nicht, Sexualtrieb und Alkoholgenuss zu steuern. Wegen versuchter Vergewaltigung wurde er im März 1971 zu zweiundvierzig Monaten Gefängnis und zur Verbüßung der auf Bewährung ausgesetzten Reststrafe aus dem ersten Prozess verurteilt. Am 24. Juli 1975 ist die Strafe verbüßt. Von einer therapeutischen Behandlung findet sich in den Akten nichts.

Trotzdem scheint es, dass er endlich Lehren aus seinem bisherigen Leben gezogen hat. Im Wohnungsbaukombinat Cottbus, in dem er seit August 1975 beschäftigt ist, entwickelt er sich zu einem guten Arbeiter mit handwerklichen Fähigkeiten. Er meistert schwierige Situationen und ordnet sich gut in seine Brigade ein. Die Kollegen schätzen seine Hilfsbereitschaft.

Alkohol trinkt er auch nicht mehr. Als er den Brief von Juliane Ragow erhält, greift er wieder zur Flasche.

Bei der medizinischen Untersuchung in der Psychiatrie der Strafvollzugseinrichtung Waldheim, die seine Schuldfähigkeit für die Morde an den Ragows feststellen soll, macht Harry Wegmann zu seinen inneren Konflikten bemerkenswerte Angaben. Bereits während der letzten Inhaftierung hätte er sich vor der Entlassung regelrecht gefürchtet, weil er glaubte, zu einem Gewaltverbrechen fähig zu sein. Der Umgang mit Räubern und Mördern im Gefängnis hätte ihn in seinen Befürchtungen bestärkt. Deshalb wollte er in der Haft auch einem Nervenarzt vorgestellt werden, gibt er an. »Ich habe mich in meiner Haut ganz und gar nicht wohl gefühlt. Ich war einfach noch nicht so weit, dass ich entlassen werden konnte«, sagt er den Ärzten in Waldheim.

Was davon ist Wegmann zu glauben? Bei der Untersuchung in der Psychiatrie gibt er sich kooperativ und ist ausgesprochen höflich. Er will offensichtlich bei Ärzten und Pflegepersonal einen guten Eindruck hinterlassen. Die Untersuchungen und Unterhaltungen mit ihnen aber bewertete er als sinnlos. »Für mich gibt es ohnehin nur den Tod. Sofern das nicht im Urteil geschieht, muss ich Selbstmord begehen«, bekommen die Gutachter mehrfach zu hören.

Im Widerspruch dazu steht allerdings ein ganz anderes Verhalten des Harry Wegmann in dieser Zeit. Massiv versucht er, Verbindung mit weiblichen Strafgefangenen aufzunehmen, wie abgefangene Briefe belegten. Nahezu glorifizierend beschreibt er darin die Gründe seiner Inhaftierung. Mal nennt er fahrlässige Tötung als Grund für seinen Gefängnisaufenthalt, bei einer anderen Gelegenheit von der Verletzung der Aufsichtspflicht als verantwortlicher Bauingenieur. Er schwärmt gegenüber seinen Angebeteten vom zukünftigen gemeinsamen Glück und droht umgehend mit dem Abbruch der »sowieso illegalen Verbindungen«, wenn ihm deren Antworten nicht behagen. Als er bemerkt, dass die Briefe den Ärzten bekannt sind, spielt er den unangenehm Berührten. Demonstrativ fügt er sich mit einem stumpfen Plastikmesser einen Schnitt in der rechten Ellebogenbeuge zu. Ernstlich verletzen wollte er sich nach Einschätzung der Ärzte damit nicht.

Harry Wegmann sieht sich auch nach den brutalen Morden an den Ragows als Opfer. Dieses Befinden zieht sich durch sein ganzes Leben. Aufgewachsen mit vier Geschwistern fühlt er sich schon in der Schule falsch verstanden. Die sechste Klasse muss er wiederholen. Nicht anders empfindet er zu Hause. »Schon als Kind hatte ich immer an allem Schuld«, sagt er den Psychiatern. Von der Mutter habe er »sehr viel Senge« bekommen. Sie wäre genauso jähzornig wie er. Zum Vater sei das Verhältnis besser gewesen. Doch auch der habe hin und wieder geäußert:

»Dich schlage ich noch tot.« Letztlich stellen die Ärzte fest: »Die Beziehung zu den Eltern ist ausgesprochen hassgefärbt.« Wegmann bestätigt diese Erkenntnis. »Ich hasse jetzt alles, was es gibt, auch meine Eltern, weil alles schief gegangen ist.« Er habe bei jedem Unfug und bei allen Jugendstreichen mitgemacht. Deshalb sei damals sogar das Jugendamt auf ihn aufmerksam geworden. Die Eltern hätten sich jedoch immer wieder herausreden können. »In dieser Zeit ist mir klar geworden, wie man sich der Verantwortung entzieht«, so Harry Wegmann bei der Begutachtung.

Im August 1976 findet der Prozess gegen den gelernten Maurer aus Guben vor dem ersten Strafsenat des Bezirksgerichtes Cottbus statt. Wie schon im polizeilichen Ermittlungsverfahren gesteht Harry Wegmann die Taten. Wegen zweifachen Mordes an Hertha und Kurt Ragow, versuchten Mordes sowie vorsätzlicher Körperverletzung an deren Tochter Juliane wird er zu einer lebenslangen Freiheitsstrafe verurteilt.

»*Der Angeklagte hat sein verbrecherisches Ziel, Menschen zu töten, mit Hartnäckigkeit verfolgt und schließlich auch brutal, intensiv und hemmungslos verwirklicht*«, so die Richter. »*Die schweren Straftaten des Angeklagten weisen aus, dass es ihm an der Achtung vor dem Leben anderer Menschen, einer Grundvoraussetzung des menschlichen Zusammenlebens, fehlt*«, heißt es in der Urteilsbegründung. Trotz der Konfliktsituation, in der sich der Angeklagte befunden habe, und einem Blutalkoholwert von 0,7 Promille habe eine erhebliche Beeinträchtigung bei ihm während der Tatausführung nicht vorgelegen, stellt das Gericht im Ergebnis der dreitägigen Verhandlung fest.

Das Oberste Gericht der DDR bestätigt die Strafe und verwirft damit die Berufung der Verteidigung Wegmanns. Diese war der Meinung, dass die Taten nur als Körperverletzung mit Todesfolge zu bewerten seien. Schließlich habe der Angeklagte Hilfe herbeigerufen, sei von der Tötungsabsicht zurückgetreten, so die Begründung.

Im Fall von Juliane Ragow stimmt das, aber für die Eltern kam jede Hilfe zu spät. »Der Angeklagte hatte sich bewusst zur Tötung dieser beiden Personen entschieden«, steht dazu in der Urteilsbegründung der obersten Richter.

Mitte August 1991 wird Harry Wegmann mit fünfjähriger Bewährungszeit aus dem Gefängnis entlassen.

Das Ende einer Jugendliebe

Katja Radunke ist vierzehn, ein Alter, in dem erste Liebesgefühle sprießen. Wenn sie darf, geht sie am Wochenende mit den Mädels zum Tanz oder zur Disko, entweder im heimischen Massen bei Finsterwalde oder in die Gaststättensäle umliegender Dörfer. So auch am 2. September 1978. In Tenneberg, einem der ländlichen Ortsteile von Massen in der Niederlausitz, quasi direkt vor der Haustür von Katja, ist an diesem Samstag mächtig was los, ein richtiger Dorfbums. Da kommen Jungs aus Städten wie Finsterwalde und aus Doberlug-Kirchhain. Vielleicht kommt ja auch der Junge, der es ihr angetan hat. Er wohnt in Doberlug-Kirchhain, ist ein Jahr älter als sie, hat schwarzes Haar, breite Schultern, einen athletischen Körper und sonnengebräunte Haut. Ein richtiger Mann ist er. Erst kürzlich hat sie ihrer Freundin Julia vorgeschwärmt, was für ein geiler Typ das ist. Zweimal haben sie sich schon getroffen bei Tanzveranstaltungen wie heute. Sie sind spazierengegangen, haben sich geküsst, er hat ihre Brüste berührt, sie hat seinen Penis durch die Hose gespürt. Mehr verrät sie nicht. Seit Pfingsten kennt sie ihn und ist bis über beide Ohren verliebt. Unter der Woche ist er für sie unerreichbar, zeigt auch kein Interesse, hat vielleicht sogar eine andere. Es war immer Zufall, wenn sie sich getroffen haben, meistens auf Tanzveranstaltungen. Doch Katja schwirren Schmetterlinge im Bauch, wenn sie nur an ihn denkt.

An Akazienblättern hat sie abgezählt: »Er kommt, er kommt nicht, er kommt …« und: »Er liebt mich, er liebt mich nicht, er liebt mich …« Sie kann den Abend kaum erwarten. Mutti und Vati haben ihr erlaubt, dass sie bis Mitternacht bleiben darf. Rainer, ihr großer Bruder, ist auch auf dem Tanz. Er soll auf sie aufpassen, haben ihm die Eltern aufgetragen. Das ist für

Katja kein Problem. Sie versteht sich gut mit ihm, auch wenn es zwischen ihnen öfter Streit gibt. Unter Geschwistern ist das eben so. Außerdem hat Rainer mit seinen Freunden zu tun, und nach Mädels guckt er auch. Es wird also nicht so schlimm werden mit der brüderlichen Aufsicht.

Um achtzehn Uhr hat sich Katja mit Freundinnen aus dem Dorf verabredet. Gemeinsam schlendern sie zur nahegelegenen Gaststätte. Der Saal ist bereits gut gefüllt, der Tanz hat jedoch noch nicht begonnen. Katja kennt eine Menge Leute. Sie sind aus ihrer Klasse, aus dem Dorf oder aus Nachbarorten. Er ist noch nicht da. Enttäuschung macht sich breit.

Ihr Herz beginnt zu rasen, als er schließlich mit sechs Freunden auftaucht. Die Gruppe ist von Doberlug-Kirchhain mit dem Zug bis Finsterwalde gedampft und dann mit den Fahrrädern die paar Kilometer bis Tenneberg geradelt. Mehr als ein kurzes »Hallo« hat der Umschwärmte für Katja nicht übrig, als er an ihr vorbeigeht. Die Jungs setzen sich an einen Tisch in der Nähe der Bar. Der 15-Jährige verbringt die meiste Zeit dort, schaut dem Treiben zu und trinkt Bier und Pfefferminzschnaps. Tanzen ist nicht sein Ding. Gelernt hat er es nicht, und es fällt ihm schwer, im Takt zu bleiben.

Die Stimmung im Saal ist gut. Die Combo auf der Bühne gefällt den Jugendlichen. Mittlerweile ist es nach Mitternacht. Eigentlich müsste Katja um diese Zeit zu Hause sein. Doch sie macht sich keine Gedanken. Mutti und Vati schlafen sowieso. Ihre Arbeit im Stall der Landwirtschaftlichen Produktionsgenossenschaft und daheim in der kleinen Bauernwirtschaft ist schwer und macht müde. Katja und ihrer Freundin Julia ist warm geworden. Sie gehen hinaus, um frische Luft zu schnappen. Dort stehen etliche Jugendliche. Sie rauchen und quatschen miteinander. Liebespaare halten sich eng umschlungen und knutschen.

»Na, der will wohl heute nichts von dir«, neckt Julia ihre

Freundin. Kaum hat sie das gesagt, steht der junge Mann bei den Mädchen. »Wie geht's?«, fragt er. Die Zunge liegt ihm dabei schwer im Mund nach zwanzig Glas hellem Bier und sechs bis acht doppelten Pfeffi. Zwischendurch hatte es den jungen Mann draußen vor der Gaststätte kurzzeitig »umgehauen«. Einer seiner Kumpel musste ihn zurück in die Gaststätte schleppen.

Katja stört es nicht, dass der Herbeigesehnte auf wackligen Beinen steht. Sie ist verliebt, und als er sie flüsternd fragt: »Wollen wir nicht woanders hingehen?«, sind die Schmetterlinge im Bauch aufgescheucht wie den ganzen Abend noch nicht. »Ich geh dann mal wieder rein«, sagt Julia und zwinkert ihrer Freundin zu. Julia schlendert zurück in den Saal, und Katja verschwindet mit ihrem schwarzhaarigen Adonis in der Dunkelheit, weg von den Leuten vor der Gaststätte, der ungestörten Zweisamkeit entgegen.

Hand in Hand laufen sie Richtung Dorfende. Immer wieder bleiben sie stehen, küssen und berühren sich. Hinter dem letzten Grundstück befindet sich der eingezäunte Garten der ehemaligen Schule. Daran grenzt ein Stückchen Wiese, zu der ein Trampelpfad führt. Der Platz ist gut verdeckt durch Büsche, die sich ungehindert ausgebreitet haben. Ein kuscheliges Fleckchen für junge Leute. Katja streift sich das türkisfarbene Nikki mit dem Apfelmotiv auf der Brust über den Kopf, lässt den BH fallen, der ohnehin schon aufgehakt ist, zieht die Nietenhose samt Schlüpfer herab und die braunen Sandaletten von den Füßen. Nur die grün-rot gestreiften Kniestrümpfe bleiben an. Er lässt Jacke, Hemd, Jeans und Badehose fallen. »Pass auf«, mahnt Katja noch, dann versinkt alles um das übereinanderliegende Paar in der Bedeutungslosigkeit. Nur sie beide sind wichtig. Der Mond am Himmel ist der einzige Zeuge der zwei jungen Menschen, die sich auf der kleinen Wiese lieben.

Die Tanzveranstaltung im Saal ist inzwischen zu Ende. Im

Jugendzimmer von Tenneberg haben sich einige Mädchen und Jungen zu einer Geburtstagsfeier verabredet. Zu ihnen gehören auch Manfred, Jürgen, Andreas und Jörg. Auch Katja sollte kommen, doch die ist, so vermuten die anderen, schon nach Hause gegangen.

Als die Jungs ihre Jacken an die Garderobenhaken hängen, fragt Manfred seinen Freund Jörg: »He, wo hast du denn deine Jacke gelassen, du Penner?« Der stutzt: »Muss ich wohl in der Kneipe gelassen haben«, nuschelt er und fügt hinzu: »Ich geh sie mal holen.« Kurze Zeit später ist Jörg wieder bei den anderen, die Jacke im Arm. »Alles klar«, verkündet er. Ein gutes Stündchen bemüht sich Jörg noch, wach zu bleiben. Dann drücken ihm die Biere und Schnäpse die Augen zu. Auch Manfred und Jürgen hält es nicht mehr auf den Beinen. Die drei übernachten im Jugendzimmer von Tenneberg. Früh kurz vor sechs Uhr werden die Jungs wach, machen sich in Richtung Finsterwalde auf den Weg und fahren von dort mit dem Zug nach Doberlug-Kirchhain. Eine ereignisreiche Nacht liegt hinter ihnen.

In Tenneberg geht das Ehepaar Radunke an dem Abend, als einige Hundert Meter entfernt die Jugend in die Nacht tanzt, etwa halb elf zu Bett. Früh um fünf Uhr wird Gertrud Radunke wach. Sie steht auf und geht in das Zimmer der Tochter. Das Bett der 14-Jährigen ist unberührt. Aufgeregt weckt die Mutter ihren Sohn: »Wo ist Katja?« Der begreift, schlaftrunken wie er ist, überhaupt nicht, was die Eltern von ihm wollen. Inzwischen steht auch der Vater neben ihm. »Ist sie denn nicht zu Hause?«, fragt Rainer zurück. »Stell dich nicht so blöd«, faucht ihn der Vater an. »Die ist nicht da. Du solltest auf sie aufpassen.«

Jetzt ist Rainer vollends wach. »Als ich nach Hause gekommen bin, dachte ich, die ist längst im Bett«, stammelt er. »Ich habe sie seit Mitternacht nicht mehr gesehen.«

Radunkes sind zwar wütend, doch sie trösten sich damit, dass

Katja sicher wieder mal nur ihren eigenen Kopf hatte und bei ihrer besten Freundin Julia schläft. Es ist noch zu früh, um dort nachzufragen. Um neun Uhr schickt Kurt Radunke den Sohn los, seine Schwester zu holen. Kurze Zeit später kommt Rainer ohne sie zurück. »Mit wem war Katja denn zusammen?«, forscht der besorgte Vater. Ein paar Namen von Mädchen aus dem Dorf fallen Rainer ein, dazu aus Doberlug-Kirchhain der Manfred, der Jürgen und der Jörg.

Rainer weiß, dass Katja den Jörg anhimmelte. »Nimm das Auto und fahr los. Frag, ob Katja irgendwo bei denen ist«, schickt Kurt Radunke seinen Sohn auf die Suche.

Jörg Bunte hat den ganzen Sonntag gebraucht, um die Nachwehen der Tanznacht in Tenneberg zu überwinden. Als er früh gegen acht Uhr nach Hause kommt, macht er sich erst einmal etwas zu essen. Die Eltern, die eine Gaststätte in Doberlug-Kirchhain leiten, schlafen zu dieser Zeit noch. Er sieht sie ohnehin selten bei dem Beruf. Jörg lässt Wasser in die Badewanne und entkleidet sich. Hose und Jacke sehen schlimm aus. Völlig verdreckt sind sie. Grob reinigt er sie, später wird die Schwester alles waschen. Kaum ist er aus der Wanne raus, klingelt draußen Rainer Radunke. Er fragt nach Katja. »Hab ich seit gestern nicht mehr gesehen«, antwortet Jörg, macht die Tür zu und legt sich ins Bett. Er ist hundemüde und will nur noch schlafen. Von allen anderen, die Rainer abklappert, erntet er ähnliche Antworten. Jetzt geht Kurt Radunke selbst zu Julia und befragt die Freundin eindringlich nach dem möglichen Verbleib seiner Tochter. Doch er erfährt nichts.

»Jetzt informiere ich die Polizei«, sagt Kurt Radunke daheim zu seiner Frau. Er ruft beim Volkspolizei-Kreisamt in Finsterwalde an. Der Diensthabende versucht, den aufgeregten Mann zu beruhigen. »Vielleicht hat das Mädchen nur Angst, nach Hause zu kommen, weil sie sich nicht an die Zeit gehalten hat.« Der Offizier rät, bei allen Verwandten nachzufragen, ob das Mädchen bei denen aufgetaucht sei. »Wenn die Nachfrage negativ ist, melden Sie sich um siebzehn Uhr noch mal bei uns«, gibt der Polizist Kurt Radunke mit auf den Weg. Katja bleibt verschwunden. Bis auf ihre Jacke. Die bringt die Chefin der Gaststätte von Tenneberg im Laufe des Tages bei Radunkes vorbei. Sie hing verlassen am Garderobenständer.

Das ganze Dorf ist in Aufregung über das Verschwinden von Katja. Nahezu alle helfen bei der Suche nach dem Mädchen. Nur ein paar Hundert Meter von Katjas Zuhause entfernt findet eine Einwohnerin von Tenneberg am darauffolgenden Montag, den 4. September, kurz hinter dem Ortausgangsschild die Leiche eines unbekleideten Mädchens. Eine Einsatzgruppe des VPKA Finsterwalde sperrt die Umgebung weiträumig ab. Niemand hat den möglichen Tatort betreten. Der örtliche Polizeichef ist höchstpersönlich nach Tenneberg geeilt. Da es sich offensichtlich um ein Tötungsverbrechen handelt, wird die Cottbuser Morduntersuchungskommission alarmiert. Der Leiter der MUK und vier weitere Offiziere der hochspezialisierten Ermittlungsgruppe springen in einen Wartburg Tourist und rasen mit Blaulicht über Autobahn, Fernverkehrs- und Landstraße in das kleine Dorf. Um 14.30 Uhr ist die Gruppe in Tenneberg, etwa eineinhalb Stunden später treffen zwei Fachärzte der Gerichtsmedizin aus Dresden am Fundort der Leiche ein. Die Getötete liegt auf dem Rücken, Arme und Beine sind gespreizt. Die Finger beider Hände sind leicht zur Faust geballt. Die Augen sind geschlossen, der Mund ist wie zu einem Lächeln leicht geöffnet. Blut verklebt das Haar. Auch das Gesicht ist blutverschmiert. Die nackte Haut auf der Brust und dem Bauch sieht verbrannt aus. Rußpartikel übersäen den gesamten Körper. Die Totenstarre ist ausgeprägt und hat die Gliedmaßen der Leiche bereits steif gemacht. Die Leichenkälte ist deutlich spürbar. Katja Radunke lebt schon seit Stunden, wahrscheinlich sogar seit Tagen nicht mehr.

Akribisch wird der Fundort abgesucht. Die Kriminaltechniker sichern zwei Schuhspuren, finden eine silberfarbene Kette und drei Streichhölzer. Zwei davon sind abgebrannt. Ein braunes Miederhöschen und ein paar braune Römersandaletten könnten von der Toten stammen. Andere Kleidungsstücke entdecken die Kriminalisten nicht, wohl aber verschiedene Faserspuren. Fotos werden angefertigt, der mögliche Tatort wird vermessen. Später entsteht daraus eine maßstabsgerechte Zeichnung.

Die MUK wird personell verstärkt, um die Ermittlungsarbeiten voranzutreiben. Die Gäste der Tanzveranstaltung sind zu ermitteln, vor allem die Personen, die sich nach Mitternacht im Saal und vor der Gaststätte aufgehalten haben. Schließlich hat Katja um 0.15 Uhr noch gelebt.

Die Nachricht vom Fund der Leiche bei Massen verbreitet sich in Windeseile und erreicht schnell auch Doberlug-Kirchhain. Die Gruppe um Jörg, Manfred und Jürgen diskutiert miteinander, was geschehen sein und wer das Mädchen getötet haben könnte. »Du warst doch mit der Kleinen zusammen«, sagt Manfred zu seinem Kumpel Jörg, mit dem er öfter mal durch die Gegend zieht. »So ein Quatsch. Ich habe die nach Mitternacht nicht mehr gesehen«, weist er das als Unterstellung zurück. Dabei bleibt er auch bei der ersten Vernehmung am späten Montagnachmittag durch die Kripo. Andere junge Leute, die zur fraglichen Zeit beim Tanz am Samstag in Tenneberg an der »frischen Luft« waren, sagen anderes aus. Julia beispielsweise schwört Stein und Bein, dass er Katja angesprochen habe und dass sie wahrscheinlich mit ihm »abgeschoben« sei. Gesehen hat sie ihre Freundin von diesem Zeitpunkt an nicht mehr.

Die Polizei ermittelt weitere Zeugen, die die beiden Jugendlichen in der Nacht zusammen gesehen haben. Gegenüberstellungen mit Jörg bestärken diese in ihren Aussagen. Der

15-Jährige bleibt dabei und beteuert in Vernehmungen immer wieder:

»Ich kann nur nochmals versichern, dass ich nicht mit der Katja zusammen war.«

Die Auswertung der Spuren am Tatort und weitere Befragungen erhärten den Verdacht, dass Jörg Bunte nicht die Wahrheit sagt. Die Schuhabdruckspuren, die in der Nähe des Opfers gesichert wurden, könnten von seinen Turnschuhen stammen. Split, der sich in die gerippten Sohlen eingetreten hat, stimmt mit Proben von der Straße in der Nähe des Leichenfundortes überein. Verschmutzungen an den Knien der Jeanshose und an den Ellenbogen des Jeanshemdes von Jörg stammen zum großen Teil von der Wiese hinter dem Ortsausgang.

Dem Tatverdächtigen fällt es schwer, die sachlichen Beweise zu entkräften. Drei Tage später räumt er bei einer weiteren Vernehmung ein, dass er mit Katja zusammen gewesen sei. Von der Gaststätte aus sei er mit ihr in Richtung Ortsausgang »abgeschoben«. Eine Viertelstunde etwa hätten sie miteinander schmusend verbracht und sich dann verabschiedet. Im Jugendzimmer wollten sie sich wieder treffen. Er sei zur Toilette gegangen. Wo Katja abgeblieben sei, wisse er nicht.

Die Vernehmer glauben dem Jugendlichen nicht. Sie halten ihm Aussagen seiner Freunde vor. Die bezeugen, dass er allein aus Richtung Dorfausgang die Straße hinaufgekommen war, als sie ihn in der Nacht an der Straßenkreuzung aufgegabelt hatten und mit ihm ins Jugendzimmer zur Geburtstagsfeier gegangen waren. Jörg versucht weiter, sich aus der Schlinge zu befreien.

»Ja, ich habe Geschlechtsverkehr mit Katja gehabt«, gibt er zu und verspricht: »Jetzt sage ich die Wahrheit!« Und er erzählt:

»Wir haben uns ausgezogen, sie war mit dem Geschlechtsverkehr einverstanden. Bei mir ist es aber nicht zum Samenerguss gekommen. Ich bin dann aufgestanden, habe mich angezogen und bin zur Gaststätte zurück. Auf Katja habe ich nicht gewartet. Was aus ihr geworden ist, weiß ich nicht.«

Kurze Zeit später bricht Jörg Bunte zusammen. Er gesteht, dass er Katja nach dem Geschlechtsverkehr umgebracht hat aus Angst davor, dass sie ein Kind von ihm bekommen könnte. Kurz vor dem Samenerguss habe er sein Glied aus der Scheide gezogen, doch er habe Zweifel gehabt, ob es noch rechtzeitig gewesen sei. Die Jugendliebe, die es wohl nur im Herzen des Mädchens gegeben hat, endete in einem Fiasko.

Das Kreisgericht Finsterwalde erlässt am 7. September 1978 gegen den fünfzehn Jahre alten Schüler einer Oberschule in Doberlug-Kirchhain Haftbefehl wegen Mordverdachts. Er kommt in Untersuchungshaft. Die Ermittlungen und die gerichtspsychologischen Untersuchungen nehmen Monate in Anspruch.

Nicht, weil die Ausführung der Tat größere Zweifel weckt. Das junge Mädchen ist nach dem Ergebnis der gerichtsmedizinischen Sektion der Leiche erwürgt worden, nachdem der Täter ihr vor oder zwischen zwei Würgevorgängen mit mehreren kräftigen Faustschlägen das Nasenbein zertrümmert, ihr Hirnprellungen zufügt und einen Zahn ausgeschlagen hat. Im Dunkeln bleibt das Motiv dieser unerklärlichen Tat, da der Beschuldigte im Zuge der Ermittlungen in seinen Aussagen immer neue Versionen auffährt.

Was ist in der Nacht zum 3. September 1978 auf dem kleinen Fleckchen Erde hinter dem Dorf Tenneberg passiert?

Als Katja und Jörg die Stelle abseits der Straße erreichen, die so schön geschützt ist vor fremden Blicken, wollen beide nur das eine. Sie öffnen sich gegenseitig die Hosen, betasten sich und reißen sich die Sachen vom Körper. Dann sinken sie nieder ins Gras. Die nur wenig mehr als zehn Grad Nachttemperatur stören sie nicht. Die Menge Alkohol, die der junge Mann getrunken hat, verzögert den Höhepunkt. Schon will er aufgeben, als er merkt, dass es doch noch klappt. Schnell zieht er sein Glied heraus, und der Samen ergießt sich in die Badehose, die er bis zu den Kniekehlen heruntergezogen hatte. »Das war kurz«, stößt er hervor. Doch war es wirklich noch rechtzeitig? Ihm kommen Zweifel. Er malt sich aus, dass Katja schwanger werden und ein Kind bekommen könnte. Jörg stellt sich den Ärger vor, den es mit den Eltern geben würde. Außerdem, er als Vater erst fünfzehn Jahren alt, und dann eine Mutter, die erst vierzehn ist! Ein Kind ist für ihn unvorstellbar. »Du musst sie töten, dann ist das Problem aus der Welt«, schießt es ihm durch den Kopf.

Als Katja nach Beendigung des Geschlechtsverkehrs aufstehen will, legt er ihr plötzlich den rechten Arm um den Hals und nimmt sie in den Schwitzkasten. Um sich zu befreien, rudert das völlig ahnungslose Opfer mit den Armen. Nach Hilfe Rufen kann das Mädchen nicht, zu kräftig ist der Druck auf die Kehle. Es gibt einen Kampf, in dem die schmächtige Katja gegen den athletisch gebauten Jungen keine Chance hat. Weil sie sich nach etwa einer halben Minute immer noch windet, lässt Jörg los, doch nur, um sie nun mit den Fäusten zu traktieren. Dabei kniet er mit einem Bein neben, mit dem anderen auf ihrem Leib und zwar so kräftig, dass ihre Leber zerreißt. Erneut nimmt er sie in den Schwitzkasten und drückt etwa eine Minute lang mit aller Kraft zu. Als er von ihrem Tod überzeugt ist, lässt er ab, erhebt sich und zieht sich an. Der Täter sucht die Sachen seines Opfers zusammen und schmeißt sie auf den entblößten Körper des Mädchens. Aus der Hosentasche zieht er ein Päckchen »Riesaer Sicherheitszündhölzer« und steckt mit zwei Stäbchen die Bekleidung in Brand. Er geht zurück ins Dorf und gemeinsam mit seinen Freunden, die er unterwegs trifft, ins Jugendzimmer. Dort macht ihn Manfred auf das Fehlen seiner Jacke aufmerksam, die angeblich noch in der Gaststätte ist. Jörg befürchtet jedoch, dass sie am Ort des

Verbrechens liegengeblieben ist. Er geht zur Gaststätte, kauft Zigaretten und Streichhölzer, um sich Zeugen für seinen Kurzbesuch zu sichern, und rennt dann zur Wiese, wo Katja liegt. Er blickt zu der Toten und bemerkt, dass das Feuer auf dem Körper des Mädchens nur noch glimmt. Jörg unternimmt nichts, um es wieder zu entfachen. Seine Jacke liegt tatsächlich neben der Leiche. Er schnappt sich das Stück und ist wenig später zurück bei den Freunden im Jugendzimmer von Tenneberg.

Mord aus Angst vor der Vaterschaft? Es ist die erste Variante eines Motivs, die der Beschuldigte Polizei und Staatsanwaltschaft in mehreren Vernehmungen anbietet, die zeitnah zur Tat im September erfolgen. Ab Ende Oktober rückt er im Zuge weiterer Ermittlungen davon ab. In der U-Haft hat er sich das Strafgesetzbuch besorgt und darin vor allem die Abschnitte über Mord, Totschlag und Körperverletzung studiert. Jetzt bekommt die Angst einen anderen Hintergrund; den des Opfers. Katja sollte auf einmal angefangen haben zu schreien, nachdem er ihr gestanden habe, dass möglicherweise Samen in ihre Scheide gekommen sei. Sie sei nicht zu beruhigen gewesen, obwohl er sie angefleht habe, dass man »über alles reden« könne. »Sie schrie aber immer weiter. Deshalb habe ich sie in den Schwitzkasten genommen, sie geschlagen und dann erneut gewürgt«, erzählt er den Vernehmern »Sie wollte wohl alles auf Vergewaltigung drehen«, so seine Begründung. Dabei bleibt er und schweigt sich künftig aus.

Als er Mitte Dezember wieder einmal vernommen werden soll, weigert sich Jörg Bunte, nochmals den Tatablauf zu schildern. »Das wird mir jetzt zu viel. Ich habe alle Fragen schon mehrfach beantwortet und denke nicht daran, dazu noch etwas zu sagen«, erklärt er kategorisch. Er schaut gelangweilt zum Fenster hinaus, bläst die Wangen auf, verdreht die Augen und tut, als gehe ihn das alles nichts an.

Gutachter der Medizinischen Akademie Dresden und von

der Sektion Kriminalistik der Humboldt-Universität Berlin halten beide Motivvarianten prinzipiell für möglich. Zu einer eindeutigen Aussage kommen sie nicht.

Klarer ist das Bild, das sich für sie von Jörg ergibt.

Er wächst in einer Familie auf, die nach außen hin intakt erscheint. Mutter und Vater sind im Gaststättengewerbe eingespannt, die ältere Schwester wohnt noch im Haus, ist aber mit einem Freund liiert. Der intelligente Junge muss schon früh selbständig sein und das in einem Maß, dem er nicht gewachsen ist. In den ersten sieben Schuljahren sind seine Leistungen gut, doch mit dem Beginn der Pubertät ist ein deutlicher Leistungsabfall verbunden. Naturwissenschaftliche Fächer und Sport interessieren ihn, darin entwickelt er Ehrgeiz. Alles andere ist dem Jungen zu langweilig. Vor allem Mathematik und Russisch öden ihn an. Das Lernen fällt ihm nicht schwer. Dennoch gibt er sich mit Dreien und Vieren zufrieden. Die Kopfnoten in Betragen, Fleiß, Mitarbeit und Ordnung sowie im Gesamtverhalten sind eine Offenbarung. Die Lehrer in der Schule kommen kaum noch mit dem Jungen zurecht, der ständig den Unterricht stört. Er kommt oft zu spät, an manchen Tagen erscheint er gar nicht in der Schule. 1977 nimmt ihn die Schulleitung in die von ihr geführte Kartei der Erziehungsgefährdeten auf. Von Lehrern oder Mitschülern lässt sich Jörg kaum etwas sagen. Er empfindet deren Ermahnungen als »herumkommandieren«.

Die Mutter ist nachsichtig, der Vater kümmert sich selten um die Erziehung, und wenn doch, dann mit Gebrüll und Prügel. Jörg bekommt dennoch fast jeden Wunsch erfüllt. Er besitzt ein Moped, ohne dass er sich dafür anstrengen muss. Zum Wochenende, wenn er zum »Bums« mit Freunden auf die Dörfer zieht, steckt ihm die Mutter immer zehn Mark zu. Vierzig bis fünfzig Mark kommen im Monat zusammen. Das ist in dieser Zeit eine Menge Geld für einen 15-Jährigen. Davon kauft sich der Junge Zigaretten. Den Rest setzt er in Bier und Schnaps um. Seine Vorzugsmarke ist zwanzigprozentiger Pfefferminzlikör. Erstmals hat er mit vierzehn Jahren bei der Jugendweihefeier Alkohol getrunken, dann wird dieser sein regelmäßiger Begleiter. Zwanzig Glas Bier und acht doppelte Pfeffis sind ein Quantum, das ihn nicht betrunken macht, geschweige denn zum Filmriss führt. Wenn er nicht beim Handball- oder Fußballtraining ist, drückt sich Jörg in Kneipen herum, spielt mit jungen Männern Skat, die teilweise bis zu drei Jahre älter sind als er, und trinkt immer öfter Bier. An den Wochenenden macht er regelmäßig »einen drauf«. Dass es dabei Mitternacht oder noch später wird, ist für ihn inzwischen normal. Auch die Gaststättenbetreiber stören sich trotz Jugendschutzgesetz nicht daran.

Den Eltern fällt das Abgleiten des Sohnes nicht auf, und wenn doch, bleibt es bei Ermahnungen wie »Trink nicht so viel!« oder: »Räum dein Zimmer auf!« oder: »Lern endlich für die Schule!« Die Ratschläge gehen zum einen Ohr rein und zum anderen wieder raus. Im Fernsehen interessieren den Jungen vor allem Abenteuer-, Kriminal- und Horrorfilme, vornehmlich solche, in denen Panik ausbricht. Spannend empfindet er Filme, in denen Menschen gequält und getötet werden. »Das fetzt«, gibt er zu.

»Ich selbst möchte so etwas nicht machen, aber es ist gute Unterhaltung«, sagt Jörg dem Gerichtspsychologen in Dresden. Kommen solche Filme spät am Abend, ist das kein Problem. Statt den Sohn ins Bett zu jagen, schauen sich die Eltern gemeinsam mit ihm die Streifen an.

Alles in allem ergibt sich, dass Jörg ein egozentrischer Jugendlicher ist, der auf der einen Seite sehr kontaktfreudig ist und auch zu Mädchen schnell einen Draht findet. Eine wirkliche Liebesbeziehung aber hat er noch nicht erlebt. Liebe reduziert sich bei ihm auf sexuelle Befriedigung. Katja ist ihm dafür gut genug. Vor allem Jüngeren gegenüber will er seinen Willen durchsetzen und reagiert aggressiv, wenn es nicht nach seinen Vorstellungen geht. Erschreckend ist die emotionale Kälte des Jugendlichen. Reue oder Erschütterung über das, was er in der Nacht zum 3. September 1978 getan hat, ist ihm zu keiner Zeit anzumerken. Auf eine entsprechende Frage des Psychologen antwortet er: »*Da mach ich mir doch jetzt keine Gedanken mehr. Das nützt doch nichts. Ich habe das nun mal gemacht, und die Eltern von ihr, die kommen auch darüber hinweg. Die haben das auch nach einem Jahr vergessen. Was nützt es, wenn ich immer noch so viel dran denke.*«

Die Staatsanwaltschaft reicht am 26. März 1979 beim Bezirksgericht Cottbus Mordanklage gegen Jörg Bunte ein. Einen Monat später wird an zwei Tagen über den inzwischen 16-Jährigen und seine Tat verhandelt. Überraschend bringt er bei seinem Geständnis in der Beweisaufnahme eine dritte Variante des Motivs ins Spiel, die »aber nunmehr endgültig wahr ist«. Demnach habe Katja sich über ihn lustig gemacht, ihn gar verhöhnt, weil er sich aufgrund des reichlichen Alkoholkonsums »abgerackert« und letztlich den Geschlechtsverkehr abgebrochen hätte, ohne dass es zum Samenerguss gekommen sei. Sie habe ihn als impotent bezeichnet. Darüber sei er in Wut geraten, und weil er ausschließen wollte, dass sie ihn bei anderen Jugendlichen lächerlich machen würde, habe er sie getötet.

Für das Gericht ist das eine reine Schutzbehauptung, die ihm für die Beurteilung der Schwere seiner Schuld günstiger erscheint. Es sieht die Angst vor einer Vaterschaft als Antrieb für die Tat an. Ein Kind hätte das ungebundene Leben des Angeklagten erheblich eingeschränkt. Das wollte er nicht. Der erste Strafsenat verurteilt Jörg Bunte wegen Mordes an Katja Radunke zur Höchststrafe für Jugendliche von fünfzehn Jahren Gefängnis. Trotz des Alkoholgenusses und der sexuellen Erregung haben die Richter keinen Zweifel an der Schuldfähigkeit des Angeklagten.

Das Oberste Gericht der DDR hebt das Urteil im Juni 1979 auf und verweist das Verfahren zurück nach Cottbus zur Neuverhandlung. Die obersten Richter monieren nicht die Verurteilung von Jörg Bunte wegen Mordes und auch nicht die ausgesprochene Strafe. Im Gegenteil gehen sie davon aus, dass das Bezirksgericht auch im Ergebnis einer erneuten Beweisaufnahme zu einer Verurteilung wegen Mordes kommen muss, wenn nicht grundsätzlich andere Tatumstände festgestellt werden. Sie kritisieren ausschließlich die Beweisführung für das ausgesprochene Urteil, die der Pflicht nach umfassender Tataufklärung nicht genügt. Es sei keineswegs sicher, dass der Angeklagte den Mord tatsächlich aus den im Urteil genannten Gründen begangen habe. Es könnten auch die im Geständnis vor Gericht vom Angeklagten vorgebrachten Motive gewesen sein, die ihn zur Tat getrieben haben, zumal die Gerichtsmedizin bei der Untersuchung am Opfer keinerlei Spermaspuren gefunden hat.

Für die Zweitauflage des Prozesses im November 1979 lässt das Cottbuser Gericht ein Gutachten anfertigen, in dem das Aussageverhalten von Jörg Bunte und die Glaubwürdigkeit seiner jeweiligen Aussagen bewertet werden. Nunmehr entscheiden sich die Richter für die dritte, vor Gericht vorgebrachte Version des Tatmotivs. Das passe am ehesten zu dem Angeklagten, der geltungsbedürftig und dominant auftritt und stets darauf bedacht ist, dass sein Image keine Kratzer bekommt. Im Ergebnis bleibt es bei der Verurteilung zu fünfzehn Jahren Gefängnis wegen Mordes. Die erneut von der Verteidigung eingelegte Berufung wird vom Obersten Gericht im Dezember 1979 verworfen. Im Oktober 1990 wird für Jörg Bunte der Vollzug der Haft mit einer Bewährung von vier Jahren ausgesetzt. Die Reststrafe wird ihm nach Ablauf der Bewährung erlassen.

Giftmischerinnen

In Beziehungen zwischen Menschen gibt es wohl nichts, was unvorstellbar ist. Die zwischen Kurt Merker aus Schwarzheide und den Schwestern Isolde und Gerda Brechner aus Lauchhammer sind bizarr.

Im November 1976 ist Merker zweiundsiebzig Jahre alt und einsam. Ehefrau Martha ist vor einigen Monaten verstorben. Seitdem führt ihn sein Weg öfter in die Gaststätte *Casino* nach Lauchhammer. Beide Städte liegen dicht beieinander und sind industriell geprägt. In Schwarzheide dominiert die Chemieproduktion, in Lauchhammer die Kohleveredlung. Merkers Zuhause in Schwarzheide ist alles andere als luxuriös. Von außen macht es einen verfallenen Eindruck, und drinnen sieht es auch nicht viel besser aus, seit seine Martha tot ist und keiner mehr den bescheidenen Haushalt führt.

Isolde und Gerda Brechner sind blutjung, als sie zu dieser Zeit in eben jenem *Casino* den Rentner kennenlernen. Isolde ist gerade siebzehn Jahre alt geworden, Schwester Gerda ist eineinhalb Jahre jünger. Merker kennt die Familie der Mädchen. Als seine Frau noch lebte, hat man hin und wieder miteinander ein Schwätzchen gepflegt.

Isolde und Gerda stammen aus einer kinderreichen Familie. Sie sind das zweite und dritte von neun Kindern. Vater Alfred arbeitet als Maschinist in der Brikettfabrik. Mutter Erna ist Hausfrau und versucht, die Großfamilie in Schwung zu halten. Weil das Geld trotz staatlicher Unterstützung stets knapp ist, geht Alfred bei Bedarf im zweiten Arbeitsverhältnis etwas dazuverdienen. Viel daheim ist er nicht, schließlich lässt er sich das Zechen mit Kollegen in der Kneipe nicht nehmen. Alkohol fließt dann reichlich. Ist Alfred Brechner mal daheim, geht es streng zu. Seine Erziehungsmethoden sind alles andere als feinfühlig. Schnell setzt es Prügel, wenn die Kinder etwas aus gefressen haben. Oder es gibt Fernsehverbot und Stubenarrest. Mit Ehefrau Erna herrscht ebenfalls nicht pure Harmonie. Die Eheleute streiten sich wegen der Erziehung ihrer Sprösslinge und werfen sich trotz der offensichtlich florierenden sexuellen Zweisamkeit gegenseitig Untreue in fremden Federn vor.

In diesem wenig gedeihlichen Umfeld fühlen sich die Schwestern nicht wohl. Isolde, die Ältere, sowieso nicht. Erst seit kurzer Zeit lebt sie wieder in der Großfamilie. Vom zweiten bis zum fünfzehnten Lebensjahr lebte sie bei der Großmutter. Oma war und ist ihre wichtigste Bezugsperson. In der Sonderschule für lernschwache Kinder, im Volksmund abschätzig Hilfsschule genannt, hat Isolde die achte Klasse geschafft. Als sie eine Teillehre als Facharbeiterin für Anlagen und Gerätebau beim Braunkohlenkombinat Lauchhammer aufnimmt, muss sich die junge Frau in die Familie eingliedern, die sie wenig kennt und zu der sie kaum emotionale Beziehungen hat.

Gerda hängt sehr an ihren jüngeren Geschwistern. Zur älteren Schwester fühlt sie sich hingezogen, weil die ihr regelmäßig Geschenke macht. Schließlich hat Isolde ihre Lehre abgeschlossen und verdient als Brikettpresserin mit achthundert Mark netto für DDR-Verhältnisse kein schlechtes Geld. Hundert Mark muss sie daheim als Kostgeld in die Familienkasse geben, den Rest hat sie für sich. Gerda, die in der normalen Oberschule nur die siebte Klasse geschafft hat, geht es als Lehrling für Wirtschaftspflege im Krankenhaus Lauchhammer finanziell viel schlechter.

Das ist der Nährboden für die Bindung, die sich im November 1976 im *Casino* in Lauchhammer anbahnt und die viele Monate mehr oder weniger intensiv von dem ungleichen Trio gepflegt wird.

Kurt Merker erzählt den Mädchen, die sich an die früheren losen Beziehungen der Familien Merker und Brechner nicht erinnern, vom Tod seiner Frau; der Einsamkeit bei sich daheim, dass ihm keiner das Mittagessen kocht, abwäscht und den Haushalt führt. Die drei trinken gemeinsam Bier. Kurt kippt ein paar Schnäpse, Isolde und Gerda nehmen Likör. Kurt bezahlt die Zeche. Das gefällt den Mädchen. Trotz des gemütlichen Abends verlieren sich die neuen Bekannten zunächst aus den Augen.

Einen Monat später, im Dezember, treffen sie sich zufällig wieder im *Casino*. Wieder trinkt das ungleiche Trio gemeinsam Alkohol, und Kurt Merker bezahlt wie gehabt. Schnell kommt das Gespräch erneut auf die fehlende Frau im Haus und auf den verlotterten Haushalt. »Wir können dir ja helfen, für dich kochen und sauber machen«, bieten die Mädchen an. Zumindest für Isolde ist diese Hilfsbereitschaft ungewöhnlich. Daheim drückt sie sich vor solchen Handgriffen, wo sie kann, lässt lieber ein Mitbringsel springen, als selbst zuzupacken.

Merker nimmt das Angebot nur allzu gern an. Isolde und Gerda sind fortan, so oft es Schule und Arbeit unter der Woche gestatten und fast regelmäßig am Wochenende, beim »Alten«, wie sie ihn unter sich nennen. Gegen zwölf Uhr tauchen sie in der Regel auf, kochen auf dem Herd das Mittagessen, das sie gemeinsam einnehmen, trinken zusammen Tee. Kurt Merker macht auf dem Sofa ein Nickerchen, während die Mädchen das Geschirr spülen, aufräumen, den Fußboden fegen, das Bett aufschütteln. Das Leben ist für den Rentner wieder bequem geworden. Isolde und Gerda können in Ruhe vor dem Fernseher hocken, ohne dass Eltern da sind, die nur nörgeln.

So geht die Zeit ins Land. Mal kommen die Mädchen im Doppelpack zu Merker, öfter taucht Isolde allein auf. Regelmäßig besuchen sie das *Casino*. Dort hat Kurt stets die Spendierhosen für seine jungen Haushaltshilfen an. Mit Isolde fährt er nach Senftenberg zum Schaufensterbummel. Er kauft ihr Pullover, Hosen, Strumpfhosen und schenkt ihr zum achtzehnten Geburtstag eine Armbanduhr. Kurt Merker und Isolde Brechner geben sich als Liebespaar, und sie sind es zumindest in sexueller Hinsicht auch. Es mag um die Weihnachtstage des Jahres 1976 gewesen sein, als Rentner Merker den Wunsch nach mehr Dienstleistungen als Kochen und Putzen verspürt. Schließlich ist Isolde eine gutaussehende junge Frau. Auch Gerda ist ansehnlich proportioniert. Beide Mädchen sind längst keine Jungfern mehr, hatten schon mehrere Sexualpartner.

Eines Tages, nach dem Mittagskaffee, lässt Kurt die Hose fallen. »Kannst du mir einen runterholen«, fragt er Isolde im Beisein ihrer Schwester Gerda. Die junge Frau ziert sich zunächst. »Komm, kriegst hundert Mark«, drängt der erregte 72-Jährige. Isolde kann angesichts des versprochenen Geldes nicht widerstehen und legt Hand an den alten Mann. Doch als die Erregung verfliegt, ist auch das versprochene Geld vergessen.

Die Beziehungen des Trios werden trotzdem immer enger. Öfter übernachten die Geschwister bei ihrem Bekannten in Schwarzheide, wenn sie spät und angetrunken von Tanzveranstaltungen nach Hause kommen und gehen dadurch Auseinandersetzungen in der Familie aus dem Weg. Die folgen zwar dennoch, aber nie mit der entsprechenden Konsequenz. Vater Alfred Brechner untersagt vor allem seiner noch nicht volljährigen Tochter Gerda den Kontakt zu Kurt Merker und haut auch beim Rentner mit der Faust auf den Tisch, nachdem er sich das Techtelmechtel seiner Töchter allzu lange angeschaut hat. Doch mehr passiert nicht.

Als Anfang des Jahres 1977 wieder einmal die Luft zu Hause bei den Brechners brennt, zieht Isolde für mehrere Wochen in das Haus von Merker. Sie will sich dort sogar polizeilich anmelden, doch das geht Kurt zu weit. Nachdem Isolde ein paar Nächte auf dem Sofa in der Küche schläft, bietet er ihr den Platz im Ehebett unter der kuscheligen Zudecke mit echten Federn an. Isolde zögert nicht lange und spürt schon in der ersten Nacht Kurt an ihrem Körper. »Mir ist kalt«, säuselt der Alte und reibt sein Geschlecht an ihrem Nachhemd. Zunächst empfindet Isolde keine Lust, doch kurze Zeit später trennt kein dünner Stoff mehr die ungleichen Intimpartner. Gerda beobachtet Tage später bei ihren inzwischen seltener gewordenen Besuchen, dass sich ihre Schwester und der »Alte« benehmen wie ein Ehepaar. Wäscht sich Kurt nackt in der Küche in der Waschschüssel, schaut Isolde zu. Gleiches macht Kurt, wenn Isolde »ganz ohne« mit dem Waschlappen an ihrem Körper hantiert. »Du hast so wunderschöne Brüste«, hört Gerda den Alten zur Schwester sagen.

Die junge Frau Isolde allein reicht dem sexuell noch agilen Kurt allerdings nicht. An einem Tag im Mai 1977 ist Gerda Brechner allein bei dem Rentner. Nach dem Kaffeetrinken entblößt er sich vor dem Mädchen, verlangt eindringlich, dass sie an seinem Penis manipuliert, und gibt sogar Anleitung für die Handhabung. Gerda tut dem Mann zehn Minuten lang den Gefallen, ohne dass sie dabei selbst sexuell erregt wird. »Warum soll ich ihm nicht den Gefallen tun«, denkt sich Gerda. »Es kostet mich nichts, und er hat daran Spaß.« Geld oder anderes erhält sie dafür nicht, und sie verlangt es auch nicht. Bei diesem ersten Mal nicht und auch nicht bei den drei- oder vier Malen danach. Im März 1978 kommt es mit der zu diesem Zeitpunkt 16-jährigen Gerda zum Geschlechtsverkehr. Der Teenager geht freiwillig mit dem so viel Älteren ins Bett und empfindet den Akt sogar als angenehmer als mit ihrem aktuellen Intim-Freund. Trotzdem lässt sich Gerda danach nicht mehr bei Merker blicken. Sie fürchtet um ihren »guten Ruf«, an dem ihr viel gelegen ist.

Der aber hat in *Casino*-Kreisen bereits gelitten. Längst nämlich ist das Verhältnis von Kurt zu Isolde und Gerda nicht mehr ungetrübt. Isolde beobachtet mehrfach, wie der »Alte« aus einer Dose im Küchenschrank Geld entnimmt. Nach einem Einkauf im Intershop in Hoyerswerda vermutet sie, dass der Rentner noch mehr von den begehrten »Westpiepen« hat.

Isolde bedient sich mehrfach aus der »Kasse« im Küchenschrank, nicht zuletzt deshalb, weil sie für die Liebesdienste keine finanziellen Gegenleistungen erhält. Insgesamt mögen es um die achthundert Mark sein, die sie im Laufe der Zeit entnimmt. Sie teilt es mit Schwester Gerda und mit Freundinnen. Doch Kurt weiß genau, wie viel Geld er auf bewahrt. Er verlangt von der Diebin die Rückgabe des Geldes und droht, dass er ansonsten zur Polizei geht und alles meldet. Was noch nicht verprasst ist, gibt Isolde zurück. Für den Rest von etwa vierhundertundfünfzig Mark schreibt Kurt Schuldscheine aus. Als sich Isolde nicht an die Zahlungsvereinbarung hält, beantragt Kurt Merker beim Kreisgericht Senftenberg eine richterliche Zahlungsaufforderung. Den Mädchen verspricht er, niemandem davon zu erzählen. Bekannten gegenüber schimpft Kurt im *Casino* dennoch über die Brechner-Mädchen, die so undankbar sind und ihn sogar bestehlen. Aus dem Haus will er sie geschmissen haben, diese undankbaren Weiber, die immer betrunken sind und ihn nicht in Ruhe lassen. Das stimmt nicht ganz, denn die Tür steht den Mädchen auch weiterhin offen. Mehr noch: Er bettelt förmlich darum, dass sie ihn wieder besuchen. Es macht ihn eifersüchtig, dass sich Isolde von ihm löst, weil sie einen Mann ihres Alters kennengelernt hat, zu dem sie sich hingezogen fühlt. Merker droht, diese Liebe auf keinen Fall zuzulassen und sie zu zerstören. Er sucht Isolde sogar am Arbeitsplatz auf, um sie vor dem Rivalen abzufangen, der sich in ihre Beziehung drängt. Die Konflikte nehmen zu, Isolde beginnt, Kurt Merker wegen des Rumerzählens und der Einmischung in ihre Angelegenheiten zu hassen.

»Ich könnte den Alten umbringen«, empört sie sich eines Tages gegenüber ihrer Schwester Gerda angesichts des geizigen und tratschenden Mannes. Beide waren gerade in der Poliklinik, um sich krankschreiben zu lassen. Auf dem Heimweg und zu Hause beim zweiten Frühstück nimmt der Plan, der zunächst nur ein Hirngespinst ist, Gestalt an. »Wie wollen wir den Alten umbringen?«, fragt Isolde. »Man müsste ihn aufhängen oder erstechen oder irgendsowas«, fällt Gerda spontan ein. »Aufhängen oder erstechen können wir den nicht, da finden sie zu schnell Fingerabdrücke, wenn es rauskommen sollte«, gibt Isolde zu bedenken. »Dann müsste man den Alten eben vergiften, mit irgendetwas.«

So geht es noch eine Weile hin und her zwischen Isolde und Gerda, die kurz danach zu Merker aufbrechen. »Vielleicht finden wir bei ihm was zum Vergiften«, hofft Isolde. Die Hoffnung erfüllt sich nicht.

Der Rentner freut sich, dass die Mädchen nach längerer Zeit wieder einmal bei ihm auftauchen. »Wie geht's, wie steht's? Was macht die Kunst? Haben uns ja lange nicht mehr gesehen«, begrüßt Kurt die Gäste. Sie trinken Kaffee, unterhalten sich über Isolde und ihren Freund und über eine mögliche Schwangerschaft. Gegen 14.30 Uhr verlassen die Schwestern Rentner Merker. Auf dem Heimweg dreht sich ihre Unterhaltung wieder um die Tötung des »Alten«. »Hat der wirklich Westgeld?«, will Gerda nochmals wissen. »Ja, ich habe gesehen, wie er es unter den Küchenschrank geschoben hat«, entgegnet Isolde. »Wann wollen wir ihn umbringen«, fragt die jüngere ihre ältere Schwester. »Das machen wir morgen«, legt diese fest.

Sie durchstöbern die elterliche Wohnung nach einem brauchbaren Mittel für die Verwirklichung ihres Vorhabens. Im Keller wird Isolde fündig. Im Regal steht eine Dose Wofatox, ein weit verbreitetes Schädlingsbekämpfungsmittel, das es in Drogerien und Bäuerlichen Handelsgenossenschaften zu kaufen gibt. Auf dem Etikett der Streubüchse warnt der Hersteller davor, dass schon durch das Einatmen des Pulvers gesundheitliche Schäden beim Menschen auftreten können und dass bei Gefahr das sofortige Aufsuchen eines Arztes geboten ist. »Das ist es«, denken die Schwestern. Gerda füllt etwas Wofatox in eine blecherne Zigarettenschachtel. Um sich nicht selbst zu gefährden, wickelt sie das Behältnis in Papier und in ein Tuch ein.

Am nächsten Tag, es ist Donnerstag, der 11. Mai 1978, machen sich die Schwestern auf den Weg zu Kurt Merker. Kurz vor zwölf Uhr sind sie bei ihm. Isolde kocht grüne Bohnen. In Merkers Suppe streut sie drei Prisen Wofatox. Die drei lassen es sich schmecken. Von einer Vergiftung ist bei dem Opfer jedoch nichts zu spüren.

Kurt Merker legt sich wie immer nach dem Essen auf die Couch, um ein wenig auszuruhen. »Kommt, wir trinken noch eine Tasse Tee«, schlägt Isolde vor. Sie brüht ihn in einer Kanne auf. Gerda schüttet etwa die Hälfte des Giftpulvers in das Getränk. »Das ist viel zu wenig«, flüstert Isolde und kippt den restlichen Inhalt der Zigarettendose in die Kanne. Dadurch bekommt der Tee ein trübes Aussehen. Mit Kakao wird die merkwürdige Farbe übertüncht und das Gebräu kräftig mit Zucker gesüßt. »Das ist eine Spezialmischung. Die ist gut für den Kreislauf«, motivieren die Giftmischerinnen den Rentner, der mit sichtbarem Widerwillen aus der Tasse trinkt. Die Täterinnen täuschen vor, dass ihnen die Rezeptur durchaus schmeckt. Als Kurt Merker die Steinguttasse zu drei Viertel geleert hat, schenkt Isolde ihm noch einmal nach. »Trink schnell aus, ich will das Geschirr abwaschen«, fordert sie. Merker würgt sich das Zeug zu einem großen Teil hinunter, steht dann auf und schüttet den Rest in den Ausguss.

Die Wirkung des Tee-Wofatox-Gemisches lässt nicht lange auf sich warten. Kurt Merker wird übel. »Mir wird auf einmal so dämlich. Was ist denn los mit mir«, stöhnt er und streckt sich auf dem Sofa aus. Isolde und Gerda Brechner bleiben noch etwa zwei Stunden da und beobachten die Wirkung ihrer Giftmischung. Gegen fünfzehn Uhr verlassen sie das Haus. Isolde sucht ihren Freund auf, Gerda begibt sich ins *Casino*. Kurt schleppt sich nach draußen und erbricht sich zwei Mal. Die Schwestern haben vereinbart, am Abend noch einmal in Merkers Wohnung zu gehen. Dann, sind sie sich sicher, ist Kurt tot, und sie können das Westgeld an sich nehmen. Doch als sie wieder in seinem Haus sind, ist Kurt nirgendwo zu finden.

Auch nachdem sich Kurt Merker übergeben hat, geht es ihm nicht besser. Übelkeit und Mattheit nehmen sogar noch zu. Er entschließt sich, in die Poliklinik zum dortigen Bereitschaftsarzt zu gehen. Merker zieht sich an und stellt dabei wie gewohnt den rechten Fuß auf den Kohlenkasten, um sich den Schuh zuzubinden. Dabei entdeckt er eine in Papier eingewickelte Aluminiumdose, die ihm nicht gehört. Er öffnet sie und riecht an den Resten von dem gelblichen Pulver. Der Geruch ähnelt dem Tee-Gebräu, dass er Stunden zuvor getrunken hat. »Die Mädchen wollen mich vergiften«, schießt es ihm durch den Kopf. Er schleppt sich zur Poliklinik. Mehrmals muss er stehenbleiben, so geschwächt ist sein Körper. Der Arzt weist ihn ins Krankenhaus Lauchhammer ein, wo ihm sofort der Magen ausgepumpt wird. Schon am nächsten Tag wird der Patient auf eigenen Wunsch entlassen. Rentner Merker erstattet gegen die Schwestern Isolde und Gerda Brechner Anzeige bei der Polizei in Schwarzheide. Im Revier schildert er dem Diensthabenden, wie übel ihm von ihnen mitgespielt wurde. Auf die Frage, ob die Beschuldigten sexuelle Handlungen an ihm vornehmen mussten, erklärt er:

»Nein, dies mussten sie nicht. Des Weiteren habe ich mit diesen Mädchen auch keinen Geschlechtsverkehr durchgeführt … Ich werde vierundsiebzig Jahre alt und bin leider nicht mehr in der Lage, Geschlechtsverkehr durchzuführen. Ich bestreite, dass diese beiden Mädchen an mir sexuelle Handlungen vornehmen mussten. Mein Geschlechtsteil haben diese Mädchen noch nie angefasst bzw. gesehen.«

Die Tatverdächtigen werden festgenommen. Das Kreisgericht Senftenberg erlässt Haftbefehl gegen sie und ordnet Untersuchungshaft an. Im Zuge der weiteren Ermittlungen werden die Beschuldigten in der Psychiatrischen-Neurologischen Abteilung des Haftkrankenhauses Leipzig eingehend untersucht. Bei Isolde Brechner stellen die Ärzte fest, dass sich unter den ungünstigen familiären Bedingungen bei ihr über Jahre ein Lebensstil entwickelt hat, der zwar noch nicht ausgesprochen asozial ist, aber schon Züge von Verwahrlosung in ethisch-moralischer und sittlicher Hinsicht in sich birgt. Wenn irgendwie persönlicher Vorteil zu erreichen ist, entwickelte sie kaum Skrupel und setzte sich egoistisch über unangenehme Folgen für andere hinweg. Als die materiellen Vorteile nicht mehr die »Unannehmlichkeiten« aufwogen, musste Merker beseitigt werden, legen die Ärzte die Gedanken von Isolde Brechner dar. Dass nebenher wieder materieller Gewinn in Form von Westgeld abfallen könnte, war Teil des Motivs, auch wenn sie das gegenüber den Ärzten in den Hintergrund rückt. Es erscheint ihr weniger ehrenrührig, einen »tratschenden Alten« zu beseitigen, um den »guten Ruf zu retten«, als diesen umzubringen, um in Besitz von Geld zu gelangen.

Für Gerda Brechners Entwicklung war der Einfluss ihrer älteren Schwester Isolde nicht förderlich, heißt es in dem nervenärztlichen Bericht. Diese habe es verstanden, Gerda die Möglichkeiten eines leichten und bequemen Lustgewinns im weitesten Sinne des Wortes vor Augen zu führen. Dennoch habe kein direktes Abhängigkeitsverhältnis bestanden.

Beide Beschuldigte, stellen die Ärzte fest, waren bei Ausführung der Tat voll schuldfähig.

Im Januar 1979 erhebt die Staatsanwaltschaft beim Bezirksgericht in Cottbus gegen die Schwestern Isolde und Gerda Brechner Anklage wegen versuchten Mordes. In der Anklageschrift heißt es:

»In der Absicht, den ihnen lästig gewordenen Geschädigten durch Vernichtung seines Lebens zu beseitigen und sich darüber hinaus dadurch materielle Vorteile zu verschaffen, handelten sie überlegt und gezielt und unternahmen sie alles, um dieses verbrecherische Ziel zu erreichen.«

»Im Namen des Volkes« verurteilt das Bezirksgericht im März 1979 Isolde Brechner zu fünf Jahren Freiheitsentzug. Die zum Tatzeitpunkt noch jugendliche Gerda Brechner wird für vier Jahre ins Gefängnis geschickt.

Wofatox, so stellt das Gericht fest, ist durchaus geeignet, einen Menschen zu töten. Die Gerichtsmedizin kennt es jedoch mehr als Suizid- und weniger als Mordmittel. In einer Dosis zwischen dreißig bis einhundertfünfzig Gramm kann es tödlich wirken. Isolde und Gerda Brechner hatten vierunddreißig Gramm von dem Schädlingsbekämpfungsmittel in die Zigarettenbüchse abgefüllt, wie Kriminaltechniker nach Angaben der Angeklagten nachwogen. Merker hat davon höchstens ein Drittel zu sich genommen, weil die größere Menge des Tees letztlich im Ausguss landete. Das Opfer war mit kurzzeitig erhöhtem Herzschlag und abgesacktem Blutdruck, aber ohne gesundheitliche Folgeschäden davongekommen. Letztlich war die dem Rentner verabreichte Menge Wofatox zu gering, um seinen Tod zu bewirken.

Strafmildernd bewertet das Gericht diese Tatsache nicht. Die Angeklagten seien nicht in der Lage gewesen, solche Überlegungen zu treffen. Sie hielten bereits geringe Mengen für so giftig, dass dadurch Merker vom Leben zum Tode befördert werden konnte. Zum Glück irrten die Giftmischerinnen.

Mord im Bleichgässchen

Am 2. Februar 1976 veröffentlicht die *Lausitzer Rundschau* in ihrer Lokalausgabe Hoyerswerda folgende Mitteilung der VP:
»*In der Nacht vom 30. zum 31.1.1976 wurde in Hoyerswerda ein schweres Tötungsverbrechen an einer weiblichen Person begangen. Durch die zielstrebige Arbeit der Deutschen Volkspolizei im Zusammenwirken mit einer Vielzahl von Bürgern konnte das Verbrechen aufgeklärt und der Bürger (...) aus Hoyerswerda als Täter festgenommen werden. Die Volkspolizei dankt allen Bürgern der Kreisstadt und des Kreises Hoyerswerda sowie den freiwilligen Helfern der VP, die durch Hinweise und aktive Mitarbeit zur schnellen Klärung des Verbrechens beitrugen.*«

Mehr über den Fall erfahren die Leser der Zeitung nicht.

Klaus Schulze (zweiunddreißig), Ingenieur in gehobener Position, achtet auf Etikette und wahrt Distanz zu den Arbeiterinnen und Arbeitern, besonders zu Kolleginnen, denen der schlechte Ruf vorauseilt, freizügig zu sein und wechselnde Partner zu haben. Er hat pünktlich um 15.30 Uhr Schichtschluss im Ankerglaswerk der kleinen Industriestadt Bernsdorf, nur fünfzehn Kilometer von Hoyerswerda. Dort wohnt und lebt der Ingenieur für Technologie der chemischen Industrie mit seiner Ehefrau Gertrud und den fünf Kindern in einer Neubauwohnung. Vier der Kinder hat das Paar gemeinsam gezeugt, das fünfte, das behindert ist, hat Gertrud mit in die Ehe gebracht.

Der kinderreiche Haushalt bringt nicht nur Lust und Freude mit sich, sondern erfordert vor allem gute Nerven und schränkt Ungebundenheit und Freizeitgestaltung ein. Die enormen Belastungen haben schon manchen Konflikt zwischen den Eheleuten ausgelöst. Bis zu einem Monat herrscht nach Auseinandersetzungen schon mal Funkstille zwischen Mann und Frau, und auch im Bett ist dann Flaute. 1972 erreicht die Ehe einen Punkt, der das Aus zu sein scheint. Der damals achtundzwanzigjährige Ingenieur lernt auf einem Lehrgang in Leipzig eine Frau kennen, zu der er sich hingezogen fühlt. Die intimen Beziehungen sind innig, er erlebt sie emotionaler, aufregender und abwechslungsreicher als im Alltag mit Ehefrau Gertrud. Klaus Schulze gesteht Gertrud, dass es eine neue Partnerin an seiner Seite gibt und verlangt in mehreren Aussprachen mit seiner Gattin, dass sie sich scheiden lässt. Er will frei sein für die neue Frau, bei der er sich wohl und geborgen fühlt und die ihn anhimmelt, ohne die Belastungen der Familie. Doch da hat er die Rechnung ohne Gertrud gemacht. Sie wendet sich an die Kaderleitung des Betriebes und an die Genossen der SED-Leitung im Ankerglaswerk. Die Betriebsparteiorganisation bittet ihr Mitglied zur Aussprache. Er muss in einer peinlichen Prozedur sein Liebesleben außerhalb der Ehe offenlegen. Damit, so wird ihm klar gemacht, schade er dem Ansehen der Partei im Betrieb und in der Öffentlichkeit. Außerdem dürfe sich ein Genosse so nicht aus der Verantwortung für eine kinderreiche Familie stehlen.

Genosse Schulze sieht das ein und kehrt in den Schoß von Gertrud zurück.

Das Familienleben beginnt sich wieder zu normalisieren. Langsam gewinnen die Eheleute neues Vertrauen zueinander. Die Gespräche, Seitenhiebe und Vorhaltungen wegen des Fremdgehens werden mit der Zeit seltener. Seine Frau verzeiht ihm den Seitensprung. Zwei Jahre später ist das Techtelmechtel ganz aus der Gedankenwelt der Schulzes verschwunden. Über eine Scheidung wird nicht wieder gesprochen.

Doch Reibungen im Alltag bleiben nicht aus. Gerade hat es wieder gekracht zwischen den Eheleuten, und Klaus zieht aus diesem Grund nichts nach Hause. Eine anstrenge Glasmacherschicht mit einigen Problemen an der Schmelzwanne, die von ihm geleitet wird, ist endlich vorbei. Ihn treibt der Appetit auf ein paar Bier und die Aussicht, dem häuslichen Frust für einige Stunden zu entfliehen, in die Gaststätte *Deutsches Haus* in Bernsdorf. Konfliktsituationen, egal ob sie privat oder betrieblich begründet sind, entzieht er sich gern durch Klönen in Kneipen. Dabei trinkt er auch größere Mengen Alkohol als das übliche Bierchen zum Essen und beim Fernsehabend. Auf sexuelle Abenteuer ist der Mann bei Touren durch diverse Lokalitäten nicht aus. Er ist zu Hause gut ausgelastet, und Alkohol macht ihn eher gleichgültig gegenüber weiblichen Reizen, als dass er besondere Triebhaftigkeit erzeugen würde. Er neigt unter Alkoholeinfluss nicht zu Streitigkeiten oder Gewalt, sondern wird zum friedlichen Gesellen. Zumal Klaus Schulze nie so viel trinkt, dass er nicht mehr Herr seiner Sinne ist.

An diesem letzten Freitag im Januar 1976 fühlt er sich mit Kollegen, die er im »Deutschen Haus« trifft, wohler als daheim bei Gertrud und den Kindern.

Die Männerrunde bechert nicht schlecht. Klaus Schulze ruft gegen 22.30 Uhr die Kellnerin, um zu bezahlen. Lust zur Heimkehr hat er zwar noch nicht, aber in einer Viertelstunde ist Ausschankschluss. Er begleicht die Zeche, die nicht von Pappe ist. Auf der Rechnung stehen neben einem deftigen Eisbein mit Sauerkraut und Brot fünfzehn kleine Glas Bier. Er steigt um 22.37 Uhr in den Bus nach Hoyerswerda, der direkt vor der Gaststätte hält.

Klaus Schulze ist angetrunken, doch er ist trinkfest. Ein Schwips ist ihm nicht anzumerken. Der Bus ist zu dieser Zeit spärlich besetzt, so dass er auf dem Sitz bequem seinen Gedanken nachhängen kann. Ein paar Haltestellen weiter steigt eine junge Frau zu. Sie hat sich gerade von ihrem Freund mit einem innigen Kuss verabschiedet. Es ist Undine Teschke (einundzwanzig), eine junge Arbeiterin aus dem Glaswerk in

Bernsdorf, lebenslustig und dem anderen Geschlecht willig zugetan auf der Suche nach dem Traummann. Sie nimmt schräg vor Klaus Platz. Der Ingenieur und die Glasmacherin kennen sich zwar vom Sehen aus dem Betrieb, haben aber noch nie ein Wort miteinander gewechselt. Zu verschieden sind diese beiden.

Kurz vor dreiundzwanzig Uhr erreicht der Bus Hoyerswerda. An einer der Haltestellen in der Altstadt steigt Schulze aus. Der Streit mit Gertrud um die Erziehung der Kinder nagt weiter an ihm. Müde ist er noch nicht, und Durst auf ein Bier hat sich schon wieder eingestellt.

Für Undine Teschke ist an der gleichen Haltestelle die Fahrt beendet, sie wohnt in der Nähe. Obwohl die »kleine Arbeiterin« sozial gesehen überhaupt nicht seine Kragenweite ist, spricht Klaus Schulze das Mädchen an. Ein belangloses Geplänkel entwickelt sich, an dessen Ende die Verabredung steht, sich gemeinsam noch ein Schlückchen zu gönnen. Das Zufalls-Paar schlendert die Friedrichsstraße hinunter Richtung Markt, der offiziell Platz der Roten Armee heißt. In der *Post*, einer Bierkneipe, die auf dem Weg liegt, sind alle Türen dicht. Das Duo schlendert weiter, vorbei am *Krabat-Klub*, in dem sich junge Leute treffen. Im Klub ist noch Licht, doch er ist leider keine Gaststätte. Auf dem Markt ist der *Ratskeller* eine gute Adresse. Doch der hat um diese Zeit ebenfalls geschlossen. Bleibt als letzte Zuflucht die HO-Gaststätte *Kastanienhof*. Die knapp zehn Minuten Fußmarsch vom Ratskeller aus nehmen die neuen Bekannten in Kauf. Wenn eine Dreiviertelstunde vor Mitternacht in der ansonsten menschenleeren Altstadt von Hoyerswerda noch etwas los ist, dann dort. Der *Kastanienhof* hat eine Nachtbar, einen Saal für Tanzveranstaltungen und ein Restaurant. Klaus Schulze und Undine Teschke setzen sich an einen freien Restauranttisch, bestellen sich Bier, gehen anschließend hinüber in den Saal und tanzen eine Runde. Klaus bezahlt, und beide steigen die Treppe hinauf in die Bar. Dort wollen sie in schummriger Umgebung bei Musik und Mixgetränken ihre frisch geknüpfte Bekanntschaft vertiefen. Sie werden nicht eingelassen, trotz aller Überredungsversuche, die Klaus startet, und einem kleinen Geldschein, den er sichtbar in der Hand hält. Die Plätze in der Bar sind alle besetzt, und außerdem ist bald Feierabend, die Einlasskontrolle bleibt hart.

Für Klaus ist der Abend gelaufen. »Soll ich dich nach Hause bringen«, fragt er seine junge Begleiterin. Die ist einverstanden. Beide wohnen in der Neustadt, wenn auch nicht in unmittelbarer Nachbarschaft. Sie nehmen den Fußweg von bestimmt einer halben Stunde in Angriff. Plötzlich bietet Undine an: »Ich kann ja mit zu dir kommen.« Dem Mann fährt der Schreck durch alle Glieder. »Das geht nicht, auf keinen Fall«, wehrt er ab und läuft ein paar Schritte schneller. Undine folgt ihm. »Nun hab dich doch nicht so«, sagt sie.

Inzwischen ist das Paar in der Friedrichsstraße angekommen. Hier legt Klaus dem Mädchen an seiner Seite den Arm um die Schulter. Undine schmiegt sich an den Mann, wohl nicht nur wegen der zehn Grad Kälte, die im Gesicht zwicken. Sie biegen in das Bleichgässchen ein, das um diese Zeit wie ausgestorben ist. Rechts ist eine große Wiese, im Volksmund Bleiche genannt, die der Gasse ihren Namen gab. Dort haben Frauen früher Wäsche auf der Wiese gebleicht und getrocknet. Links ist die alte Brauerei der Stadt. In der Finsternis und Abgeschiedenheit des Bleichgässchens zieht Klaus Undine zu sich heran und küsst sie. Die junge Frau erwidert die Liebkosung. Die Aktentasche, die nur stört, hat Klaus neben sich in den Schnee gestellt. Er nimmt den Kopf seiner Partnerin in beide Hände, streicht über das Gesicht und gleitet hinunter zum Hals. Dann setzt der Verstand aus.

Als er wieder zu sich kommt, liegt Undine vor ihm im Schnee. Seine Hände umfassen noch immer den Hals der Frau.

Sie bewegt sich nicht. »Ich habe sie erwürgt«, schießt es ihm voller Entsetzen durch den Kopf.

Just in diesem Moment kommen Gudrun Nachte und Liane Schuster aus dem *Krabat-Klub*, der sich um die Ecke in der Friedrichsstraße befindet. Dringende menschliche Bedürfnisse haben sie hinaus in die Nacht getrieben. Die Toiletten des *Krabat* befinden sich quer über den Hof und sind nur übers Bleichgässchen zu erreichen. Sie sehen einen Mann, der am Boden kniet und der vor ihr liegenden Frau den Mund zuhält. »Was ist passiert?«, fragt Gudrun Nachte. »Die Frau muss brechen«, bekommt sie zur Antwort. »Dann müssen Sie ihr aber die Hand vom Mund nehmen«, entgegnet sie und beugt sich zu Undine Teschke herab. Gudrun Nachte ist Krankenschwester und versucht, bei der Frau den Puls zu fühlen. Klaus Schulze stößt sie mit den Worten »Haut ab!« beiseite. Die *Krabat*-Besucherinnen rennen in den Klub und holen Hilfe. Nach ein bis zwei Minuten kehren sie mit Freunden zurück. Sie sehen, wie Klaus Schulze breitbeinig über Undine Teschke sitzt und durch rhythmisches Drücken auf den Brustkorb versucht, die Geschädigte ins Leben zurückzuholen.

Die Helfer kümmern sich um die Bewusstlose, tragen sie in den Klubraum und fordern Klaus Schulze auf, mit ihrer Tasche hinterherzukommen. Drinnen legen sie die leblose Frau auf eine Liege, öffnen die Kleidung und stellen Würgemale am Hals fest. Sie machen Widerbelebungsversuche und telefonieren nach der »Dringlichen Medizinische Hilfe«. Es ist alles zu spät. Undine Teschke ist tot.

Klaus Schulze macht mit den Taschen in der Hand Anstalten, ebenfalls zum *Krabat* zu gehen. Plötzlich aber dreht er um und rennt davon. Als die Polizei am Tatort eintrifft, ist er über alle Berge. Die Zeugen aus dem Klub beschreiben den Mann vage: lockiges schwarzes Haar, lange Koteletten im Gesicht, dunkle Brille, Doppelkinn. Das ist wenig für eine Fahndung.

Am Tatort selbst finden die Kriminalisten keine Spuren, nur die bis zu acht Zentimeter dicke Schneedecke ist eingedrückt. Fährtenhund Nando wird angesetzt. Nach etwa zwanzig Metern nimmt der Vierbeiner eine Spur auf. Sie führt ihn die Gasse hinauf über die Lessingstraße hinweg Richtung Neustadt. Doch bald schon bleibt Nando stehen. Die Fährte ist verloren.

Geirrt hatte sich die Spürnase dennoch nicht. Bei seiner Flucht hat Klaus genau diese Richtung gewählt. Er rennt quer über ein Gelände, auf dem Baracken stehen, Richtung Wehr. Das befindet sich etwa zwei Kilometer vom Tatort entfernt und regelt den Wasserstand der Schwarzen Elster. Unterwegs muss er einen Zaun überklettern. Am Wehr angekommen, wirft er die Tasche des Opfers in den Fluss. Diese wird später in einer Entfernung von drei Kilometern gefunden. Sie ist im Eis eingefroren.

Klaus Schulze hastet weiter durch nahezu verwaiste Straßen, bis er an einer Haltstelle des städtischen Busverkehrs in einem der Neubauviertel innehält. Gegen ein Uhr nachts kommt tatsächlich noch ein Stadtbus. In den steigt er ein und am Centrum-Warenhaus wieder aus. Dann geht er nach Hause, zieht sich aus und legt sich ins Bett.

Um drei Uhr registriert Gertrud, dass ihr Ehemann eingetroffen ist. Vor Stunden schon ist sie schlafen gegangen. Sie riecht den Alkohol. Sonderlich beunruhigt hat es sie nicht, als Klaus nicht wie gewohnt um 16.30 Uhr zu Hause eintrifft. Sie vermutet, dass im Betrieb etwas schiefgelaufen ist und ihr Mann eine Doppelschicht fährt. Nun muss sie feststellen, dass er »einen drauf gemacht« hat.

Gesprächsthema ist das zwischen den Eheleuten am Morgen nicht. Wegen des Streits herrscht weiter Funkstille. Um die Kinder kümmert sich der Vater wie immer. Auffällig an seinem Verhalten ist höchstens, dass er den Samstag und auch lange Stunden am Sonntag meist auf der Couch verbringt und offensichtlich grübelt. Das ist auch so. Selbstmordgedanken schießen dem Mann durch den Kopf, werden jedoch nicht konkret.

Währenddessen laufen die Ermittlungen auf Hochtouren. Das Opfer ist anhand eines Ausweises schnell als Undine Teschke identifiziert. Die Spur der jungen Frau wird in ihrem Umfeld aufgenommen und führt folgerichtig an ihre Arbeitsstelle ins Glaswerk in Bernsdorf und zu dem Freund, der sie zum Bus gebracht hat. Polizisten befragen den Fahrer, der sich erinnert, dass das spätere Opfer und ein Mann an der Haltestelle in der Hoyerswerdaer Altstadt ihre Fahrt beendet haben. Die Kripo findet weitere Fahrgäste und erfährt von Schulzes Zechtour. Dass er just den gleichen Bus zur Heimfahrt genommen hat wie die 21-jährige Undine Teschke kann Zufall sein. Doch die erfahrenen Kriminalisten der MUK ahnen, dass sich diese Übereinstimmung als heiße Fährte erweisen wird. Aus der Kaderakte im Betrieb besorgen sie sich ein Foto von Schulze. Die Zeugen vom *Krabat*-Klub erkennen in ihm eindeutig den Mann, der neben dem Opfer gekniet hat und später weglief.

Die reichliche Stunde, die zwischen der Ankunft der beiden in Hoyerswerda und der Tatzeit lag, lässt die Ermittler vermuten, dass sie für einen Gaststätten-Abstecher genutzt wurde. Im »Kastanienhof« wird die Annahme der Ermittler bestätigt und Klaus Schulze als Begleitung des späteren Opfers auch hier identifiziert. Noch nicht einmal achtundvierzig Stunden sind seit der Tat vergangen, da wird Klaus Schulze als Verdächtiger verhaftet und gesteht schon bei der ersten Vernehmung den Mord an Undine Teschke. Zum Motiv äußert er sich nicht. So sehr sich die MUK-Ermittler bemühen, sie bekommen vom Beschuldigten nur immer wieder zu hören: »Ich hatte einen Filmriss, konnte erst am nächsten Morgen wieder einen klaren Gedanken fassen.« Oder: »Plötzlich war alles grau. Ich habe einfach nichts mehr registriert.« Er kann sich nicht erinnern, warum er die junge Frau gewürgt und wie oft oder wie lange er zugedrückt hat. Oder will er es nicht, um die Tat zu verdrängen? Klaus Schulze bleibt in allen Vernehmungen dabei, dass er nur mit Sicherheit wisse, dass er neben dem Opfer kniete, dabei die Hände um ihren Hals hatte und dass Undine regungslos war.

Polizei und Staatsanwaltschaft geben sich mit dem Geständnis nicht zufrieden. Akribisch suchen Kriminaltechniker den von Klaus Schulze beschriebenen Fluchtweg ab. An den Baracken sichern sie Abdrücke. Diese stammen von Schuhen, die dem Tatverdächtigen gehören. Im Kriminaltechnischen Institut in Berlin vergleichen die Spezialisten Faserspuren von der Bekleidung des Opfers und des Beschuldigten. Im Brustbereich des Pullovers des Opfers werden feine Textilablagerungen gefunden, die von der Bekleidung des Tatverdächtigen stammen. Außerdem befinden sich Fasern aus dem Pullover der Geschädigten an dessen Pulloverärmeln und unter einem Fingernagel der rechten Hand. Bodenreste an den Hosen stammen eindeutig vom Tatort, wird in den Laboren festgestellt. Faserspuren aus der Hose des Mordverdächtigen werden am Drahtzaun entdeckt, den er nach eigenen Angaben bei der Flucht überstiegen hat.

Eindeutig ist die Todesursache. Undine Teschke starb nach einem Gutachten von Dresdner Rechtsmedizinern durch Erwürgen und Erdrosseln. Der Täter muss seinem Opfer demnach über eine längere Zeit mit erheblicher Intensität mit den Händen am Hals die Luft abgedrückt haben. Streifenförmige Hautverletzungen an der rechten Halsseite werten die Obduzenten als Drosselmale, die von einem Schal stammen können. Typische Abwehrverletzungen finden die Ärzte dagegen beim Opfer nicht. Es muss zum Zeitpunkt der Tat völlig ahnungs-, hilf- und wehrlos gewesen sein.

Schwieriger ist die Bewertung des Filmrisses bei Klaus Schulze.

Sehr intensiv beschäftigt sich das Bezirksgericht Cottbus in seiner dreitägigen Hauptverhandlung im September 1976 mit der

Schuldfähigkeit von Klaus Schulze. Die Staatsanwaltschaft Cottbus hat sie in ihrer Anklageschrift nicht bezweifelt und den Ingenieur wegen Mordes angeklagt. Im psychologischen Gutachten werden krankhafte Hirnschädigungen ebenso ausgeschlossen wie eine Geistesstörung. Umfassende EEG-Untersuchungen insbesondere unter leichtem oder mäßigem Alkoholeinfluss ergeben keine abnorme Reaktionen. Ohnehin haben Gutachter im Nachhinein die Alkoholbelastung als gering eingeschätzt. Nach Angaben des Angeklagten über das Verspeiste und Getrunkene am Tattag haben sie 0,4 bis 0,7 Promille errechnet. Für die Annahme einer Volltrunkenheit muss aus medizinischer Sicht ein Mindestwert von mindestens 2,0 Promille vorliegen. Einen Rauschzustand bei einem Alkoholwert im Blut unter 1,0 Promille schließen sie aus.

Das Gericht teilt im Ergebnis der Beweisaufnahme, dass der Filmriss nur eine Schutzbehauptung ist. Klaus Schulze hat vor den Richtern noch einmal die Tat gestanden. Er blieb jedoch bei Erinnerungslücken und nannte keine Details zur eigentlichen Tat oder welche Motive ihn dazu getrieben haben. Für die Richter steht fest: »Er ist nicht bereit, über die Art und Weise der Tatbegehung und vor allem über die Gründe, die ihn zur Tat veranlasst haben, Auskunft zu geben.« Der von der Verteidigung vorgebrachten Version einer Affekthandlung folgt der erste Strafsenat nicht. Der Angeklagte selbst habe Erregungen jeder Art zur Tatzeit ausgeschlossen.

Das Bezirksgericht verurteilt Klaus Schulze zu einer lebenslangen Freiheitsstrafe und entzieht ihm seine staatsbürgerlichen Rechte auf Lebenszeit. Er verliert dadurch für immer das Recht, zu wählen oder gewählt zu werden und darf weder auf staatlichem, wirtschaftlichem oder kulturellem Gebiet leitende Funktionen übernehmen. Staatliche Würden, Titel, Auszeichnungen und Dienstgrade werden entzogen.

Sechs Tage nach dem Urteil reicht die Verteidigung Berufung beim Obersten Gericht der DDR ein. Sie zielt darauf, dass ihr Mandant im Affekt getötet habe. Die Begründung: Undine Teschke habe den Täter über das Maß des Erträglichen gereizt. Die junge Frau habe sich den leitenden Angestellten ihres Betriebes angeln und sich ihm dafür mit Einsatz aller weiblichen Reize hingeben wollen. Sie habe ihn zuerst geküsst, sich förmlich an ihn geklammert und geschwärmt: »Meine Mutter würde staunen, mich mit einem Ingenieur zu sehen.« Sie habe sich trotz heftigen Widerstands des Mannes nicht davon abbringen lassen, ihn nach Hause zu begleiten. Als dieser ablehnte, provoziert sie ihn mit Worten wie: »Bist du wirklich so doof, oder tust du bloß so«. Nach Angaben ihres Mandanten habe die schwarzhaarige Schöne ihm unterstellt, dass er ein Schlappschwanz sei und wahrscheinlich keine Manneskraft aufbringe, heißt es in der Anwaltsschrift. Schließlich habe Undine Teschke gedroht: »Wenn du wirklich nicht willst, dann erzähle ich im Betrieb alles, was du mit mir gemacht hast und schreie sofort ganz laut.«

Warum aber hat der Angeklagte diese Provokationen über Wochen und Monate und bis zur Verurteilung verschwiegen? Seine Begründung: »Ich wollte das negative Verhalten des Opfers nicht öffentlich machen.« Deshalb will er bis einen Tag vor Ablauf der Berufungsfrist alles für sich behalten haben. Letztlich hätten ihm die Gespräche mit der Ehefrau und das Strafmaß des Gerichtes dazu bewogen, nun doch die wahren Hintergründe der Tat zu offenbaren.

Ende Oktober 1976 gibt der fünfte Strafsenat des Obersten Gerichts im Ergebnis einer mündlichen Verhandlung der Berufung statt und verweist den Fall an das Bezirksgericht Cottbus zurück. »Das Gericht hat zu prüfen, ob es sich um Mord oder nur um Totschlag handelt«, lautet der Auftrag.

Bei einer erneuten Vernehmung durch die Staatsanwaltschaft Cottbus Mitte Dezember unterstreicht Klaus Schulze, dass ihm das Ansinnen von Undine Teschke, ihn in seine Wohnung zu begleiten, völlig irritiert hat. »Ich dachte, sie macht Witze.«

Als sein späteres Opfer deutlich machte, das sie es mit der Eroberung ernst meint, sei er wütend geworden, dass Blut habe ihm gekocht, er habe einen Knoten im Hals gespürt. »Ich befand mich jetzt in einem Zustand hochgradiger Erregung. Ich hatte keine Gewalt mehr über mich, fühlte einen starken Druck im Kopf und alles um mich herum begann sich zu drehen wie ein Karussell.«

Frage des Staatsanwaltes: Warum haben Sie die Geschädigte erwürgt?

Antwort: Weil die Nerven mit mir durchgegangen sind. Ich war so wütend, dass ich nicht mehr wusste, was ich mache.

Frage: Warum haben Sie das Opfer nicht einfach verlassen?
Antwort: Ich habe mehrmals versucht, wegzurennen und wurde sie nicht los. Was weiß ich, wie lange sie noch hinterhergekommen wäre. Sie kam doch immer wieder mit.

An zwei Tagen im Februar 1977 wird der Fall Schulze in zweiter Instanz vor dem Bezirksgericht verhandelt. Die Staatsanwaltschaft bleibt bei ihrer Mordanschuldigung. Auch der psychiatrische Gutachter sieht in einer ergänzenden Expertise weiterhin keine medizinische Erklärung für die Gedächtnislücke des Angeklagten, für die eigentliche Tatausführung oder für einen Zustand völliger Bewusstlosigkeit.

Und das Gericht? Erneut ist es der erste Strafsenat, vor dem der Prozess stattfindet. Und es sind die gleichen Richter wie in der ersten Instanz, die nun prüfen, ob es neue Beweise gibt für die Einschätzung, dass Undine Teschke nicht durch einen heimtückischen und brutalen Mord, sondern »nur« durch Totschlag ums Leben kam. Totschlag im Sinne des Strafgesetzbuches der DDR liegt u. a. dann vor, wenn

»… *der Täter ohne eigene Schuld durch eine ihm oder seinen Angehörigen von dem Getöteten zugefügte Misshandlung, schwere Bedrohung oder schwere Kränkung in einem Zustand hochgradiger Erregung (Affekt) versetzt und dadurch zur Tötung hingerissen oder bestimmt worden ist«.*

Mord wie Totschlag sind vorsätzliche Tötungsdelikte, doch in der Strafzumessung gibt es erhebliche Unterschiede. Während für Mord eine Freiheitsstrafe nicht unter zehn Jahren bis lebenslängliche Haft angedroht wird, kann Totschlag mit höchstens zehn Jahren Freiheitsentzug geahndet werden.

Nach den neuen Aussagen des Angeklagten geht das Gericht im Ergebnis der Hauptverhandlung davon aus, dass dieser durch das Verhalten der später Getöteten durchaus erregt war. Deren Hartnäckigkeit, mit ihm zusammenzubleiben, habe ihn in Wut versetzt.

Allerdings, so das Gericht, hat der Tatablauf eine Vorgeschichte und Schulzes Wut ist nicht plötzlich ausgebrochen. In dieser Zeit habe der Angeklagte sein Verhalten mehrmals der Situation entsprechend angepasst. Er habe keinen ernsthaften Versuch unternommen, seine Erregung zu beherrschen und zu steuern. So hat er nach Überzeugung der Richter mit der jungen Frau weiter Zärtlichkeiten ausgetauscht, nachdem er sich von ihr bereits einmal kurzzeitig ein Stück entfernt hatte. Der Angeklagte sei nicht unverschuldet in eine Affektsituation geraten.

In der Strafzumessung geht das Gericht dennoch vom ersten Urteil ab. Es sieht zwar wiederum den Mord als erwiesen an, verhängt gegen Klaus Schulze aber eine zeitliche Freiheitsstrafe von dreizehn Jahren und entzieht ihm für zehn Jahre die staatsbürgerlichen Rechte. Zu seinen Gunsten wird das bisherige straffreie Leben sowie das aufdringliche Verhalten der Geschädigten am Tatabend gewertet. Die Staatsanwaltschaft hatte erneut lebenslänglichen Freiheitsentzug gefordert, die Verteidigung auf Totschlag plädiert.

Die Verteidigung legt erneut Berufung ein. Diesmal bestätigt das Oberste Gericht die Auffassung der Richter in Cottbus. Damit ist das Urteil Ende März 1977 rechtskräftig.

Klaus Schulze führt sich in der Haft tadellos. Er hebt sich durch gute Arbeitsleistungen hervor. Drei Neuerervorschläge von ihm erbringen einen gesellschaftlichen Nutzen von fast 37 000 Mark. Er wird mit Geldprämien und Sonderbesuchserlaubnissen belohnt. Gertrud hält weiter zu ihrem Mann.

1982 und 1984 stellt der Verurteilte Anträge auf vorzeitige Haftentlassung, die mit der guten Führung in der Haft sowie der schwierigen familiären Situation mit fünf Kinder, von denen ein Kind schwerstgeschädigt ist, begründet wird. Die Staatsanwaltschaft wendet sich dagegen, sieht das schwere Verbrechen an Undine Teschke zu diesem Zeitpunkt noch nicht genügend gesühnt. Im August 1985 öffnen sich dann für Klaus Schulze die Gefängnistore. Die Verbüßung der Reststrafe wird mit einer zweijährigen Bewährungszeit ausgesetzt.

Vergeltung

Der 15. März 1989 ist der dramatische Tiefpunkt im Leben von Maria Mießner, ein Leben zwischen Liebe und Hass, Vergebung und Vergeltung. An diesem Tag wird die 55-jährige Frau in Cottbus zur Mörderin.

Als Maria Mießner in Lübtheen in der Nähe von Hagenow im heutigen Bundesland Mecklenburg-Vorpommern geboren wird, haben Adolf Hitler und seine Nazipartei in Deutschland gerade die Macht an sich gerissen. Das fünfte von sechs Kindern lernt früh die Not einer kinderreichen Familie kennen, die durch den Krieg von Tag zu Tag größer wird. Sie ist erst fünf Jahre alt, als sie 1938 in die Volksschule des Ortes eingeschult wird. Zehn Jahre braucht sie für die acht Klassenstufen. Nicht etwa, weil sie Schwierigkeit mit dem Lernen hat. Ganz das Gegenteil ist der Fall, denn das aufgeweckte Mädchen ist wissbegierig und verfügt über eine gute Auffassungsgabe. Doch der Krieg verhindert einen regelmäßigen Schulbetrieb, so dass die Mädchen und Jungen ihres Jahrganges erst 1948 die Schulbank verlassen können. Maria schafft den Abschluss mit der Note »gut« und nimmt eine Lehre an einer Kaufmannsschule auf. Der Vater hat sich nach Kriegsende als Zimmerer einen Handwerksbetrieb aufgebaut, in dem die Tochter nach Abschluss der Ausbildung die Bücher führen soll. Weil der Vater 1949 stirbt, wird nichts aus dem Plan. Maria bricht die Kaufmannslehre ohne Abschluss ab.

Die inzwischen 16-Jährige weiß danach nicht Rechtes mit sich anzufangen. 1951, Maria ist gerade achtzehn Jahre geworden, entschließt sie sich, Heimerzieherin zu werden. Praktische Arbeit mit nicht immer leicht zu führenden Heimkindern und die theoretische Ausbildung überfordern die junge Frau.

Der Stress ist größer als ihre psychische Belastbarkeit. Wieder schmeißt Maria Mießner Job und Ausbildung hin. Sie wechselt als Säuglingspflegerin in eine Wochenkrippe, in der die Babys berufstätiger und in Schichten arbeitender Eltern rund um die Uhr betreut werden, und geht später als Erzieherin in eine Tageskinderkrippe. Sie lernt in dieser Zeit einen jungen Mann kennen, an den sie ihr Herz und ihre Unschuld verliert. Er verspricht ihr die große Liebe, und sie glaubt daran. Doch als im Dezember 1955 Sohn Gerhard geboren wird, ist es vorbei. Der Vater des Kindes verschwindet auf Nimmerwiedersehen.

Maria wird davon völlig aus der Bahn geworfen und schwankt hin und her wie das Korn im Nordwind. Die junge Frau verlässt im Juli 1957 nicht nur ihre mecklenburgische Heimat, sondern kehrt der DDR ganz den Rücken. Das zwei Jahre alte Kind lässt sie bei ihrer Mutter. Doch auch in der Nähe von Wuppertal findet sie nicht das erhoffte Glück, weder in der Liebe noch im Beruf als Stationshilfe in einem evangelischen Krankenhaus. Ein Jahr später zieht es sie nach Lübtheen zurück. Hier nun scheint endlich alles gut zu werden. Die Arbeit als Stationshilfe im örtlichen Krankenhaus macht ihr Spaß, und Manfred, ein gut aussehender Mann aus einem Dorf in der Nähe von Schwerin, wird der Partner an ihrer Seite. Im Dezember 1961 kommt Marias zweiter Sohn Frank-Michael zur Welt. Trotz oder wegen des Kindes zerbricht auch diese Beziehung. Wieder steht Maria unverhofft allein da, nun als Mutter von zwei unehelichen Kindern.

Eberhard Mießner stört das nicht. Er kennt Maria, die quasi um die Ecke wohnt, schon seit der Sandkastenzeit. Sie ist zwar sechs Jahre älter, doch deshalb für ihn nicht minder begehrenswert. Und Maria, die unter dem Trennungsschmerz leidet, kann einen Freund gut gebrauchen. Mehr als Freundschaft ist zunächst nicht zwischen den beiden jungen Leuten aus Lübtheen. Doch dann kommt die Nacht, in der aus dieser

Freundschaft eine Zuneigung erwächst, die stark genug scheint für den Bund des Lebens. Im Juli 1963 heiraten sie. Knapp drei Jahre später wird die gemeinsame Tochter Cordula geboren. Als dann auch noch Gerhard, der all die Jahre bei der Oma gelebt hat, von der Mutter in die Obhut genommen wird, ist die nun fünfköpfige Familie Mießner komplett.

Die ersehnte Geborgenheit aber stellt sich nicht ein. Eberhard beginnt zu trinken, und immer öfter kommt es zu heftigen Auseinandersetzungen, in deren Verlauf der Ehemann zum Schläger wird. Wieder nüchtern schenkt er Maria Blumen, bittet um Verzeihung, verwöhnt sie. Doch es kommt die Zeit, da ist der Spielraum zwischen Liebe und Hass erschöpft. Maria kann die Beleidigungen und Schläge nicht mehr ertragen und lässt sich scheiden. Eberhard scheint sich schnell mit der Trennung abgefunden zu haben, denn schon bald zieht er ein paar Dörfer weiter zu einer neuen Frau.

Ein halbes Jahr später steht der Verstoßene wieder vor der Tür seiner Maria, mit Blumen in der Hand und mit Worten von Reue und Bitte um Vergebung auf den Lippen. Maria wird schwach, das Herz siegt über den Verstand.

Anfang 1971 erreicht die Werbekampagne der Lausitzer Tagebaue, Brikettfabriken und Kraftwerke rund um Cottbus, dem Kohle- und Energiezentrum der DDR, auch das beschauliche Städtchen Lübtheen im Südwesten von Mecklenburg. Im landschaftlich schönen Elbtal hat sich unter den gut viertausend Einwohnern inzwischen wie in allen anderen Ecken der Republik herumgesprochen, dass es dort in der Kohle gutes Geld zu verdienen gibt und dass es mit der Versorgung besser klappt als im industriell weniger entwickelten Bezirk Schwerin. Eberhard Mießner macht sich auf nach Cottbus, nimmt im Tagebau Greifenhain Arbeit auf und kümmert sich in der größten Stadt der Lausitz um eine Wohnung. Die ist für ein verheiratetes Paar leichter zu bekommen als für eine Familie ohne Trauschein. Zudem hat sich das Verhältnis zwischen Maria und Eberhard mit der Zeit deutlich verbessert. Statt böser Worte liebe Taten, das ist inzwischen zum Credo von Eberhard Mießner geworden. Die geschiedenen Eheleute treten im Januar 1972 zum zweiten Mal gemeinsam vor die Standesbeamtin und geben sich das Ja-Wort.

Kaum unter der Haube, vergisst Mießner erneut alle guten Vorsätze. Seine Aggressivität steigt in dem Maße, wie die Pegel in Schnaps- und Bierflaschen sinken. »Du Hure, du Schlampe, du hast mir nur Bastarde ins Haus gebracht«, sind Beschimpfungen, die Maria wieder und immer wieder über sich ergehen lassen muss. Er droht sogar, sie umzubringen und fuchtelt mit dem Brotmesser herum, um ihr Angst einzuflößen. Hinzu kommen die Schläge. Bald schon erkennen die Arbeitskollegen im Tagebau Cottbus-Nord, wo Maria inzwischen mit ihrem Mann in einer Schicht arbeitet, dass blutunterlaufene Augen und blaue Flecke an Armen und Beinen nicht von Stößen an Schrank- und Tischecken oder von Stürzen auf der Treppe herrühren. »Wie lange willst du das noch ertragen«, wird sie gefragt. »Lass dich scheiden«, raten ihr die Frauen und Männer ihres Arbeitskollektivs. Sie stehen zu ihrer Kollegin, nehmen sich auch den Ehemann zur Brust. Doch wirklich helfen können weder sie noch die Polizisten, die des Öfteren von Mitbewohnern gerufen werden, wenn der Streit zwischen den Eheleuten eskaliert. Treffen die Uniformierten ein, werden sie von Maria beschwichtigt.

Einer der Gründe für das Ausharren an der Seite von Eberhard ist Enkeltochter Riccarda, die Tochter Cordula mit erst siebzehn Jahren auf die Welt gebracht hat. Um die Kleine kümmert sich Maria, wenn Cordula durch die Kneipen zieht oder sich von Männern aushalten lässt. Sie führt ein Leben, das in der DDR als asozial gilt und unter Strafe steht. Zweimal wird sie von Gerichten verurteilt. Riccarda kommt ins Heim oder wird von der Großmutter betreut. Inzwischen greift aber auch Maria zum Alkohol, um die körperlichen und seelischen Schmerzen zu betäuben, die ihr der Ehemann zufügt.

Es kommt der Zeitpunkt, an dem Maria Mießner merkt: So geht es nicht weiter. Sie reicht zum zweiten Mal die Scheidung ein. »Diesmal«, so nimmt sie sich vor, »löse ich mich endgültig von Eberhard.« Sie peilt eine Rückkehr nach Mecklenburg an. Dort könnte sie im Kartoffelveredelungswerk Hagenow anfangen, das ist ihr zugesichert worden. Nach der Auflösung des Arbeitsverhältnisses im Tagebau Cottbus-Nord sitzt die Aufbruchswillige gewissermaßen auf gepackten Koffern. Die Reise in eine Zukunft ohne Schläge und Demütigungen aber tritt sie nicht an. In Hagenow ist keine Wohnung zu haben, und in Cottbus nehmen die Sorgen um das Schicksal der kleinen Riccarda zu. Das Kind wird zur Adoption freigegeben, nachdem Cordula das Sorgerecht wegen Vernachlässigung der Erziehungspflicht entzogen wurde. Maria will die Enkelin zu sich nehmen und stellt den Antrag, ihr das Sorgerecht zu übertragen.

Plötzlich ist auch Eberhard, mit dem sie nach der Scheidung weiter in einem gemeinsamen Haushalt lebt, wieder wie verwandelt. Er bestärkt sie anfangs im Kampf um das Sorgerecht für Riccarda, den sie mit der Jugendfürsorge in Cottbus austragen muss. Ihr geschiedener Gatte hört mit dem Trinken auf und beköstigt sie in den Wochen und Monaten, in denen sie ohne Arbeit und damit ohne Einkommen ist. Er begleitet die Exgattin später sogar zum Einstellungsgespräch in den Tagebau Greifenhain, wo sie im November 1988 eine neue Tätigkeit als Bandmaschinistin antritt. Maria und Eberhard Mießner leben zusammen wie ein Ehepaar.

Wieder zerbricht die Gemeinsamkeit. Eberhard kann dem Alkohol nicht wiederstehen, er beschimpft und beleidigt seine geschiedene Frau, zertrümmert im Alkoholrausch Teile der

Wohnungseinrichtung, fuchtelt der Frau mit dem Brotmesser vor der Nase herum und droht: »Riccarda bekommst du nicht. Dafür werde ich sorgen.«

Es kommt der Tag, an dem es keine Vergebung, sondern nur noch Vergeltung gibt, der 15. März 1989.

Schon am Abend zuvor hat es mächtig gezündelt zwischen dem Paar. Eberhard hatte versprochen, pünktlich von der Spätschicht nach Hause zu kommen. Doch just an diesem Abend verpassen er und sein Stiefsohn Frank-Michael, der mit ihm in der gleichen Schicht im Tagebau vor Cottbus arbeitet, den Schichtbus. Die Männer brechen zu Fuß nach Cottbus auf, können auch per Anhalter mal ein Stück mitfahren. Als sie zu Hause ankommen, bricht ein Gewitter über die Spätankömmlinge herein. Maria ist fest davon überzeugt, dass sie die Busgeschichte erfunden und stattdessen in der Kneipe gesessen haben. Dass sie sich selbst ein paar Schnäpse genehmigt hat, spielt für sie keine Rolle.

»Weck mich morgen, ich muss zur Frühschicht«, grollt Maria mit Eberhard. »Du weißt, ich höre den Wecker nicht«, erinnert sie ihn an sein Versprechen, dafür zu sorgen, dass sie nicht verschläft, wenn sie früh um halb fünf raus muss zur Frühschicht. Dann verschwindet die Erzürnte im Schlafzimmer.

Vater und Stiefsohn setzen sich ins Wohnzimmer und klönen bei Alkohol und Zigaretten. Frank-Michael, der inzwischen wie Gerhard eine eigene Wohnung gemietet hat, schläft ausnahmsweise im Kinderzimmer der elterlichen Wohnung. Eberhard legt sich ins Ehebett.

Am Morgen des 15. März wacht Maria kurz nach sechs Uhr auf. Der Schichtbus nach Greifenhain ist längst weg. Sie hat verschlafen. Eberhard, dieser Suffkopf, ist daran schuld, kocht es innerlich in ihr. Es wird laut im Schlafzimmer, so laut, dass Frank-Michael davon wach wird und sich schnell aus dem Staub macht, um nicht zwischen die Fronten zu geraten.

Da der Bus sowieso weg ist, kann ich auch weiterschlafen, denkt sich Maria. Gegen halb zehn wird die Frau munter, steht auf, trinkt einen Kaffee und bereitet in der Küche das Mittagessen vor. Eberhard, der an diesem Tag frei hat und nicht zur Arbeit muss, quält sich gegen Mittag aus dem Bett. Gegen vierzehn Uhr unterbricht Maria das Kochen in der Küche. Sie zieht sich an und geht in die nahegelegene Kaufhalle. Neben Margarine, Brot und Wurst wandert auch eine große Flasche Schnaps der Marke Hohnsteiner Trinkbranntwein in den Einkaufswagen. Der ist zwar nicht von der besten Sorte, dafür allerdings nicht so teuer wie anderer Hochprozentiger.

Als sie nach Hause kommt, sitzt Eberhard, nur mit einem weiß-blauen Slip bekleidet, im Wohnzimmer auf der Couch, vor sich eine Flasche braunen Fusel der Marke Goldbrand. In der ist schon eine Menge Luft. Übel gelaunt zieht sich Maria erneut in die Küche zurück, um den Eintopf fertig zu kochen. Dabei fällt ihr auf, dass die drei Halbliterflaschen Bergmannsschnaps aus dem Schrank verschwunden sind. Einen Liter pro Monat von dem »Trinkbranntwein für Bergleute« erhalten die Kumpel in der Kohle kostenlos als Deputat. Das weiße Gebräu mit den dreißig Volumenprozenten Alkohol ist unter der Bevölkerung nur als »Kumpeltod« bekannt und vor allem als Grundlage für die Herstellung von Eierlikör geschätzt. Auch Maria hatte die Flaschen dafür beiseite gestellt, und nun entdeckt sie diese nur noch als Leergut auf dem Wohnzimmertisch. Der ganze Tag, der früh mit dem Verschlafen und den Nörgeleien des Mannes schon so verkorkst begonnen hat, entwickelt sich zur Katastrophe. Maria genehmigt sich zur Beruhigung ebenfalls den einen oder anderen Doppelten vom mitgebrachten Hohnsteiner. Eberhard Mießner ist zu dieser Zeit schon stark betrunken. Nur mit der Unterhose bekleidet, unrasiert und mit glasigen Augen gibt er ein bedauernswertes Bild ab, das Ärger, Enttäuschung und Unmut bei Maria verstärken. Zudem nehmen seine verbalen, mit schwerer Zunge ausgestoßenen Attacken gegen seine Frau, die weiter in der Küche werkelt, von Minute zu Minute zu. Durch die Durchreiche, die in den Plattenbauwohnungen vom Typ P2 Wohnzimmer und Küche trennt, giftet sich das Paar an. »Du wirst noch viel öfter verschlafen, ich mach dir die Arbeit kaputt«, reizt er sie. »Du Schlampe, du bist schuld, dass aus Cordula nichts geworden ist, dass sie sich nur rumtreibt. Du weißt alles besser und nimmst ihr das Kind weg«, prasselt es auf Maria herab, »dabei bist du die Hure, hast nur Bastarde als Kinder. Wer weiß, ob ich der Vater von Cordula bin, wo du doch mit jedem Mann bumst«, lallt er eine Beleidigung nach der anderen heraus und kippt Schnaps um Schnaps die Kehle runter. Maria gibt nicht klein bei, schiebt ihm und seiner Sauferei die Schuld zu an der missratenen Erziehung von Cordula, an den Scheidungen, am Zerbrechen ihrer Beziehung. Auf dem Höhepunkt des Streits droht Eberhard: »Morgen gehe ich zur Jugendfürsorge. Du bekommst Riccarda nicht. Dafür werde ich sorgen, da kannst du Gift drauf nehmen.«

Maria verstummt, will endlich Ruhe haben. Sie setzt sich ins Wohnzimmer und schläft, ebenfalls nicht mehr nüchtern, im Sessel ein. Zweieinhalb Stunden später, inzwischen ist es acht Uhr abends, wacht sie auf. Auf der Couch schnarcht Eberhard. Sie geht in die Küche, macht sich Abendbrot, isst und bekommt mit, wie ihr Mann zur Toilette wankt und dort lautstark seine Notdurft verrichtet. Wieder zurück im Wohnzimmer hagelt es von Eberhard neue Beschimpfungen und Drohungen. »Ich bring dich um, ich bring dich um«, krakeelt er und macht dabei Bewegungen mit der Hand, als steche er auf die Frau ein. Maria bekommt es mit der Angst zu tun, versteckt das Brotmesser, mit dem ihr Eberhard schon mehrfach einen Schreck eingejagt hat.

In der 55-Jährigen reift in dieser Situation der Entschluss,

Eberhard zu töten. Der liegt inzwischen wieder auf der Couch und schläft. Zunächst erwägt sie, ihn mit dem Brotmesser zu erstechen, mit dem er sie immer bedroht hat. Dann wird ihr klar:

»Nein, mit einem Messer kannst du keinen Menschen töten, das schaffst du nicht.« Sie erinnert sich an die Paketschnur, die im Flurschrank liegen muss. Tatsächlich befindet sich die Rolle im zweiten Fach von oben. Die Schnur ist zwar nur etwa drei Millimeter stark, doch reißfest, weiß die Hausfrau. »Damit müsste es gehen«, fällt ihr Urteil nach einer nochmaligen Prüfung der Haltbarkeit aus. »Wenn ich die um den Hals wickle und zuziehe, bekommt er keine Luft mehr.«

In diesem Moment ist für die so oft gequälte Frau der Entschluss, Eberhards Leben auszulöschen, unumkehrbar. Sie geht mit der Paketschnur in der Hand ins Wohnzimmer, stellt sich ans Kopfende des Sofas und legt die Schnur unter den Schlafenden. Dieser wird nicht einmal munter, als sie den Kopf mehrmals anhebt und ihm die Schnur eng um den Hals wickelt. Dann zieht sie das Schnurknäuel fest an sich und hält den Strick gespannt. Sie nimmt das gurgelnde Geräusch eines Menschen war, dem die Luft ausgeht. Angstvoll blickt sie auf den Mann vor sich und lässt die Schnur erst los, als sich der Brustkorb nicht mehr bewegt und er keinerlei Atemgeräusche mehr von sich gibt. Fünf bis sechs Minuten mögen vergangen sein, bis Maria überzeugt ist, dass Eberhard nicht mehr lebt. Sie holt ein Messer aus der Küche, trennt damit die Schnurrolle ab und legt das Knäuel zurück in den Flurschrank in das zweite Fach von oben. Sie schaltet den Fernseher aus, der die ganze Zeit vor sich hingeflimmert hat, kippt im Wohnzimmer ein Fenster an, löscht das Licht und legt sich im Schlafzimmer links in ihr Bett. Gedanken darüber, was mit der Leiche geschehen soll, macht sie sich nicht.

Als Maria am nächsten Morgen aufwacht und den toten

Lebenspartner auf dem Sofa liegen sieht, wird ihr die Tragweite der Tat Stück für Stück bewusst. Sie wundert sich, dass der Tote mit einer Decke zugedeckt und die Schnur vom Hals verschwunden ist. Trotz aller Grübelei kann sie sich das nur bruchstückhaft erklären. Nicht zuletzt wegen des Alkoholkonsums vom Vortag ist der Kopf schwer und leer. »Ich muss nachts aufgestanden sein, die Schnur abgeschnitten und sie in die Toilette gespült haben«, glaubt sie sich dunkel zu erinnern. Danach wird sie die Decke über den Leichnam ausgebreitet haben. Genau weiß sie es nicht. Die Schnur jedenfalls wird trotz gründlicher Suche in der Wohnung und in den Müllcontainern vor dem Haus von den Kriminalisten später nicht gefunden.

Die nächsten Stunden verbringt die Frau wie in Trance. Sie setzt sich an den Wohnzimmertisch und schreibt zwei Briefe. Der erste ist an die Jugendfürsorge der Stadt gerichtet. Darin teilt sie mit, dass das Sorgerecht für das Enkelkind Riccarda von ihr nicht mehr beansprucht wird, weil sie einen Mord begangen habe. Der zweite Brief ist an Tochter Cordula adressiert: »Ich habe Deinen Vater umgebracht. Er wollte nicht, dass Riccarda wieder nach Hause kommt«, schreibt sie. In einer Art Testament vererbt sie der Tochter die Wohnung, an der sie Anteile bei der Arbeiterwohnungsbaugenossenschaft besitzt. »Gehe mit allem gut um und suche dir einen anständigen Mann, dann weiß ich, für was ich es getan habe. Vergiss mich nicht, ich musste so handeln, damit ich endlich Ruhe habe. Lebewohl und verzeih mir. Deine todunglückliche Mutter«, heißt es in dem Brief weiter. Maria läuft zum Briefkasten am Ende der Straße, steckt die Post hinein und kehrt in die Wohnung zurück. Dort packt sie ein paar Sachen zusammen, die sie mitnehmen will, wenn die Polizei kommt und sie verhaftet. Dann nimmt die Frau im Sessel am Couchtisch Platz und leert die Flasche Schnaps vom Vortage bis zum letzten Tropfen. Sie betrinkt sich, um zu vergessen, was sie getan hat.

Am folgenden Tag, es ist der Freitagvormittag, kommt ihr Sohn Frank-Michael vorbei. Er will sich erkundigen, warum sein Stiefvater tags zuvor ohne Entschuldigung nicht zur Spätschicht gekommen ist. Auf den ersten Blick erkennt er, dass die Mutter erheblich betrunken und total verstört ist. »Vater wird nie wieder auf Arbeit gehen«, nuschelt sie hervor. Frank-Michael geht ins Wohnzimmer und sieht die zugedeckte Gestalt auf dem Sofa. Nackte Füße, die ganz blau aussehen, schauen unter der Molly-Decke hervor. Er hebt die Decke hoch, spricht den Stiefvater an: »He, was hast du, was ist mit dir los?« Der reagiert nicht, liegt bewegungslos da, rührt sich auch nicht, als er angestoßen wird. Frank-Michael rennt aus der Wohnung und ruft von einer Telefonzelle aus den diensthabenden Offizier des Volkspolizei-Kreisamtes in Cottbus an: »Schicken Sie sofort einen Funkstreifenwagen in die … Meine Mutter hat meinen Vater umgebracht. Er liegt tot auf der Couch, so tot, wie ein Indianer nur sein kann. Er hat keinen eingeschlagenen Kopf, aber blaue Flecken am Hals und im Gesicht«.

Als die Polizei kurze Zeit später mit dem Sohn die Wohnung im ersten Stock betritt, harrt Maria Mießner im Sessel der Dinge, die da kommen. Auf den ersten Blick fällt den Polizisten beim Betreten der Wohnung ein Regal über der Schlafzimmertür auf. Darauf sind Bierdosen gestapelt, die bei Biertrinkern beliebte Sammelobjekte sind, weil es die im Westen gibt und in der DDR nur in Intershop-Läden. Das Wohnzimmer hat die Standardeinrichtung der typisierten Plattenbauten: Schrankwand vom Typ Leipzig IV-1, darin der Fernsehapparat. Gegenüber stehen die ausklappbare Couch, davor ein Tisch und zwei Sessel. Auf den Nachttischen im Schlafzimmer befinden sich Limonaden- und Bierflaschen, ein Flaschenöffner, Zigaretten der Marke F6, Streichhölzer und ein gefüllter Aschenbecher. Die Doppelbettseite rechts ist unberührt, die linke hingegen zerwühlt. Im Schrank im Flur stehen Reinigungsgeräte und vor allem jede Menge leere Schnapsflaschen. Darüber in den Fächern liegt allerlei Kram, der im Haushalt benötigt wird, darunter eine Rolle Paketschnur.

Nachdem ein Arzt den »unnatürlichen Tod« des spärlich bekleideten Mannes auf der Couch festgestellt hat, werden der Leichnam zur Obduktion in die Medizinische Akademie nach Dresden und die mutmaßliche Täterin Maria Mießner zum VPKA gebracht. Kriminaltechniker der Morduntersuchungskommission sichern die Spuren in der Wohnung und versiegeln sie nach Erledigung dieses wichtigen Teils der Aufklärungsarbeit. Am Mittag, kurz nach 13 Uhr, beginnt bei der MUK die Vernehmung der Beschuldigten. In der Befragung, die drei Stunden dauert, gesteht Maria Mießner ohne Ausflüchte in allen Einzelheiten und soweit sie sich erinnern kann, wie sie ihren Ex-Mann getötet hat. Auf die Frage, wie sie sich fühlt, antwortet sie den Vernehmern: »Saugemein, weil ich getan habe, was ich nie im Leben getan hätte. Ich konnte nicht mehr. Er hat mich so beleidigt an diesem Abend. Ich hatte es satt, ich war für ihn immer nur der letzte Dreck.«

Maria hat nach eigenen Aussagen ihren Lebenspartner getötet. Doch war sie am Tatabend auch in der Lage, ihr Handeln zu steuern und die volle Tragweite zu erkennen? In der Medizinischen Akademie »Carl Gustav Carus« in Dresden wird die Beschuldigte von Prof. Dr. Ehrig Lange untersucht. Auf seine Frage, warum sie dem Mann trotz aller Erniedrigungen und Repressalien immer wieder die Treue gehalten habe, gibt sie nur eine Begründung: »Wenn er nicht getrunken hat, war er ein sehr angenehmer Partner. Ich habe ihn trotz allem geliebt.« Zur Schuld- und Steuerungsfähigkeit wird festgestellt:

Die Beschuldigte hat weder in krankhafter Störung der Geistestätigkeit noch im Zustand einer krankhaften Bewusstseinsstörung gehandelt, wohl aber in angespannter emotionaler Spannung als auch in alkoholisch gelockerter bis beeinträchtigter

Bewusstseinsstabilität. Eine krankheitswertige abnorme Entwicklung der Persönlichkeit ist nicht zu belegen.

Damit ist zunächst unter forensisch-psychiatrischen Aspekten auszusagen, dass tatbezogen keine Zumessung aufgehobener oder verminderter Zurechnungsfähigkeit festzustellen ist. Was die alkoholische Handlungsbeeinflussung betrifft, so ist ebenfalls als sicher auszusagen, dass sich weder für einen pathologischen noch für einen pathologisch gefärbten Alkoholrausch eine Begründung ergibt.«

Unter diesem Gesichtspunkt klagt die Staatsanwaltschaft Maria Mießner wegen Mordes an. Eine Affekthandlung wird ausgeschlossen, weil zwischen den Beschimpfungen und der Tatausführung mindestens zweieinhalb Stunden vergangen waren. Sie habe nicht spontan gehandelt, sondern die Tat nach dem einmal gefassten Entschluss planmäßig und zielstrebig umgesetzt. Am 15. August 1989 verurteilt das Bezirksgericht Cottbus die Angeklagte wegen Mordes gemäß dem Antrag des Staatsanwaltes zu zwölf Jahren Gefängnis. Der Auffassung der Verteidigung, dass Maria Mießner im Affekt, also im Zustand hochgradiger Erregung, gehandelt hat, widerspricht der erste Strafsenat. Die Angeklagte habe als Hauptmotiv für die Tötung ihres geschiedenen Mannes angegeben, dass dieser ihr den Erhalt des Sorgerechts für die Enkeltochter unmöglich machen wollte, heißt es in der Urteilsbegründung. Seine Auffassung habe ihr das Opfer zuvor bereits mehrfach mitgeteilt und dafür zum Teil auch vernünftige Gründe angeführt wie ihr Alter, die falsche Wirkung auf die Tochter, wenn sie ihr die Pflichten dem Kind gegenüber abnimmt oder auch das Trinken von Alkohol in der Wohnung. Die Angeklagte konnte deshalb nicht in eine plötzliche psychische Ausnahme- und Zwangssituation geraten sein, zumal die Tötung des Geschädigten ihre Interessenlage diesbezüglich nicht besserte, sondern den gestellten

Antrag endgültig zunichte machte, so die Richter. Also konnte die Tötung nicht eine »Befreiung«, sondern nur eine nicht zu billigende Vergeltung darstellen.

Bei der Strafzumessung berücksichtigt das Gericht dennoch strafmildernde Umstände wie die Beschimpfungen, Bedrohungen und Misshandlungen durch das Opfer, ihre einwandfreien Arbeitsleistungen im Betrieb und das Mitwirken an der Aufklärung des Verbrechens. Mit der Strafe von zwölf Jahren Freiheitsentzug bewegen sich die Richter an der unteren Grenze der Vorgabe des Strafgesetzbuches der DDR, das für die vorsätzliche Tötung eines Menschen eine Freiheitsstrafe nicht unter zehn Jahren bis zu lebenslänglich festlegt.

Im Oktober des gleichen Jahres bestätigt das Oberste Gericht der DDR das Urteil für das tödliche Ende der von Hassliebe geprägten Beziehung von Maria und Eberhard Mießner. Im Zuge eines Gnadenerlasses durch den Minister der Justiz des Landes Brandenburg wird die Strafe später auf acht Jahre herabgesetzt. Im Juni 1994 verfügt das Landgericht Cottbus die Aussetzung der Haft und legt die Bewährungszeit auf vier Jahre fest. Einen Monat später kann Maria Mießner das Gefängnis verlassen. Im Jahre 1999 verstirbt sie im Alter von sechsundsechzig Jahren.

Verhängnisvolle Begegnung

Michaela Moritz will schnell nach Hause. Es ist winterlich kalt Anfang Februar 1976. Außerdem wird es kurz vor achtzehn Uhr bereits dunkel. Das neunjährige Mädchen tritt in die Pedalen, um den Weg durch den Wald, der Maukendorf und Knappenrode verbindet, schnell hinter sich zu bringen. Gut eine halbe Stunde ist es her, seit sie von daheim aufgebrochen ist, um im Konsum der Nachbargemeinde Knappenrode Milch zu kaufen. Die Orte liegen an einem See in der Nähe von Hoyerswerda. Früher wurde hier Braunkohle gefördert. Doch inzwischen ist die Grube geflutet, und im Sommer ist viel Betrieb an den Stränden.

Um diese Jahreszeit begegnet man in dieser Gegend kaum Fremden. Angst hat Michaela nicht, schließlich kennt sie diesen Waldweg gut, es ist ihr Schulweg. Es ist auch nicht mehr weit bis nach Hause. In der Ferne sieht sie einen Mann mit einem Fahrrad. Beim Näherkommen bemerkt sie, dass der seinen Drahtesel mitten auf den Weg gelegt hat und ihr damit das Vorbeikommen fast unmöglich macht. Als sie auf gleicher Höhe mit ihm ist, pöbelt er das Kind plötzlich an: »He, willst du mit mir ficken?« Provokativ schiebt er dabei seinen Unterleib vor, wodurch die Wölbung in seiner Hose deutlich hervortritt. »Mach Platz, du Blödmann«, antwortet das Mädchen und weicht ihm ohne anzuhalten aus. Sie kennt ihn flüchtig und nimmt seine Protzerei nicht ernst.

Der Radfahrer folgt dem Mädchen und hat es nach wenigen Metern erreicht. »Halt doch mal an«, ruft er ihr zu. Michaela steigt vom Fahrrad, ohne sich Gedanken zu machen. »Lässt du mich nun ficken«, lässt der Kerl nicht ab von seinem perversen Vorhaben. Nun bekommt es das Kind doch mit der Angst zu tun, will wieder aufsteigen und flüchten. Doch der so viel Stärkere hält ihr Fahrrad am Gepäckträger fest. Michaela läuft in den Wald hinein, nur weg von dem Verrückten, der etwas mit ihr vorhat, das sie nicht begreift und vor dem sie sich fürchtet. Nach wenigen Schritten holt ihr Verfolger sie ein, greift ihren Hals und stellt ihr ein Bein, so dass sie auf den Rücken fällt. Sofort kniet sich der Täter auf ihre Arme. Mit der linken behandschuhten Hand drückt er dem Opfer Mund und Nase zu, mit der rechten würgt er es. Dabei schaut er auf seine Armbanduhr. Es ist 17.38 Uhr. Michaela, ein kleines schmächtiges Mädchen, hat keine Chance. Sie verliert das Bewusstsein. Als sie nicht mehr atmet, kontrolliert der Täter wieder die Zeit. Die Uhr zeigt 17.43 an. Er reißt dem reglosen Mädchen Hose und Schlüpfer herunter, packt sein Glied aus, und versucht, dem Opfer seinen erigierten Penis in die Scheide zu stecken. Das misslingt bei dem kindlichen Geschlecht. Wütend zieht er sich an, ohne sein Ziel, das Mädchen bis zum Samenerguss zu missbrauchen, erreicht zu haben.

Der Mörder schnappt sich mit der linken Hand Michaelas Fahrrad, den leblosen Körper wirft er sich über die rechte Schulter. Er läuft quer durch den Wald zu einem Wassergraben, über den eine Bahnlinie führt. Dort lässt er zunächst das Rad fallen, um das Kind beiseite zu schaffen. Aus Angst, dass die Tote im Rohr, das das Wasser durch den Bahndamm leitet, stecken bleiben könnte, geht er ein Stück über die Gleise und lässt das Bündel auf der anderen Seite von der Schulter die Böschung hinabgleiten, in der Hoffnung, dass es in den Graben rutscht. Doch das Mädchen bleibt am Ufer liegen und er muss nun doch durch den Schnee waten, der an dieser geschützten Stelle liegt, um die Tote zu versenken. Er beobachtet, wie die Leiche abtreibt und untergeht. Mit einem Ast verwischt er die Spuren auf der Böschung.

Der Täter eilt zum Fahrrad des Opfers zurück, an dem eine Einkaufstasche hängt. Er durchsucht sie nach Geld, findet zwei

Mark und steckt sie ein. Das Fahrrad wirft er, wie zuvor das Mädchen, in den Graben. Beim ersten Versuch ragt es noch weit aus dem Wasser. Er holt es heraus und wiederholt den Vorgang. Nun versinkt es vollständig.

Zu Hause in Maukendorf wird Michaelas Vater Werner Moritz unruhig, als seine Tochter um achtzehn Uhr noch nicht zurück ist. Sie sollte doch nur zum Konsum fahren, um Milch zu holen, mehr nicht. Kurz nach sienzehn Uhr hatte er sie losgeschickt. Das Kind ist stolz, dass sie das schon darf und Papa helfen kann. Und der hat keine Bedenken. Immer war auf das Mädchen Verlass gewesen. »Das kann doch nicht so lange dauern«, sagt er sich, als die Zeit verrinnt. Nun macht er sich doch Vorwürfe. »Hoffentlich ist nichts passiert.« Werner Moritz setzt sich ins Auto und trifft wenige Minuten später am Konsum im Nachbarort Knappenrode ein. »Ja, deine Michaela war hier«, bestätigt ihm Verkäuferin Sieglinde Schulze. »Die ist aber gleich wieder weg, so kurz vor drei Viertel sechs«, fügt sie hinzu. Werner Moritz fährt die Strecke ab, die seine Tochter auf dem Heimweg genommen haben muss. Er sieht sie nicht. »Bestimmt ist sie inzwischen zu Hause, hat vielleicht unterwegs eine Freundin getroffen«, versucht sich der Vater zu beruhigen. Doch Michaela ist nicht da. Verzweifelt fährt er erneut nach Knappenrode und wieder zurück, sucht eine Straße nach der anderen ab, doch Michaela ist wie vom Erdboden verschluckt. Um 19.50 Uhr alarmiert Werner Moritz die Polizei. Sofort werden alle Streifen verständigt. Es beginnt die Suche nach der Vermissten. Bei Freundinnen und Verwandten ist Michaela nicht. In Krankenhäusern der Umgebung ist kein unbekanntes Kind eingeliefert worden. Auch von einem Verkehrsunfall ist nichts bekannt. Und sie in der Dunkelheit draußen im Wald zu finden, ist aussichtslos.

Kurz nach siebzehn Uhr ist mit dem Sportunterricht die erste Schulwoche im Februar für die 15-jährigen Harald Kuttzer und Lothar Güttner, Schüler der neunten Klasse der Polytechnischen Oberschule Knappenrode endlich vorbei. Die beiden Jugendlichen beschließen, ihr »Tagwerk« mit einer Zigarette zu beenden. Dass ihnen das Gesetz Rauchen noch nicht gestattet, schert sie nicht. Es passiert ihnen ja nichts, solange sie von Lehrern und Eltern nicht erwischt werden. Harald und Lothar radeln ein Stück in den angrenzenden Wald hinein. Dort fühlen sie sich sicher vor fremden Augen und brennen sich ihre Lunten an. Als die Glimmstengel niedergepafft sind, fahren die Jugendlichen zurück. An der Post verabschieden sie sich voneinander, um nach Hause zu fahren. Harald Kuttzers Weg führt an einem HO-Geschäft vorbei. Nach dem Tabakgenuss steht ihm der Sinn nach Süßem. Er geht in den Laden und kauft sich für eine Mark Pfefferkuchen. Herzhaft beißt er vom Lebkuchengebäck mit dem Schokoladenüberzug ab und bricht dann auf. Auf der Heimfahrt kommt ihm der Gedanke, dass er ja durchaus noch ein paar Züge nehmen könnte. In der Hosentasche stecken eine halbe Zigarre und eine Zigarette, die er vom Vater stibitzt hat.

Auf dem Hauptweg, der durch den Wald zwischen Maukendorf und Knappenrode führt, sieht er Michaela Moritz kommen. Doch die Kleine interessiert den Jungen zunächst nicht. Er biegt rechts in einen Trampelpfad ein, hält an, setzt sich auf die Querstange seines Herrenfahrrades und zündet sich die Zigarre an. Doch schon nach wenigen Zügen kratzt der Rauch unangenehm im Hals. »Das Kraut ist aber scharf«, stellt Harald Kuttzer für sich fest und wirft den Stummel weg. Die Zigarette schmeckt ihm besser. Wie er so dasteht und in den Tag hineinsinnt, schwillt ihm der Penis. Das geht schon den ganzen Tag so, dabei hat er sich heute früh mit der Hand Erleichterung verschafft. Während er raucht, reibt sich Harald Kuttzer zwischen den Beinen. Eine Zigarettenlänge später begibt er sich zum Hauptweg zurück. Auf dem kommt ein Mann mit einem

Motorroller angefahren. Kuttzer lässt ihn vorbei, überquert danach die unbefestigte Waldstraße, wartet und lässt sich ein weiteres Stück Pfefferkuchen schmecken. Minuten später sieht er Michaela Moritz näher kommen. Nur noch wenige Meter trennen das neunjährige Mädchen von dem sexuell erregten, pubertierenden Jüngling. Dann kommt es zu der verhängnisvollen Begegnung. Das furchtbare Geschehen nimmt seinen Lauf.

Während in Maukendorf Werner Moritz voller Unruhe die Straße entlang blickt, auf der seine Tochter vom Einkaufen längst angefahren kommen müsste, dann das Auto aus der Garage holt, zum Konsum nach Maukendorf fährt und später die Vermisstenanzeige bei der Polizei aufgibt, sitzt Harald seelenruhig daheim im Wohnzimmer. Er lässt sich das Abendbrot schmecken, verfolgt im Fernsehen die »Aktuelle Kamera« und guckt danach den Freitagsfilm. Gegen 21.30 Uhr geht er ins Bett, das wegen der beengten Wohnverhältnisse im Elternschlafzimmer steht. Er denkt nicht nach über das, was er Stunden zuvor Michaela angetan hat.

An den folgenden drei Tagen verfolgt Harald nahezu amüsiert die aufwendige Suche nach der vermissten Michaela Moritz. Mit Lautsprecherwagen bittet die Polizei die Bevölkerung um Mithilfe. Sie selbst durchstreift mit einem Großaufgebot die Wälder rings um den See. »Mann, sind das eine Menge Polizisten, und der ganze Aufwand nur wegen eines kleinen Mordes«, denkt er. Nur eine Sorge treibt ihn um: »Habe ich auch keine Spuren hinterlassen?«

Zwei Tage später wird Michaelas Fahrrad aus dem Wassergraben gezogen. Der Beutel mit dem Einkauf hängt noch am Lenker. Die Hoffnung, das Mädchen lebend zu finden, ist nur noch gering. Kurze Zeit später wird der halb entkleidete

Leichnam des Kindes geborgen. Spezialisten fotografieren den Fundort des Fahrrades und der Leiche. Ein Gerichtsmediziner nimmt das tote Kind vor Ort in Augenschein. Danach kommen die Leichenbestatter und transportieren die Tote nach Dresden in die dortige Medizinische Akademie, wo sie Rechtsmediziner obduzieren. Die Ärzte diagnostizieren nach der Leichenschau ein sogenanntes verkürztes Ertrinken als Todesursache. In der Lunge haben sie Wasser und Speisebrei gefunden. Michaela hat noch gelebt und muss erbrochen haben, bevor der Täter sie in den Wassergraben warf. Hautunterblutungen und Hämatome am Hals, den Oberarmen und an den Oberschenkeln sind Zeugnisse der Gewalt, der das Kind ausgesetzt war.

Parallel zur Suche nach Michaela Moritz ermittelt die Kripo in den Anrainergemeinden des Sees, vor allem natürlich in Knappenrode und Maukendorf. Sie macht die Zeugen ausfindig, die das Mädchen zuletzt gesprochen und möglicherweise den Täter gesehen haben. Der entscheidende Hinweis kommt vom Fahrer des Motorrollers, der Harald Kuttzer zur mutmaßlichen Tatzeit in der Nähe des Tatortes beobachtet hat. Akribisch wird die Umgebung abgesucht. Auf dem Trampelpfad abseits des Hauptweges sichern die Kriminaltechniker die Reste einer Zigarre und einer Zigarette. An ihnen werden später im Kriminaltechnischen Institut der Deutschen Volkspolizei in Berlin Spuren nachgewiesen, die eindeutig von Harald Kuttzer stammen. Vier Tage nach dem Tötungsverbrechen an Michaela verhaftet die Polizei den 15-Jährigen. Bei der Hausdurchsuchung wird die Bekleidung sichergestellt, die er am Tattag getragen hat. Darauf sichern die Kriminaltechniker Faserspuren, die zu Kleidungsstücken von Michaela passen. Unter den Fingernägeln des Verdächtigen werden Reste von Schmutz herausgekratzt und im Labor unter die Lupe genommen. Die Erdspuren und Rauchpartikel könnten vom Tatort stammen. Die Mordermittler sind sich sicher, dass Harald Kuttzer derjenige ist, der Michaela Moritz vergewaltigt und getötet hat. Einen Tag nach der Festnahme bestätigt das Kreisgericht Hoyerswerda den Haftbefehl, den die Staatsanwaltschaft des Bezirkes Cottbus beantragt hat. Harald Kuttzer wird in Untersuchungshaft genommen und gesteht den Mord. Er berichtet den Kriminalisten ohne sichtbare Reaktionen oder Schuldgefühle, was sich am 6. Februar 1976 in der halben Stunde zwischen 17.30 Uhr und 18 Uhr ereignet hat. Später schreibt er detailgetreu den Tathergang auf.

In den Vernehmungen und später bei der nervenärztlichen Untersuchung in der Charité der Humboldt-Universität Berlin wird die seelische Kälte des heranwachsenden jungen Mannes auf erschreckende Weise deutlich. Auszüge aus einer Befragung in der Charité zur Tat belegen das:

Frage: »Warum hast du auf sie gewartet?«

Antwort: »*Weil ich mich befriedigen wollte.*«

Frage: »Und wie sollte das sein?«

Antwort: »*Ich wollte mein Glied bei ihr reinstecken.*«

Frage: »Dachtest du, die Michaela ist damit einverstanden?«

Antwort: »*Ja.*«

Frage: »Warum bei einem so kleinen Mädchen?«

Antwort: »*Weiß ich auch nicht. Vor Maukendorf habe ich gesagt, sie soll mal anhalten. Ich habe mein Fahrrad auf die Seite gelegt und gefragt, ob sie mit mir ficken will.*«

Frage: »Und, was hat sie gesagt?«

Antwort: »*Sie wollte fahren, und da habe ich das Fahrrad festgehalten und dann ist sie in den Wald reingerannt und ich bin nach. Und dann habe ich sie umgebracht und wollte dann den Geschlechtsverkehr, aber das hat nicht geklappt.*«

Frage: »Warum hast du sie gewürgt?«

Antwort: »*Ich wollte, dass es nicht rauskommt.*«

Frage: »Was sollte nicht rauskommen?«

Antwort: »*Dass ich mit ihr gevögelt habe.*«

Frage: »Hast du sie gewürgt, damit sie still ist und du sie vögeln kannst, oder gewürgt, damit sie gleich tot ist und du dann mit ihr vögeln kannst?«

Antwort: *»Ich wollte, dass sie ruhig bleibt, und dann wollte ich mit ihr vögeln.«*

Frage: »Dann hätte sie dich doch angezeigt?«

Antwort: *»Ich wollte sie danach umbringen.«*

Frage: »Du wolltest zuerst nur, dass sie ruhig ist?«

Antwort: *»Ja.«*

Frage: »Und dann umbringen?«

Antwort: *»Ich wollte sie erst erstechen, aber ich hatte ja kein Messer, und da wollte ich sie dann erwürgen.«*

Frage: »Du wolltest sie von vornherein eigentlich tot machen, damit sie dich nicht verrät?«

Antwort: *»Ja.«*

Rein biologisch gesehen, ist Harald längst ein Mann. In seinem Sozialverhalten aber ist er weit zurückgeblieben. Der 15-Jährige ist das älteste von vier Kindern. Seine drei Schwestern sind zur Tatzeit dreizehn, zehn und sechs Jahre alt. Die Eltern sind beide berufstätig, arbeiten im örtlichen Braunkohlebetrieb. Mutter Margott geht in ihrem Beruf als Expedientin auf, Vater Heinz ist als Heizer beschäftigt. Die Eltern arbeiten wechselseitig dreischichtig, was der gemeinsamen Erziehung der Kinder nicht förderlich ist. Insgesamt aber funktioniert die Ehe selbst in der Enge der kleinen Wohnung, die es mit sich bringt, dass der 15-jährige Harald im Zimmer der Eltern schläft.

Harald fühlt sich früh allein gelassen. Er hat das Gefühl, dass er mehr im Haushalt helfen muss als die Mädchen: Kohle und Holz holen, heizen, Asche rausbringen, die Kaninchen füttern. Mit den Schwestern gibt es häufig Streit, dann kann er seinen Jähzorn kaum bändigen. Er beißt sich in seiner unbändigen Wut selbst schmerzhaft in die Hand, ritzt sich mit Glasscherben die Handgelenke in der Nähe der Pulsadern auf, drückt sich selbst die Luft ab, bis ihm schwindelig wird. Die Mutter merkt nichts davon, und der Vater ist schnell mit Prügel bei der Hand, wenn der Sohn nicht spurt. In solchen Momenten will der Junge am liebsten von zu Hause abhauen, sich im Wald eine Hütte bauen und sich dorthin zurückziehen. Die innigsten Beziehungen hat er zur Oma, die gleichfalls auf dem Grundstück wohnt und den Jungen in den ersten Lebensjahren betreut, ihn erzieht, dem Enkel aber auch manches im Verhalten nachsieht.

Als Harald in den Kindergarten kommt, kann er schlechter sprechen als Gleichaltrige. Er wird gehänselt, zieht sich zurück und spielt viel allein. Passt ihm etwas nicht, rastet der Junge aus, schmeißt mit Stühlen und prügelt sich mit den Kindern seiner Gruppe.

In der Schule ändert sich in den folgenden Jahren am Verhalten des Jungen nichts. Auch mit den Leistungen hinkt er hinterher. Die Drei ist für ihn eine gute Note, Vieren und sogar Fünfen überwiegen im Klassenbuch. Jahr für Jahr schrammt er nur knapp am Sitzenbleiben vorbei. Harald ist nach Einschätzung der Lehrer der leistungsschwächste Schüler der Klasse, der kaum Erfolgserlebnisse hat. Die Klassenkameraden meiden ihn, weil er schmuddelig aussieht, unangenehm riecht, an den Fingernägeln knabbert, schnell reizbar ist und sich bei jeder Gelegenheit prügelt.

Seit dem sechsten Lebensjahr raucht der Junge. Zigaretten besorgt er sich beim Vater und Opa, kauft billige Sorten wie Karo und Salem in HO und Konsum oder klaut sie einfach aus den Geschäften. Keiner der Erwachsenen scheint die Nikotinsucht zu bemerken oder nimmt erzieherisch Einfluss darauf. Als eine Schwester beim großen Bruder Zigaretten findet und ihn beim Vater verpetzt, setzt es für den Jungen eine Tracht Prügel. Hin und wieder hat er einen Kumpel, einen richtigen Freund aber hat er nie.

In der Sportgemeinschaft Dynamo nimmt Harald regelmäßig am Schießtraining teil. Hier erzielt er Erfolge, ist kameradschaftlich und hilfsbereit. Er genießt Anerkennung, die ihm sonst versagt ist und die er auf andere Art zu erlangen versucht. So kauft er für die Jungs in seiner Klasse Pariser. Die schämen sich zwar, die Kondome in der Drogerie selbst zu verlangen, haben dann aber den Mut, diese vor den Mädchen aufzublasen oder mit Wasser zu füllen. Seine »Dienstleistung« lässt sich Harald allerdings mit Trinkgeld belohnen, was unter wirklichen Freunden in diesem Alter und bei dem wenigen Geld, das sie in der Tasche haben, eher unüblich ist.

Für die damalige Zeit schon recht zeitig, reift das Kind zum Manne. Mit zwölf, dreizehn Jahren sprießen die ersten Haare auf der Scham, nachts kommt es zum Samenerguss. Er spürt im Schlaf den Drang nach Entleerung, möchte ihm widerstehen und kann den Ausfluss doch nicht verhindern. Früh nach dem Aufwachen schämt er sich, weil er glaubt, dass er eingenässt hat. Das Thema Sex ist in der Familie tabu, dafür ist die Schule zuständig. Die beschränkt sich im Biologieunterricht in den wenigen Stunden Sexualkunde, die der Lehrplan enthält, auf die inneren und äußeren Geschlechtsorgane von Frauen und Männern und wie aus Samen und Eizelle ein Kind entsteht. Als ihn die Mutter einmal morgens im Bett beim Onanieren überrascht, schimpft sie nur: »Lass das. Das macht man nicht.« Der Junge versteht die Schelte nicht, denn er weiß, dass sich auch die anderen Jungs in der Klasse und in der Sportgemeinschaft »einen runter holen«. Die Pornobilder, die heimlich getauscht werden unter den Schülern und von denen die Polizei bei der Hausdurchsuchung bei Harald einige sicherstellt, vermitteln dem Heranwachsenden nichts über die wirkliche Liebe zwischen Mann und Frau, sondern stellen sie nur als triebhaften Sex dar. Dass sich dabei der Mann nimmt, was ihm sein Verlangen diktiert, ist für den Heranwachsenden die Erkenntnis.

Wie verkümmert die sexuellen Ansichten sind, dass Aufklärung nicht stattgefunden hat, beweist ein Gespräch mit dem Jungen zu diesem Thema während der psychologischen Untersuchung:

Frage: »Wenn du onanierst, stellst du dir da was vor?«

Antwort: *»Na ja, ein paar Weiber und so, von unserer Klasse.«*

Frage: »Und, was hast du dir vorgestellt?«

Antwort: *»Wie sie mit mir vögeln.«*

Frage: »Was ist dir lieber, wer anfängt?«

Antwort: *»Wenn sie anfängt.«*

Frage: »Und wie stellst du dir das am schönsten vor?«

Antwort: *»So genau habe ich mir das nicht vorgestellt.«*

Frage: »Wie hast du dir den Ablauf vorgestellt?«

Antwort: *»Na, man zieht sich aus und dann den Geschlechts-verkehr. Glied in die Scheide einführen und dann Samenerguss. Wie lange das dauert bis zum Samenerguss, weiß ich nicht.«*

Frage: »Was macht man noch?«

Antwort: *»Das weiß ich nicht.«*

Frage: »Liegt er auf ihr oder umgekehrt?«

Antwort: *»Das weiß ich nicht.«*

Frage: »Hast du kein Bild vor Augen?«

Antwort: *»Ich dachte, einfach rinn und dann Samenerguss.«*

Frage: »Und wie sollte das mit Michaela sein?«

Antwort: *»Na, auch bloß reinstecken.«*

Er weiß kaum etwas von den Vorgängen, die beim Akt zwischen Frau und Mann vor sich gehen, obwohl das in dieser Altersgruppe allgemein bekannt ist. Er ist noch nicht auf einen Typ Mädchen festgelegt, will eher Blond- als Schwarzhaarige. Die Größe der Brust ist ihm egal, nur die Beine dürfen nicht so dünn sein. Sechs bis sieben Freundinnen will er schon gehabt haben, doch angefasst oder geküsst hat er keines der Mädchen.

Geschlechtsverkehr ist ihm praktisch noch fremd. Anzeichen für pädophile Neigungen oder gar sexuelle Gewaltfantasien schließen Psychiater bei ihm aus. Michaela ist ihm über den Weg gelaufen, als er sexuell erregt war, und Harald hat sie sich genommen, um sich zu befriedigen und sie zur Verdeckung der Tat getötet.

Bei allen Entwicklungsdefiziten, die Harald ohne Zweifel hat, stellen die Gutachter in der Berliner Charité am Ende der nervenärztlichen Untersuchungen fest, dass er zum Tatzeitpunkt voll schuldfähig war.

Die Staatsanwaltschaft Cottbus klagt Harald Kuttzer im Juli 1976 an, »die sexuelle Unantastbarkeit eines Kindes verletzt und einen Menschen getötet zu haben«. In der Anklageschrift heißt es:

Der Beschuldigte hat eines der verabscheuungswürdigsten Verbrechen begangen. Er hat sich skrupellos zur Befriedigung persönlicher Begierden über alle Normen des Zusammenlebens und des Schutzes unserer Kinder hinweggesetzt und zur Vertuschung eines Sexualverbrechens ein weiteres – noch schwereres – Verbrechen begangen.«

Einen Monat später findet der Prozess vor dem Bezirksgericht statt. Der erste Strafsenat folgt nach einer zweitägigen Beweisaufnahme der Auffassung der Anklagebehörde und verurteilt Harald Kuttzer wegen Mordes und Vergewaltigung zu fünfzehn Jahren Gefängnis. Es ist nach dem Strafgesetzbuch der DDR die höchstmögliche zeitliche Freiheitsstrafe. Sein kaltblütiges und berechnendes Vorgehen während des gesamten Handlungsablaufs lassen nur dieses harte Urteil zu, so die Richter.

Leid schweißt nicht immer zusammen.

Dreiunddreißig Jahre nach dem schrecklichen Mord an Michaela Moritz. Die Sonne lacht an diesem Wochenende im Frühherbst 2009. Wir sitzen im Garten der Familie Moritz in Mauckendorf, um darüber zu sprechen, welche Spuren der Tod von Michaela in ihrem Leben hinterlassen hat. Es gibt Kaffee und Pflaumenkuchen. Es ist alles so normal an diesem Samstagnachmittag, doch die Normalität ist zerbrechlich, auch jetzt noch, über drei Jahrzehnte nach dem Trauma im Februar 1976.

»Leid schweißt nicht immer zusammen«, sagt Gerda Moritz leise und sachlich. Die Erinnerung steigt wieder hoch an die Zeit, als der Tod der Tochter Gewissheit ist und doch unbegreifbar bleibt. »Wir haben mit meinem Mann nie darüber gesprochen«, sagt Gerda Moritz und fügt hinzu: »Wir haben beide gelitten wie die Hunde und lange gebraucht, um wieder zueinander zu finden.«

Gerda und Werner Moritz mussten bleiben, obwohl sie gern davongelaufen wären angesichts des Unfassbaren, das doch täglich so fassbar war. Der Weg durch den Wald, den die neunjährige Michaela gefahren ist, um etwas Milch aus dem Konsum in Knappenrode zu holen, beginnt vor dem Grundstück der Familie Moritz, und das ist Familienbesitz seit Generationen. Die Stelle an der Bahnlinie und dem Wassergraben, wo der Leichnam der Tochter gefunden wurde, ist nur einen Steinwurf vom Haus entfernt. Und trotzdem musste Michaela sterben. »Wenn sie geschrien hätte, ich hätte es doch gehört«, ist Werner Moritz noch heute überzeugt. In dem Satz schwingt die Ohnmacht mit, sein Kind so nah am sicheren Zuhause nicht gerettet haben zu können.

Das Ehepaar hat lange überlegt, bevor es sich zu diesem Gespräch durchgerungen hat. Es befürchtet, dass all der Schmerz, der im Innersten begraben ist, wieder auf brechen könnte. Nicht zu Unrecht. Doch er ist beherrschbar, jetzt, nach der langen Zeit, die verstrichen ist. Der Sohn hat geheiratet, und die Enkelkinder machen Oma und Opa stolz, selbst wenn die Enkeltochter mit ihren vierzehn Jahren »manchmal eine richtige Zicke ist«, wie Gerda Moritz eher liebevoll als tadelnd sagt. Diese Phase des Hinüberwachsens vom Kind zum Teenager – bei Michaela konnte sie diesen Lebensabschnitt nicht begleiten.

Das Ehepaar Moritz verspürte Hass auf den Täter und hatte Rachegelüste. Beides ist überwunden, obwohl er sie nie um Verzeihung gebeten hat für das, was vielleicht auch nie zu vergeben ist. Er hat es nicht einmal versucht.

Was an den Eltern von Michaela nagt, auch heute noch, ist die Ungewissheit darüber, was genau mit ihrer Michaela in dem Wald vor ihrer Haustür geschehen und was in dem Kopf des Täters vor sich gegangen ist. Darüber hat niemand mit ihnen gesprochen, auch nicht nach Abschluss des Gerichtsverfahrens. Werner Moritz hat ein paar Blätter Papier herausgesucht. Darunter ist eine Benachrichtigung des Bezirksgerichtes Cottbus darüber, wann der Prozess stattfinden wird, und eine Mitteilung über die Gewährung von Schadenersatz für Trauerkleidung und Grabstätte der Tochter. »Viertausend Mark, damit war das Leben unserer Tochter abgegolten«, sagt er. »Doch das Geld war uns sowieso nicht wichtig, denn für das Leben von Michaela konnte es keine Entschädigung geben.« Und da ist noch eine Ablichtung aus der Ortschronik mit ein paar Zeilen über den Mord an Michaela Moritz. Ein dunkler Schatten sei auf die Schule gefallen, hat der Chronist dazu aufgeschrieben. Dass die Schule in ein schlechtes Licht geraten könnte, sei damals wirklich die größte Sorge der Schulleitung gewesen, ärgert sich Gerda Moritz noch immer. Die Klassenlehrerin habe Anteil genommen, sonst keiner von der Schule.

Gerda und Werner Moritz mussten schmerzhaft erfahren, dass ihre Mitmenschen nicht wussten, wie sie sich gegenüber den Hinterbliebenen eines Mordopfers verhalten sollten. »Auf dem Friedhof haben die Leute einen Bogen um uns gemacht«, beschreibt Gerda Moritz die Furcht der Mitbewohner vor zu großer Nähe, ihre Angst, neugierig zu wirken oder Schmerz und Leid noch zu vertiefen. Sie selbst haben sich in dieser Zeit auch nicht unter die Leute getraut. Zur Arbeit in die Brikettfabrik Knappenrode wollte sie nicht mehr gehen und in die Betriebskantine zum Mittagessen schon gleich gar nicht, erzählt Gerda Moritz. Zum Glück hat wenigstens ihr Kollektiv sich um sie gekümmert und sie aus der Isolation geholt. »Mein Mann und ich, wir haben nichts mehr gefühlt, waren wie ausgebrannt, haben nur noch funktioniert«, beschreibt die Mutter von Michaela diese Zeit des stumpfen Dahinlebens und der nächtlichen Alpträume vom Tod ihrer Tochter, die beim Auf wachen zur brutalen Realität wurden. Zum Glück gab es den damals siebenjährigen Sohn, der seine Eltern brauchte und sie forderte und sie damit ins Leben zurückführte. Sie wissen nicht, ob ohne diese Verantwortung für den Jungen nicht ihre Ehe und darüber hinaus jeder für sich am Tod der Tochter zerbrochen wäre. Aus dem eigenen Erleben raten Gerda und Werner Moritz Hinterbliebenen von Gewaltopfern, mit Menschen ihres Vertrauens zu sprechen, um zu begreifen und zu verarbeiten, was geschehen ist.

Das Grab von Michaela Moritz gibt es nicht mehr. Die Liegezeit ist abgelaufen. Fotos der Tochter stehen nicht in der Vitrine und hängen nicht an den Wänden. Unerträglich wäre die tägliche Erinnerung. Die Bilder sind auf bewahrt in Alben und im Herzen. Die seelischen Wunden, die der Mörder den Eltern zugefügt hat, sind verheilt. Doch Narben sind geblieben.

Am Tag, als Michaela unterwegs war, um Milch im Konsum zu holen, hatte der Vater die Zeit genutzt, eine Flugente für den

Sonntagsbraten zu schlachten. Michaela kam nicht mehr zurück. Seither hat Werner Moritz nie wieder ein Tier geschlach-
tet, bevor nicht alle aus der Familie vollzählig daheim waren.
Und das wird auch in Zukunft so sein.

Der Tote in der Wäschetruhe

Es ist einer jener Tage im September 1984, wie es sie im her-
anbrechenden Herbst öfter gibt in dieser Gegend. Ein Tag, der
auf den Gemütern der Menschen in der Industriestadt Lauchhammer schwer lastet. Die Sonne hatte es schwer, den Vorhang
aus aufsteigender Feuchtigkeit und rußgeschwängerten Rauch-
schwaden der Kohlefabriken zu durchdringen. Es bricht bereits
die Dunkelheit heran, dabei ist es nie richtig hell geworden.

Im Polizeirevier in Lauchhammer Mitte – die Stadt teilt sich
in Nord, Süd, Ost, West und eben in Mitte, was so viel wie Zentrum bedeuten soll – geht der Dienstalltag seinen gewohnten
Gang. Den Streifenpolizisten ist ebenso wenig Aufregendes
begegnet wie den Wachhabenden im Revier. Die Menschen
hasten durch die Straßen. Die glücklichen Besitzer der heiß-
begehrten Kleingärten, von denen es auch in Lauchhammer
viel zu wenige gibt, nehmen Kurs auf ihre Datschen an den
Rändern des Städtchens. Mütter holen nach der Arbeit in der
Kokerei, der Brikettfabrik oder dem Synthesewerk im benachbarten Schwarzheide ihren Nachwuchs aus Krippen und Kin-
dergärten ab, reihen sich ein in die Schlangen in der Kaufhalle,
schleppen das Erstandene in Stoffbeuteln und Einkaufsnetzen
nach Hause. Hausaufgaben kontrollieren, Abendbrot bereiten,
nach dem Sandmann die Kinder ins Bett bringen, dann end-

lich Erholung vor dem Fernsehapparat. Die Wahl fällt leicht zwischen dem ersten und zweiten Programm des DDR-Fernsehens. Glücklich ist, wer der Flimmerkiste den einen oder anderen Westsender entlocken kann.

Dieser scheinbar belanglose 21. September 1984 ist dennoch einer, der später noch für viel Gesprächsstoff sorgen wird. Am frühen Abend, die »Aktuelle Kamera« bringt gerade das Interessanteste der halbstündigen Sendung, die Wetteraussichten, klingelt Beate Bauer die Polizisten in der Wache aus dem Dienst einerlei heraus. Die junge, schwarzhaarige Frau Anfang zwanzig wird von einem älteren Ehepaar begleitet. Es sind ihre Schwiegereltern. Die drei sind aufgeregt.

Frank, der Ehemann und Sohn, ist verschwunden, erzählt Beate Bauer. Gegen vier Uhr morgens habe ihr neun Monate altes Baby nach dem Fläschchen verlangt. Verwundert habe sie bemerkt, dass der Platz neben ihr im Ehebett verlassen war. Frank sei schon die ganze Nacht unruhig gewesen. Sogar fantasiert habe er im Schlaf, erzählt sie aufgeregt. Gegen zwei Uhr sei sie von den Gesprächsfetzen ihres Mannes munter geworden, sagt sie dem Polizisten, der die Vermisstenanzeige aufnimmt. Niemand habe ihn seitdem gesehen.

Den ganzen trüben Tag lang hat Beate versucht, eine Spur ihres Mannes zu finden. Zunächst ist sie nicht sonderlich beunruhigt. Frank arbeitet viel, um Geld zu verdienen; für die moderne Schrankwand, den Farbfernseher, die Stereoanlage, den Waschautomaten. All das ist knapp in der sozialistischen Planwirtschaft der DDR. Und es ist teuer. Ohne große Sorgen bringt die junge Frau früh um halb sieben die gemeinsame Tochter Sybille mit dem Bus in die Kinderkrippe nach Schwarzheide. Wieder zu Hause eingetroffen, räumt sie auf, meldet sich telefonisch in der Poliklinik zur Behandlung an. Auf dem Heimweg erledigt die junge Frau ein paar Einkäufe.

Es ist zehn Uhr, als sie im Treppenhaus auf dem Weg zur Wohnung ihre Nachbarin, Christa Müller, trifft. »Hast du meinen Mann gesehen?«, fragt sie. Diese schüttelt den Kopf. Auch die Martins, ein älteres Ehepaar, das ebenfalls in dem Haus wohnt, und dem sie später begegnet, haben Frank nicht gesehen. Am späten Mittag schließlich ruft Beate im Betrieb ihres Mannes an. Der sonst so pünktliche Frank Bauer ist nicht zur Arbeit erschienen. Meister Kleemann fährt sofort zu den Bauers. Beate erzählt dem Chef ihres Mannes, dass Frank noch vor vier Uhr morgens das Haus verlassen haben muss. Sie beschreibt ihm, später auch der Polizei und ihren Eltern in Schwarzbach, Franks Bekleidung: den kurzen, weiß-blau gestreiften Schlafanzug muss er angelassen, den blauen Rollkragenpullover und die gleichfarbene Arbeitslatzhose gleich drübergezogen haben. Auch die schwarzen Freizeitschuhe, die er immer zur Arbeit trägt, fehlen.

Die Suche beginnt. Streifenpolizisten haben Fotos von dem Vermissten in ihren Kartentaschen, die zu ihrer Ausrüstung gehört. In den Krankenhäusern der Umgebung wird nachgeforscht, ob ein Mann eingeliefert wurde, auf den die Beschreibung von Frank Bauer zutreffen könnte. Gaststätten werden aufgesucht, Verwandte, Bekannte, Freunde befragt. Niemand hat Frank Bauer gesehen. Er ist wie vom Erdboden verschluckt.

Sechs Tage später. Der September geht zu Ende. Die Kleingärtner und Datschenbesitzer beginnen, ihre Parzellen auf den Winter vorzubereiten. Die Beete sind weitgehend abgeerntet. Lauben und Geräteschuppen werden aufgeräumt, dabei fällt allerlei an, das für den Kompost ungeeignet ist. Auch Ewald Blumentritt hat aus seinem Gärtchen einiges zu entsorgen. Ganz in der Nähe, am Fuße des Butterbergs, ist ein Ort, an dem Blumentritt, wie andere auch, schon manches abgeladen hat. In einer ausgekohlten Grube des Tagebaus ist inmitten von

Sträuchern eine wilde Müllkippe entstanden. Dort Unrat abzuladen ist nicht schön und eigentlich auch nicht erlaubt, doch niemand stört sich daran. Gerade will er seine Fuhre abkippen, da fällt ihm im Schummerlicht des hereinbrechenden Abends ein rechteckiger Behälter auf. Es ist eine beigefarbene Wäschetruhe. Um sie ist ein rosafarbenes Band geknüpft. Sie sieht noch wie neu aus, ist eigentlich zu schade für den Müll. Blumentritt geht näher heran. Unter der Truhe liegen eine braun gemusterte Decke, ein beigefarbenes Wachstuch mit braunem Kachelmuster und ein lilafarbenes Schleifenband. All das ist voller Blut. Er hebt den Deckel an und lässt ihn sofort wieder fallen. Zu grauenvoll ist das, was er gesehen hat. Ewald Blumentritt alarmiert die Polizei. Aus Cottbus rücken die Spezialisten der Morduntersuchungskommission an.

Die Wäschetruhe ist nicht sonderlich groß, siebzig Zentimeter lang, vierzig breit, siebzig hoch. Als die Kriminalisten den Behälter öffnen, stockt selbst den erfahrenen Ermittlern der Atem. In der Truhe befindet sich ein menschlicher Torso. Er ist in Hockstellung zusammengeschnürt. Der Kopf fehlt. Der rechte Arm ist abgetrennt. Die Leiche ist mit einem weiß-blau gestreiften Schlafanzug bekleidet. Neben dem Torso steckt eine blutverschmierte Igelit-Decke mit buntem Blumendekor und ein Malimostecklaken. Es ist rot, durchtränkt von Blut.

Das Gelände um den Butterberg wird weiträumig abgesperrt. Eine gewissenhafte Suche beginnt. Etwa einen Kilometer entfernt vom Fundort der Wäschetruhe betreibt die städtische Müllabfuhr am anderen Ende des Grubenrestloches ihre Deponie. Stück für Stück wird der Müllberg abgetragen. Ein auffälliger Plastikbeutel kommt zum Vorschein. Darin ist der abgetrennte Kopf eines Menschen. Ganz in der Nähe liegt ein Kartoffelsack. Zunächst befördern die Kriminaltechniker ein Kopfkissen hervor. Es ist voller Blut und beginnt bereits zu faulen. Eine Jeansmütze, sechs Babyjäckchen, ein Babyhemdchen und drei Paar löchrige Herrensocken kommen zum Vorschein. Und dann ein Arm. Er ist angewinkelt, mit einem Gummi fixiert. Ohne Zweifel: Kopf und Arm gehören zum Toten in der Wäschetruhe. Und dieser Tote ist Frank Bauer.

Die Nachricht vom Fund der Leiche verbreitet sich wie ein Lauffeuer in der Stadt Lauchhammer. Einen Tag nach dem grausigen Fund am Butterberg wird Beate Bauer von der Polizei als Zeugin vernommen. Erstmals berichtet sie von Spannungen in der Ehe. Frank wollte nach der Arbeit seine Ruhe haben, sie liebte die Geselligkeit. Zwar spielte er gern mit seiner kleinen Tochter, doch Haushalt und andere familiäre Dinge interessierten ihn nicht. Darüber hätten sie am Abend und in der Nacht gestritten. Dann sei Frank verschwunden.

Während die junge Frau über ihre Entwicklung und das Zusammenleben mit ihrem Mann spricht, nehmen die Spezialisten der Cottbuser MUK Wohnung, Haus, Keller und Schuppen unter die Lupe.

Im Treppenhaus neben der Wohnung der Bauers fallen frische Putzschäden auf. Im Badezimmer finden die Kriminaltechniker im Abfluss der Badewanne und in der Wanne selbst Blutspuren. Im Kinderzimmer liegen auf einer Kommode vier Möbelfüße, die zur Wäschetruhe vom Butterberg passen könnten. Im Wohnzimmer dient ein Stück beigefarbenes Wachstuch mit braunem Kachelmuster als Untersatz für Grünpflanzen. In einem Schubfach in der Schrankwand entdecken die Fahnder Schleifenband, wie es um die Truhe gebunden war. Ein Matratzenaufleger wirkt frisch gewaschen, ist sogar noch feucht. Dennoch sind, wenn auch sehr schwach, Flecken erkennbar.

Am Kofferradio, das auf einem der beiden Nachttische steht, sowie an der Lampe daneben sichern die Kriminalisten ein Haarbüschel und Blutspuren. Die Wand im Kopf bereich des Ehebettes sieht aus wie neu tapeziert. Auf der überklebten Tapete und auf der Scheuerleiste in Bettnähe sind Spritzer erkennbar. Erste Proben erhärten den Verdacht, dass es Blutablagerungen sind. Im Schlafzimmerschrank liegen ein dunkelblauer, langärmliger Rollkragenpullover und eine blaue Herren-Latzhose. Im Wandschrank in der Küche findet sich ein angefangener Beutel Tapetenleim. In einem Körbchen liegt Dederon-Schnur. Sie gleicht dem Material, mit dem das Opfer und die Truhe verschnürt waren. Im Keller der Wohnung steht links neben der Tür ein Winkelstahl. Jeweils siebenundfünfzig Zentimeter lang sind beide Schenkel und fünf Zentimeter breit. Bei der gerichtsmedizinischen Sektion in Dresden wird später nachgewiesen, dass die ausgedehnten Knochenzerstörungen des Gesichtsschädels, des vorderen Schädeldaches und der Schädelbasis des Opfers mit einem Winkeleisen verursacht wurden. »*Aus unserer Sicht waren es sehr kräftige (Kopfkissenabdeckung!) Schläge, mindestens zehn, wahrscheinlich aber mehr, keinesfalls wesentlich weniger*«, heißt es im Sektionsbericht. An einem Zweiradanhänger, der im Schuppen der Bauers steht, wird am Zinkkasten Blut entdeckt. Auch Spuren von frisch abgeschlagenem Putz werden gesichert. Zwei Putzlappen liegen herum. Der Geruch von Verwesung geht von ihnen aus. Für die MUK steht fest: Frank Bauer wurde in seiner eigenen Wohnung getötet.

Die anfängliche Selbstsicherheit von Beate schwindet. Am Abend, während einer Vernehmung, bricht es aus ihr heraus. Was sie erzählt, klingt unglaublich.

»Es war gegen zwei Uhr morgens. Plötzlich hat Frank neben mir aufgeschrien: ›Lasst mich in Ruhe!‹ Ich bin aufgewacht. Ein fremder Mann stand neben mir, hat mich erst festgehalten, dann aus dem Bett gezerrt, ins Kinderzimmer geführt und gedroht: ›Wenn du nicht still bist, geschieht dir das Gleiche‹«, beginnt sie die Schilderung des nächtlichen Geschehens. Sie habe aus dem Schlafzimmer Wimmern und dumpfe Schläge gehört. »Ich wollte meinem Mann zur Hilfe eilen, bin aber brutal zurückgestoßen worden. Voller Angst habe ich mich dann zu meiner Tochter auf die Liege gelegt und abgewartet, was passiert«, sagt sie weiter.

Etwa eine Stunde lang habe das Geschehen im anderen Zimmer gedauert, gibt Beate Bauer zu Protokoll. Dann sei einer der Fremden zu ihr gekommen und habe befohlen: »Wir verziehen uns jetzt. Den Rest machst du. Wenn du etwas sagst, bist du als Nächste dran.«

Im Schlafzimmer sei das Ehebett durchwühlt gewesen, Bettlaken und Kopfkissen hätten gefehlt. »Alles war voller Blut«, berichtet sie. Sie habe in die Truhe geschaut, die mit etwas Unförmigem bis zum Rande gefüllt war. Am Morgen habe sie wie immer ihre Tochter in die Krippe gebracht, wollte später mit dem Fahrrad zur Volkspolizei fahren. »Im Fahrradkeller ist wieder einer von denen aufgetaucht. Er hat mich aufgefordert, alle Spuren in der Wohnung zu beseitigen«, setzt die 22-Jährige ihre Aussage fort. »Lass das mit der Polizei. Wir beobachten alles«, sei ihr unmissverständlich deutlich gemacht worden.

Wie sind die Täter in die Wohnung gekommen? Spuren eines Einbruches haben die Kriminaltechniker nirgendwo gefunden. Warum haben sie keine Tatwaffen mitgebracht, wenn sie Frank Bauer schlagen oder töten wollten? Woher wussten sie von dem Winkeleisen, das nach Angaben der Ehefrau in einem Schrank im Korridor gelegen hat? Warum haben die Täter die Zeugin verschont, die sie identifizieren könnte? Die Ermittler der Cottbuser Morduntersuchungskommission zweifeln an dem Bericht. Sie glauben der jungen Frau kein Wort. Zu viele Fragen bleiben offen.

Die Kriminalisten konfrontieren Beate Bauer mit den Ungereimtheiten. Sie bricht zusammen, ist aber zur Wahrheit noch immer nicht bereit. Die junge Frau reagiert hysterisch und äußert Selbstmordgedanken. Ärzte müssen gerufen werden. Beate wird in einem »akuten psychischen Schockzustand« ins

Bergmannkrankenhaus Klettwitz eingeliefert. Dort beruhigt sie sich.

Am Morgen frühstückt sie mit einer Wärterin und sagt: »Heute packe ich aus.«

Beate Bauer gesteht das Unfassbare: Sie hat am 21. September 1984 zwischen zwei und vier Uhr morgens ihren Mann getötet. Am 29. September 1984 wird auf Antrag der Staatsanwaltschaft Cottbus Haftbefehl gegen Beate Bauer erlassen. Fünf Tage später schreibt sie auf dreizehn Seiten auf, was sich ereignet und warum sie ihren Ehemann getötet hat.

Wer ist diese Frau, die so kaltblütig ihren Mann tötet und ihn wie Abfall auf den Müll schmeißt?

Beate Bauer wird im Juli 1962 geboren. Sie ist das dritte von vier Kindern des Lehrerehepaars Reinhard und Marie Müller. Die Familie lebt in einem kleinen Dorf in der Nähe von Senftenberg. Beate nimmt zunächst eine typische Entwicklung: Sie besucht den Kindergarten, kommt mit sechs Jahren in die Schule, wird Pionier, tritt dann in die Jugendorganisation FDJ ein. Die Schule fällt dem fleißigen, aufgeweckten und ehrgeizigen Mädchen leicht. Es gehört stets zu den Klassenbesten. Mit Beginn der neunten Klasse wird Beate auf die Erweiterte Oberschule delegiert. Das Abitur schafft sie mit guten Noten.

Schon sehr früh engagiert sie sich für die gesellschaftliche Arbeit, wird in die FDJ-Leitung der Schule gewählt. Es fällt ihr aber zunehmend schwerer, schulische Anforderungen und das ehrenamtliche Engagement unter einen Hut zu bringen. Gesundheitliche Probleme treten auf. Im Sommer 1977 ist sie Helferin in einem Ferienlager. Bei einer Wanderung rutscht sie aus, stürzt von einem Felsen und muss zwei Wochen lang mit Gehirnerschütterung in einem Krankenhaus behandelt werden. Mehrfach fällt sie aus heiterem Himmel in Ohnmacht. Es kommt vor, dass sie danach einige Zeit nicht laufen und sprechen kann. Die Ärzte stellen Blutunterdruck als Ursache fest, der im Zusammenhang mit Anspannung und Erregung zu den Zusammenbrüchen führt. 1980 wird sie im Bezirkskrankenhaus für Psychiatrie und Neurologie Lübben behandelt. Ernste Erkrankungen werden nicht festgestellt. Die Ärzte empfehlen autogenes Training, um innerlich Ruhe zu finden.

Sie begeistert sich für Musik und will die Musikschule besuchen, aber ihre Begabung reicht nicht aus. Ihre Berufswünsche als Gesangspädagogin oder Bühnenbildnerin bleiben Träume. Die Ablehnungen für beide Studienrichtungen schmerzen. Beate Bauer vollzieht einen Schwenk von den musischen Künsten hin zu einem Beruf, der als Männerdomäne gilt. Sie lässt sich für ein Studium an der Ingenieurhochschule für Bauwesen in Cottbus immatrikulieren, absolviert dafür ein Praktikum in einem Baubetrieb in Senftenberg, qualifiziert sich zum Teilbaufacharbeiter. Das Studium überfordert sie, intellektuell wie gesundheitlich. Sie bricht es ab, jobbt als Sekretärin, Verkäuferin und in der Datenverarbeitung.

Die junge Frau wird mit achtzehn Jahren als Mitglied in die Sozialistische Einheitspartei Deutschlands aufgenommen. Ihre durch Überzeugung ausgeprägte Vorliebe für die gesellschaftliche Arbeit, aber auch Geltungsbedürfnis und Streben nach Anerkennung bringen sie in Konflikte mit sich selbst und mit anderen. Sie streut während der Schulzeit und des Studiums Gerüchte, denkt sich Geschichten über Studenten aus und schwört ein ums andere Mal auf deren Wahrheitsgehalt. Das isoliert die junge Frau. Sie sucht früh intimen Kontakt zu Männern, wird mit siebzehn Jahren schwanger, lässt das Kind abtreiben, verlobt sich mit achtzehn Jahren und löst ein Jahr später diese Bindung. Gegenüber dem Gutachter der Medizinischen Akademie Dresden beschreibt sich Beate Bauer als einen Menschen, der innerlich sehr intensiv lebt, fantasiereich und in bestimmten Positionen widersprüchlich ist. Es sei ihr einerseits schwer gefallen, sich Grenzen zu setzen, um etwa ein vernünftiges Verhalten in der Gruppe zu gewährleisten.

Andererseits habe sie sich ganz anders gegeben, als sie leben wollte. Als Beispiel dafür nennt sie den lebhaften Umgang mit männlichen Partnern.

Der Gutachter stellt fest: »Dieses Widersprüchlich-Bewegende, fantasievolle Ausleben, das stark gefühlsmäßig Besetzte dürften wesentliche Züge ihrer Persönlichkeit sein.« Leidenschaftliches starkes Entflammen oder Auf begehren lassen nach Ansicht des Psychiaters in starker Gemütsbewegung der Vernunft wenig Raum. Positive Aspekte wie Zuwendung und Liebe können schnell in Ablehnung und Hass umschlagen. Im Gutachten ist von »narzisstischen« oder »hysterischen« Charakterzügen die Rede. Wörtlich heißt es:

»Egozentrische Geltungsbetonung, Selbstüberschätzung und Bedürfnis nach Effekt, Tendenz zur Dramatisierung, starke auch fantasievolle Darstellungstendenzen und zum Teil kindhafte Bedürfnisse nach Zuwendung und Anerkennung, Labilität und Gemütsbewegung und leicht in Kränkung geratend bei subjektivem Versagen sind für solche Menschen typisch.«

Trotz dieser von der Norm abweichenden Persönlichkeitsnachteile trägt Beate Bauer nach Einschätzung der Gutachter die volle Schuld für ihre Tat.

Am 26. April 1985 klagt die Staatsanwaltschaft Beate Bauer beim Bezirksgericht Cottbus wegen Mordes an. Aus Wut und Hass habe sie ihren Mann mit mindestens zehn kräftigen Kopfschlägen mit einem etwa sechzig Zentimeter langen Winkeleisen getötet, heißt es in der Anklageschrift.

Nach Aussage der Beschuldigten hat sich Folgendes zugetragen: Am 20. September besucht Beate Bauer mit ihrer kleinen Tochter ihre Eltern in einem kleinen Dorf in der Nähe von Senftenberg. Gegen achtzehn Uhr kommt sie nach Hause. Frank ist bereits zu Hause. Er sitzt im Wohnzimmer im Sessel und trinkt Bier. Der Fernsehapparat läuft. Seine Laune ist wieder einmal mies.

»Wo hast du dich rumgetrieben?«, herrscht er sie an. »Du hättest früher da sein können.« Er nimmt seine kleine Tochter auf den Schoß und spielt liebevoll mit ihr. Seine Frau Beate ist für ihn nicht mehr da.

Schon kurz nach der Hochzeit hatte sich Frank verändert. Zunehmend werden sich die jungen Leute fremd. Lebensgestaltung und weltanschauliche Haltungen driften auseinander. Beate Bauer belastet die Situation. Sie will, dass ihr Mann mehr auf ihre Interessen eingeht, auf ihre Bedürfnisse und Vorstellungen Rücksicht nimmt. Sie bringt die Kleine ins Bett und setzt sich zu Frank ins Wohnzimmer. Beate will mit ihrem Mann über die Probleme sprechen. Der aber reagiert nicht, wehrt ab, schweigt. Gegen 21.30 Uhr geht er ins Bett und schläft sofort ein. Sie ist enttäuscht, ärgert sich maßlos. Gegen Mitternacht legt auch sie sich im Schlafzimmer hin.

Zwei Stunden später wird sie wach. Frank hat offensichtlich schlimme Träume, er wälzt sich im Bett und spricht im Schlaf. Sie rüttelt ihn, will wissen, welche Probleme ihn plagen. Aber ihr Mann reagiert ungehalten. »Lass mich in Ruhe«, faucht er. »Das geht dich einen Scheißdreck an. Das muss ich allein ausbaden.« Es kommt zu einer heftigen Auseinandersetzung. »Wenn das alles vorbei ist, haue ich ab«, sagt er noch, dreht er sich auf die Seite und schläft wieder ein.

Beate Bauer ist aufgebracht, findet keine Ruhe mehr. Sie steht auf, geht durch die Wohnung, gießt die Blumen, setzt sich in die Küche, will sich abreagieren. Doch das Gegenteil ist der Fall. Wirre Gedanken schießen ihr durch den Kopf. Sie erinnert sich an den Polterabend und die Hochzeitsnacht. Nicht mehr ganz nüchtern, hatte Frank ihr damals gesagt: »Ich habe dich nur geheiratet, weil die Hochzeitsfeier bereits vorbereitet war.«

Die junge Frau steigert sich in einen Zustand, der für sie nur noch einen Ausweg erkennen lässt: »Frank muss weg, verschwinden, beseitigt werden. Er ist für mich und andere eine Gefahr«, redet sie sich ein. Sie greift nach einer Vase, überlegt, stellt sie wieder weg.

Das Glasstück ist ungeeignet für ihr Vorhaben. Im Korridorschrank steht ein Winkeleisen, weiß sie. Die zum Äußersten entschlossene Frau nimmt es fest in die Hand und öffnet leise die Schlafzimmertür. Ihr Mann atmet ruhig. Für sie ist es unfassbar, dass ihn der hitzige Streit so unberührt gelassen hat. Sie kniet sich auf ihn, schlägt, das Eisen in beiden Händen, auf ihn ein. Wieder und immer wieder. Das Kopfkissen hat sie ihm vorher extra über das Gesicht gelegt. Beate Bauer will die Wirkung ihrer Schläge nicht sehen und verhindern, dass Blut herumspritzt.

Im psychiatrischen Gutachten der Medizinischen Akademie Carl Gustav Carus Dresden werden »Affektstau und Affektentladung« vor und während der Tat nicht ausgeschlossen. Ihre Zurechnungsfähigkeit sei aber zu keinem Zeitpunkt eingeschränkt gewesen, stellt der Gutachter fest.

Dafür spricht auch das planmäßige Vorgehen in den folgenden Tagen.

Beate fährt am Morgen nach der Tat wie immer mit dem Bus nach Schwarzheide und bringt ihre Tochter Sybille in die Kinderkrippe. Wieder zu Hause angekommen, zieht sie in den nächsten zwei Stunden die Bettwäsche ab, säubert diese in der Badewanne oberflächlich vom Blut und trägt sie in den Keller, wo der Waschautomat steht. Während die Maschine ihre Arbeit verrichtet, reinigt sie das Schlafzimmer. Sie putzt Bettgestell, Nachtschrank, Nachttischlampe, Radio, wischt den Fußboden. Aus mehreren Stücken Dederon-Stoff knüpft sie einen Strick. Damit verschnürt sie Hände und Füße des Toten. Handgelenke und Unterarme werden so mit den Beinen vor der Brust zusammengebunden, dass ein kompaktes Bündel Mensch entsteht. Dennoch geht der Deckel der Wäschetruhe, in die sie das Opfer gesteckt hat, nicht ganz zu. Sie türmt mehrere Kleidungsstücke darüber. Das blutdurchtränkte Kopfkissen, die benutzten Reinigungstücher und den Matratzenbezug ihres Mannes stopft Beate Bauer in einen Plastikbeutel, der zunächst auf dem Kleiderschrank verstaut wird. Später verpackt sie die Sachen einzeln und verteilt sie auf Müllcontainer in der Stadt. Gegen neun Uhr geht sie einkaufen, nimmt einen Arzttermin in der Poliklinik Lauchhammer-Mitte wahr, schwatzt mit Nachbarn im Haus, erkundigt sich beim Meister ihres Mannes nach dessen Verbleib. Später reibt sie das Winkeleisen ab und stellt es in den Keller.

Beim Betrachten der Tapete im Schlafzimmer bemerkt sie Blutflecke. »Das muss ich neu tapezieren«, beschließt sie. Sie holt Sybille aus der Krippe ab und kauft auf dem Rückweg Tapetenleim. Am Abend gibt sie in Begleitung der Schwiegereltern die Vermisstenanzeige auf. Wieder daheim, klebt sie an der Wand am Kopfende des Bettes drei Bahnen Tapete des gleichen Musters über das alte, beschmutzte Papier. Es ist inzwischen dreiundzwanzig Uhr. Beate Bauer legt sich im Wohnzimmer auf die Couch und schläft ein.

Zwei Tage sind seit der Tat vergangen. In der Wohnung macht sich übler Geruch breit. Ihr wird klar: »Frank muss aus dem Haus. Das ist die letzte Spur.«

Doch wie? Ihr Mann war kein Leichtgewicht. Sie beschließt, die Leiche zu zerstückeln und die Teile in Müllcontainern zu verstreuen. »Ich wollte mir den Transport erleichtern«, sagt sie in einer der Vernehmungen bei der Polizei. Außerdem habe sie gehofft, dass dadurch nichts gefunden werde.

Beate Bauer geht an die Verwirklichung ihres Planes. Vom Set in der Küche nimmt sie ein großes Sägemesser, aus dem Kleiderschrank einen Kartoffelsack. Der Kopf ragt ein Stück aus der Truhe. Sie durchtrennt Haut und Fleisch im Halsbereich bis auf die Knochen, bricht den Halswirbel und dreht den

Kopf so lange, bis er vom Rumpf ab ist. Den Schädel wickelt sie in alte Babywäsche und stülpt eine Plastiktüte darüber. Dann legt sie den rechten Arm auf den Rand der Truhe, sägt ihn mit dem gezähnten Küchenmesser ab und fixiert Ober- und Unterarm mit einem Gummiband. Die Körperteile und das blutige Kopfkissen wandern in den Kartoffelsack »Ich stellte den Sack auf den Balkon. Vor Brechreiz, Ekel und Ermattung war ich am Ende«, schildert sie. Eineinhalb Stunden hat das Abtrennen der beiden Körperteile gedauert. Beate Bauer säubert die Wohnung und geht schlafen. Am übernächsten Tag wirft sie den Sack in die Mülltonne hinter dem Haus.

Noch aber ist die Wäschetruhe mit dem Torso in der Wohnung. Sie lässt davon ab, den Körper weiter zu zerstückeln. Der Gestank in der Wohnung verstärkt sich. Die Gefahr, dass die Eltern oder Nachbarn aufmerksam werden, nimmt zu. In den Vormittagsstunden des 26. September transportiert sie das Behältnis aus der Wohnung. Bewusst wählt sie den helllichten Tag. Nachts, so ihre Sorge, könnten Geräusche sie verraten. Außerdem fürchtet sie Streifen der Polizei.

Beate Bauer holt den Mopedanhänger aus dem Schuppen. Die Truhe stellt sie auf eine beigefarbene Wachstuchdecke und zieht sie aus dem Schlafzimmer in den Korridor. Dort wuchtet sie das Möbelstück auf das Gefährt. Weil Blut aus der Wäschebox läuft, dichtet sie den Ladekasten mit Lappen ab. Nun schiebt die junge Frau den Anhänger die Treppen herunter. Sie stößt mit ihm gegen eine Wand. Putz bröckelt ab. Auf der illegalen Müllkippe am Butterberg kippt sie die Ladung aus dem Hänger. Ihre Kräfte reichen nicht aus, die Leiche zu vergraben. In der Stadt kauft Beate Bauer eine neue Truhe, die so aussieht wie die alte. Schließlich dürfen die Schwiegereltern das Stück, das sie dem jungen Paar zur Hochzeit geschenkt hatten, nicht vermissen.

An drei Tagen im Mai 1985 findet vor dem Bezirksgericht

Cottbus der Prozess gegen Beate Bauer statt. Der erste Strafsenat verurteilt die Angeklagte zu einer lebenslangen Freiheitsstrafe. Die staatsbürgerlichen Rechte werden ihr für immer aberkannt. In der Urteilsbegründung heißt es:

»Sie handelte aus nichtigem Anlass, und ihr Handeln war von Egoismus und Selbstwertüberschätzung geprägt ... Die besonders negative Grundeinstellung zum Leben anderer ... kommt auch in der Tatsache zum Ausdruck, dass sie daran ging, die Leiche zu zerstückeln. Das offenbart zweifellos eine nicht zu überbietende Kaltblütigkeit.«

Beate Bauer legt gegen das Urteil Berufung ein. Diese wird vom Obersten Gericht der DDR zurückgewiesen. Im Januar 1996 wird sie auf Bewährung aus der Haft entlassen.

»Du kommst auch noch dran ...«

Am 10. April 1978 gegen 17.30 Uhr klingelt bei Familie Vorwand in Hoyerswerda das Telefon. Vorwands wohnen in einem der neuen Wohnkomplexe der Stadt in einem fünfgeschossigen Plattenbau. Pro Hauseingang leben immer zehn Familien in den Drei- und Vierraumwohnungen. Die wenigsten von ihnen besitzen so wie die Vorwands Telefon.

Monika Vorwand meldet sich nach dem dritten Klingeln. Am Ende vernimmt sie eine etwas gedämpft klingende, jugendliche Stimme. »Bitte holen Sie Herrn Bangelang ans Telefon«, hört sie. Bangelangs wohnen zwei Stockwerke höher und sind telefonisch nicht erreichbar. »Was soll ich ausrichten?«

Es handelt sich um Dirk Bangelang, den Sohn. »Machen Sie schnell«, fordert der Teilnehmer am anderen Ende eindringlich und ungeduldig. »Einen Moment, ich sehe nach, ob jemand zu Hause ist. Bleiben Sie dran«, sagt sie und läuft zwei Treppen höher. »Detlev, du sollst schnell ans Telefon kommen. Es geht um deinen Sohn«, sagt Monika Vorwand aufgeregt. Hoffentlich ist dem Jungen nichts passiert. Sie kennt den 15-Jährigen. Schließlich wohnt man schon ein paar Jahre lang zusammen in dem Haus im Wohnkomplex IX. Dirk ist der jüngste Spross der drei Bangelang-Kinder. Er ist stets höflich, grüßt freundlich, ist überhaupt gut erzogen und hilft den berufstätigen Eltern viel im Haushalt, weiß sie.

Detlev Bangelang macht sich Sorgen, da Dirk nicht, wie von ihm verlangt, zu Hause war, als er von Arbeit gekommen ist.

»Hier Bangelang, was ist mit meinem Sohn?«, will der Mittvierziger wissen.

»Wir haben Ihren Sohn entführt. Wenn Sie ihn lebend wiedersehen wollen, kommen Sie um neunzehn Uhr zu dem kleinen Wald am Abzweig Seidewinkel. Und bringen sie tausend Mark mit. Dann passiert Ihrem Sohn nichts«, antwortet der Erpresser am anderen Ende der Leitung mit offensichtlich verstellter Stimme. Er muss von einer Telefonzelle aus anrufen. Das lässt zumindest der Straßenlärm im Hintergrund vermuten. »Was soll das? Ich rufe die Polizei«, reagiert Bangelang nach einem Moment der Sprachlosigkeit. »Ich warne Sie: Keine Polizei! Denken Sie an Ihren Sohn«, nuschelt der andere und legt auf.

Natürlich kennt Detlev Bangelang den Abzweig nach Seidewinkel. Von der Fernverkehrsstraße 97 Richtung Schwarze Pumpe geht es links ab in das kleine Dorf vor den Toren der Kreisstadt Hoyerswerda. Es ist nicht weit bis dorthin.

Eine Viertelstunde mit dem Auto, länger braucht man von der Wohnung aus nicht. Detlev Bangelang will die Geschichte nicht glauben. »Entführung in der DDR, das gibt es doch nicht«, denkt der Mann, der sich nicht vorstellen kann, dass

Verbrechen dieser Art in der sozialistischen Gesellschaft stattfinden. »Detlev, du musst die Polizei verständigen«, drängt ihn die Nachbarin. Nach kurzem Nachdenken stimmt er ihr zu und wählt den Polizeinotruf 110. Dann geht er und berichtet seiner Frau Marlies von dem merkwürdigen Anruf.

Eine halbe Stunde vergeht. Die Polizei lässt sich nicht blicken, obwohl der Diensthabende versprochen hat, einen Streifenwagen zu schicken. Dirk ist auch noch nicht da. »Der kann was erleben«, kündigt der Gatte seiner Frau mit einer Stimme an, in der Ärger über den Sohn, aber auch Sorge um ihn mitschwingen. Es ist kurz nach halb sieben. »Ich gehe rüber zu Fritz, bitte ihn, mitzukommen«, zeigt er sich entschlossen, der ganzen Sache auf den Grund zu gehen. »Du bleibst hier und wartest auf Dirk«, weist er seine Ehefrau an, die sich große Sorgen um ihr Kind macht. Der Mann klingelt beim Nachbarn, der gleichzeitig sein Arbeitskollege ist. Der zieht sich sofort die Schuhe an und streift die Jacke über. Die Männer gehen die Treppe hinunter und steigen in das Betriebsauto B1000, das vor der Tür steht. Detlev Bangelang sitzt am Steuer, Arbeitskollege Fritz nimmt auf dem Beifahrersitz Platz. Beide haben vereinbart, zunächst die Gegend um den Abzweig nach Seidewinkel vom Auto aus zu erkunden.

In dem kleinen Wäldchen hocken zwei Jugendliche. Sie haben sich hinter Büschen versteckt und beobachten angespannt die Straße. Die Mopeds der Jungs stehen abseits auf einem kleinen Waldweg, bereit zur Flucht, falls etwas schiefgeht. Sie sind Freunde, haben voreinander keine Geheimnisse, gehen durch dick und dünn. Der eine wirkt etwas kindlich, der andere macht einen robusten Eindruck. Zwischen ihnen liegt eine Tasche. Darin befinden sich ein Hammer, ein sogenanntes Fäustel, ein schwerer Schraubenschlüssel, unter Fachleuten als Franzose bekannt, zwei Flaschen mit einer brennbaren Flüssigkeit und Lappen. Die Burschen besprechen nochmals ihr

Vorhaben. Beim Schmächtigeren der beiden handelt es sich um den Anrufer, der vorgegeben hat, Dirk in seiner Gewalt zu haben. Der andere hatte vor der Telefonzelle gewartet. Nach dem Telefonat waren beide in den Wald aufgebrochen in der Gewissheit, dass niemand von ihnen Notiz genommen hat.

Die Jungs gehen davon aus, dass Marlies und Detlev Bangelang gemeinsam zum verabredeten Treffpunkt kommen und in Sorge um ihr Kind das Geld bei sich haben. Sie wollen das Ehepaar töten und verbrennen. Das ist der Plan, der im Kopf des Schmalgesichts entstanden ist. Sein Freund Hans Motte soll ihm helfen, die Erwachsenen zu beseitigen, und dafür die tausend Mark als Gaunerlohn erhalten. »Du nimmst dir mit dem Fäustel den Alten vor, ich erschlage die Frau mit dem ›Franzosen‹«, gibt das Bubigesicht letzte Anweisungen. »Wenn sie tot sind, schütten wir die Flaschen aus und verbrennen sie. Dann sofort die Tücher um die Schuhe wickeln und ab.«

Kurz vor neunzehn Uhr erblickt das Duo im Wald den B1000. Langsam kommt der Kleinbus die Straße entlang, fährt Richtung Dorf, dreht um, kehrt zurück, wendet erneut. »Da ist ja ein anderer Mann mit drin«, flüstert Hans Motte überrascht. »Lass uns abhauen. Die haben uns bestimmt schon entdeckt«, drängt er seinen Kumpel. Der sieht sein Vorhaben ebenfalls gescheitert. Motte schnappt sich die Tasche mit den Mordwerkzeugen, und auf Umwegen brausen sie auf ihren Mopeds ungesehen nach Hoyerswerda zurück. Die Männer im B1000 fahren mehrmals die Straße rauf und runter, warten noch einige Zeit und begeben sich schließlich nach Hause. »Es war wohl alles nur ein dummer Scherz«, hoffen sie.

So scheint es zu sein. Als Bangelang an der Wohnungstür klingelt, öffnet ihm Ehefrau Marlies sichtlich erleichtert: »Dirk ist da«, teilt sie ihrem Mann erfreut mit. Der aber ist alles andere als froh gestimmt. »Wo warst du«, herrscht der Vater seinen Sohn an. »Draußen, bin noch ein bisschen durch die Gegend gefahren«, antwortet der leise und schuldbewusst. »Du sollst dich nicht rumtreiben, sondern deine Hausaufgaben machen und lernen. So kommst du nie von deinen Scheißnoten runter«, braust der Vater auf. Auf dem Halbjahreszeugnis vor zwei Monaten standen drei Vieren. Das ist dem Jungen noch lange nicht vergessen. »Eine Woche Fernsehverbot, und jetzt mach dich in dein Zimmer«, weist Detlev Bangelang an. Mutter Marlies nickt, und der Junge trollt sich. Er knallt sich auf die Liege, schaltet den Kassettenrekorder an und hört Musik.

Zwei Tage später finden die Bangelangs ein anonymes Schreiben in ihrem Briefkasten.

Fam ...
Die Erpressung am 10. April war nur eine Überprüfung. Sie waren an dem angegebenen Ort mit einem Mann.
Sie wurden von unserem Mitglied beobachtet. Bc«

Die Buchstaben sind aus Zeitungen ausgeschnitten, offensichtlich aus der *Jungen Welt*, der Tageszeitung der FDJ. Der Absender hat sie mit rotem Nagellack auf das Stück Papier geklebt. Die Bangelangs legen »den Wisch«, wie das Familienoberhaupt den Brief bewertet, achtlos beiseite.

Knapp drei Wochen später, am 28. April 1978. Dirk Bangelang kommt kurz vor vierzehn Uhr nach Hause. Er war nach der Schule noch bei seinem Freund. Der Junge geht in sein Zimmer, stellt die Schultasche neben den Schreibtisch. Die Tür zum Schlafzimmer der Eltern ist geschlossen. Dirk klinkt sie auf und sieht seine Mutter auf dem Bett liegen. Alles um sie herum ist voller Blut. Der Junge rennt aus der Wohnung und trifft im Haus Andrea Biedermeier. »Frau Biedermeier, mit meiner Mutter ist etwas passiert, rufen Sie einen Arzt«, bittet er sichtlich erregt. Kurz nach vierzehn Uhr trifft die Notärztin ein. Helfen kann sie nicht mehr. Marlies Bangelang wurde erstochen und ist schon seit Stunden tot. Um 14.25 Uhr informiert die Ärztin über den Notruf 110 die Polizei. Sie teilt den unnatürlichen Tod der Frau mit. Funkstreifenwagen rasen zu den Bangelangs. Wohnung und Haus werden abgesperrt. Polizeiposten halten Neugierige fern. Niemand darf mehr hinein oder hinaus. Eine Stunde später trifft aus Cottbus die MUK mit ihrem Chef an der Spitze vor Ort in Hoyerswerda ein. Spurensicherung und Auswertung beginnen.

Marlies Bangelang ist mit einem lilafarbenen Flanellhemd bekleidet, das vorn mit Rüschen besetzt ist. Sie trägt einen weißen Schlüpfer. Alles ist voller Blut. Der Kopf ist mit dem Schlafanzug ihres Mannes bedeckt. Sie liegt auf der linken Seite. Gesicht, Hals und Brustkorb weisen mehrere Stichwunden auf. Die Gerichtsmediziner an der Medizinischen Akademie in Dresden zählen später bei der Obduktion der Leiche fünf Stichverletzungen im Kopf-Hals-Bereich, darunter einen Mundstich, dessen Wundkanal nach unten bis an das Brustfell reicht. Auch die Verletzungen am Hals und im Brustkorb sind dramatisch. Rippenknorpel und selbst Knochen sind durchtrennt. Die Stiche müssen mit einem spitzen, scharfen Werkzeug, wahrscheinlich einem Messer von mindestens zehn Zentimeter Klingenlänge mit erheblicher Wucht ausgeführt worden sein. Der Täter hat dem Opfer zuerst in den Mund und in den Hals und später in den Brustkorb gestochen, stellen die Ärzte fest.

Gründlich durchsuchen die Kriminalisten Wohnung und Keller der Familie. Im Korridor finden sie ein Stück Papier, das auffällig offen daliegt. In ausgeschnittenen und aufgeklebten Buchstaben steht darauf nur ein Satz:

»Du kommst auch noch dran.«

Der Zettel ist von gleicher Machart wie das anonyme Schreiben, das bei den Bangelangs zwei Tage nach der angeblichen

Entführung von Dirk im Briefkasten lag und das der Ehemann, der von der Tat sichtlich geschockt ist, der Polizei jetzt übergeben hat.

Der Ermittlungsapparat kommt auf Touren. Vornan stehen Vernehmungen der unmittelbaren Angehörigen, von Ehemann Detlev, Tochter Ilona und Sohn Dirk. Bewohner des Hauses werden befragt, ob sie verdächtige Personen vor dem Haus oder darin gesehen oder etwas in der Tatwohnung gehört haben.

Der wichtigste Zeuge ist zu diesem frühen Zeitpunkt der Ermittlungen der 15-jährige Dirk. Er hat das Opfer als letzter lebend gesehen, und er hat es tot gefunden.

Um sechszehn Uhr beginnt seine Vernehmung. Behutsam gehen die Kriminalisten vor. Der Junge soll zunächst den Tagesablauf schildern. Ruhig und mit leiser Stimme berichtet er, dass seine Mutter noch schlief, weil sie zum Friseur gehen wollte und deshalb nicht so früh zur Arbeit musste. Er habe sich in der Küche seine Schulbrote geschmiert und sei wie immer um 6.45 Uhr aus dem Haus gegangen. Nach Unterrichtsschluss um dreizehn Uhr habe er noch einen Freund besucht. Die Kriminalisten fragen nach dessen Namen und Anschrift. Sofort macht sich ein Polizist auf den Weg. Unterdessen erzählt Dirk weiter. Daheim angekommen habe er seine Mutter im Schlafzimmer erstochen aufgefunden und dann Frau Biedermeier gebeten, den Notarzt zu rufen.

Der Jugendliche spricht in kurzen Sätzen und verzichtet auf Details im Tagesablauf. Die Vernehmer haken nach, wollen wissen, welchen Weg er zur Schule genommen hat, ob er Klassenkameraden begegnet ist, ob es Zwischenfälle in der Schule gab. Sie erkundigen sich, woher die Kratzwunden in seinem Gesicht und auf dem rechten Unterarm stammen, die deutlich zu sehen und offensichtlich noch frisch sind. Dirk beantwortet die zielgerichteten Fragen mit knappen Worten. Er macht angesichts des Todes der Mutter einen erstaunlich gefassten Eindruck. Die erfahrenen Kriminalisten der MUK erkennen, dass der Junge etwas verbirgt. Mehrfach wischt er sich die schweißnassen Handflächen an der Hose ab.

Eine Stunde ist seit Beginn der Befragung vergangen. Dirk spürt die Skepsis bei den Polizisten in Zivil. Er berichtet nun, was sich wirklich zugetragen hat und schreibt es auf Verlangen der Kriminalisten auf. Er betitelt seinen Bericht mit:

Wahrheit über Tod meiner Mutter
Ich wurde durch Klingeln aus dem Schlaf gerissen! Um die Tür zu öffnen, musste ich erst meinen Schlüssel aus meiner Jacke holen, die bei mir im Zimmer hing! Ich öffnete die Tür und vor dieser standen zwei junge Männer im Alter von achtzehn bis zwanzig Jahren. Es kann sein, dass der jüngere dieser beiden derjenige war, der mich am 27.4. vor zwei Wochen angehalten hatte und mich verfolgte (ich musste rennen)! Der ältere kam herein und hielt meinen Mund zu. Er hatte Handschuhe an. Der andere machte die Tür zu und schloss einmal mit dem Schlüssel herum. Sie brachten mich in mein Zimmer, und der jüngere blieb bei mir. Der andere machte beide Kinderzimmertüren zu. Nach einer Weile kam er wieder ins Zimmer, verband mir die Augen und führte mich vor sich hin. Die Kratzer auf Gesicht und Händen sind entweder von ihnen, oder sie haben mich mit den Nägeln meiner Mutter verletzt. Als sie mir die Augenbinde abnahmen, stand ich mit ihnen im Flur, ich sollte die Tür wieder zuschließen, und falls ich etwas »ausquatschen« sollte, ginge es mir genauso wie meiner Mutter! Beim Schließen der Tür sah ich noch, wie sie sich bückten und schwarzweiß bzw. grau-weiß gestreifte Tücher von den Schuhen entfernten. Sie sagten noch, ich sollte »es« erst am Nachmittag melden. Die Tür zum Schlafzimmer stand offen, und ich sah meine Mutter dort im Bett meines Vaters liegen. Ich war voller Blut an Gesicht und Armen. Ich wusch es mit meinem Lappen und kaltem Wasser ab.

An dieser Stelle wird die Vernehmung von Dirk Bangelang unterbrochen. Die Mitglieder der MUK tragen die Ergebnisse der bisherigen Spurensicherung und der Befragungen zusammen. Stammt der Zettel von den beiden Männern, die nach Angaben des Sohnes seine Mutter getötet haben? Welches Motiv gibt es? Haben Hausbewohner Verdächtiges bemerkt? Hat Familie Bangelang Feinde? Warum wurde nur die Frau getötet? Existiert ein Geliebter? Was hat die Hausdurchsuchung ans Licht befördert?

Interessant ist ein Schulheft, auf das die Polizei im Zimmer von Dirk gestoßen ist. Darin ist eine »Aufstellung von Sachen und Gegenständen enthalten, die man benötigt, um in der heutigen Zeit rowdyhafte Handlungen zu begehen«. Unter anderem ist von einem Banküberfall mit einer größeren Gruppe die Rede, für die man Tücher und Masken benötigt und Benzin, um nach dem Muster des Films »Petroleum Miezen« die Spuren des Überfalls zu vertuschen. Im Keller werden in einer Tasche zwei Flaschen mit einer brennbaren Flüssigkeit, zwei Hämmer, ein Beil, ein schwerer Schraubenschlüssel und ein gelber Lappen sichergestellt. Auch das Ergebnis der Befragung des Freundes von Dirk liegt vor. Es ist Hans Motte. Was er berichtet, ist brisant.

Um 22.30 Uhr des Tattages wird die Vernehmung von Dirk Bangelang fortgesetzt. Erneut soll er den Tagesablauf schildern, was er voller Gelassenheit macht. Auch bei der Wiedergabe der Umstände des Mordes durch die beiden Unbekannten gibt es nicht einen Moment, in dem er um die tote Mutter weint. Das Heft mit der merkwürdigen Auflistung bezeichnet er als »Quatsch«, den er sich zusammengesponnen habe. Als ihm die Kriminalisten schließlich vorhalten, dass sein schriftliches Geständnis nicht stimmt, wird der Junge fahl im Gesicht, und es sind Ansätze von Schluchzen zu vernehmen. Dirk Bangelang verschränkt die Arme auf dem Schreibtisch, vor dem er sitzt, und verbirgt seinen Kopf darin. Zwei bis drei Minuten verharrt er so, dann gesteht der Sohn: »Ich habe Mutti getötet!«

Stockend und immer wieder mitten im Satz abbrechend, schildert er, was sich am frühen Morgen vor Beginn der Schule abgespielt hat: Wie an jedem Schultag, klingelt auch an diesem Freitag der Wecker bei Dirk kurz vor sechs Uhr. Er geht ins Schlafzimmer, weckt seine Mutter und fragt: »Mutti, kann ich vierzig Mark bekommen?« Die will wissen, wofür. »Ich möchte zwei Kassetten kaufen für neue Musik«, antwortet Dirk. Marlies Bangelang schlägt ihrem Sohn den Wunsch unmissverständlich ab.

»Du hast genug Kassetten. Lösch die alten, dann kannst du sie wieder bespielen. Du hast kaum erst zwanzig Mark von mir bekommen. Jetzt ist Schluss. Das ist mein letztes Wort«, sagt sie, und dreht sich auf die Seite.

Erstmals seit Jahren begehrt der Junge ihr gegenüber energisch auf. Bislang hat Dirk sich immer den Meinungen und Weisungen seiner Eltern gefügt, hat alles widerspruchslos hingenommen und in sich hineingefressen. Doch jetzt ist er wütend. »Nie darf ich machen, was ich will. Ihr verbietet mir alles, immer soll ich nur an die Schule denken«, bricht die ganze Empörung aus dem Jugendlichen heraus. Er fühlt sich von den Eltern grundsätzlich missverstanden, ist überzeugt davon, dass er viel weniger darf und sich leisten kann als andere Jugendliche in seinem Alter. Dirk verlässt schimpfend das Schlafgemach der Eltern und legt sich in seinem Zimmer auf die Liege, um sich abzureagieren. Bisher ist ihm das noch immer gelungen. Diesmal nicht. Zu sicher war er sich, dass die Mutter das Geld rausrücken würde, wenn der Vater nicht zu Hause ist. Ihm schießt alles durch den Kopf, was er in letzter Zeit an vermeintlichen Ungerechtigkeiten ertragen musste: »Ich darf nicht mehr mit dem Moped fahren. Fernsehverbot habe ich auch schon wieder von Vati bekommen. Alles dreht sich immer nur um die blöde Schule«, wirbeln ihm die Gedanken herum.

Der Blick des erbosten Jungen bleibt an der Truhe hängen, die neben der Liege steht und in der er verschiedene Dinge auf bewahrt. »Da liegt doch noch das Messer drin, mit dem Vati Kaninchen schlachtet und das ich genommen habe, um Elektrokabel durchzuschneiden«, durchzuckt es ihn. Auch ein paar Lederhandschuhe befinden sich in der Kiste, erinnert sich Dirk. Er steht auf, sucht beides heraus, zieht sich die schwarzen Handschuhe über und greift sich das Messer.

»Mutti hat vor allem Angst, die werde ich jetzt richtig erschrecken«, nimmt er sich vor und hofft, dass die Mutter doch noch wegen der vierzig Mark für die Kassetten einlenkt. Er hat vor, mit einem Satz durch die zum Teil geöffnete Schlafzimmertür zu springen und mit dem Messer zu drohen.

Im Zimmer ist es inzwischen hell, die Gardinen vor dem Fenster sind nicht zugezogen. Dirk sieht vom Korridor aus, dass die Mutter wieder eingeschlafen ist, und das nach dem Streit von vorhin! Sein Zorn wächst und wächst. »Ich ärgere mich über die Absage mit dem Geld und die schläft schon wieder, als geht sie das alles nichts an«, empört er sich innerlich. »Jetzt ist das Maß voll. Ich bringe sie um, ich ersteche sie.«

Dirk geht leise zum Doppelbett seiner Eltern, tut vorsichtshalber so, als ob er aus dem Schrank Wäsche herausnehmen will. Die Mutter rührt sich nicht. Sie hat das Deckbett bis über die Schultern gezogen und liegt eingekuschelt auf der rechten Seite. Er springt auf das Bett des Vaters, hält die Schlafende mit dem linken Arm samt Bettdecke fest und stößt ihr das Messer in den Hals. Marlies Bangelang schreckt hoch, dreht sich auf den Rücken und wehrt sich. Dabei rutscht das Federbett herunter bis fast zum Fußende. Mit einer Hand hält sie ihren Sohn am rechten Handgelenk fest, mit der anderen kratzt sie ihm die Wange auf. »Dirk, Dirk«, ruft sie, doch der lässt nicht von ihr ab, sondern sticht wieder und wieder zu, bis sie sich nicht mehr rührt. Ihre Augen sind weit aufgerissen, ein Anblick, den Dirk nicht ertragen kann. Er deckt ihr Gesicht mit dem Schlafanzug des Vaters zu, geht hinaus, klinkt die Tür ein und läuft, das Messer noch immer in der rechten Hand, ins Bad. Dort legt er es ins Waschbecken, dreht das kalte Wasser auf und reinigt Klinge und Schaft. Beim Blick in den Spiegel zuckt Dirk zusammen. Gesicht, Oberkörper und Arme sowie der Schlafanzug sind voller Blut. Er wäscht sich gründlich und steckt das Messer, die Lederhandschuhe und den Schlafanzug in einen Plastikbeutel. Danach geht er in die Küche, schmiert Pausenbrote für die Schule, isst eine Kleinigkeit und begibt sich wieder ins Bad zum Zähneputzen. Er zieht sich in seinem Zimmer vollständig an, schnappt die Schultasche sowie den Beutel und verlässt um 6.45 Uhr die Wohnung. Auf dem Weg zur Schule verschwinden Beutel samt Inhalt in einem der Müllcontainer hinter den Häusern. Trotz intensiver Suche wird dieser nie gefunden.

Dirk nimmt wie immer eher zurückhaltend am Unterricht teil. Nichts ist ihm anzumerken von der Tat. Seiner Banknachbarin Monika fällt lediglich auf, dass er auf der Wange eine frische Kratzspur hat. Auf ihre Frage antwortet Dirk unwirsch:

»Das geht dich überhaupt nichts an.«

Um 13.05 Uhr läutet die Schulglocke die letzte Stunde für die neunte Klasse ab. Der 15-Jährige geht aber nicht auf direktem Weg nach Hause, sondern zunächst zu seinem Freund Hans Motte. Ihm gesteht er den Mord an seiner Mutter. Bei der Vernehmung am späten Nachmittag des Tattages sagt Motte laut Protokoll, das von ihm unterzeichnet ist, Folgendes aus:

»Am 28.4. gegen 13.15 Uhr kam … zu mir in die Wohnung und erzählte mir, dass er seine Mutter umgebracht habe. Sie hätte geschrien wie ein kleines Kind, und er habe seine Unterwäsche unterwegs auf dem Schulweg verloren. Er kann auch gesagt haben,

dass er seinen Schlafanzug verloren hat. Seine Mutter wäre noch zu Hause gewesen, weil sie zum Friseur wollte. Dieses sagte er mir in ganz ruhiger Weise. Er war nicht ein bisschen nervös und schilderte diesen Sachverhalt ganz ruhig. Er hatte sich ungefähr eine Viertelstunde bei mir aufgehalten. Er sagte mir auch, dass er seine Mutter mit dem Messer erstochen hat …«

Hans Motte glaubt seinem Freund nicht. »Das hast du nie und nimmer getan«, sagt er und verbannt das Geständnis in das Reich der Spinnerei. Dass Dirk schon länger mit dem Gedanken spielt, seine Eltern zu töten, weiß Hans Motte sehr wohl. Am 10. April 1978 hat er ihn bei der vorgetäuschten Entführung von diesem Vorhaben abbringen können. Dirk war es, der die Idee hatte, seine Eltern in den Wald bei Seidewinkel zu locken, um sie umzubringen, berichtet Motte der Polizei. Er habe nur mitgemacht, um zu verhindern, dass der Kumpel seine Eltern wirklich tötet. Gemeinsam hätten sie auch die beiden anonymen Zettel mit den ausgeschnittenen Buchstaben angefertigt, mit denen Dirk seinen Eltern Angst machen wollte.

Kripo und Staatsanwaltschaft glauben ihm. Es gibt keinerlei Anhaltspunkte, dass er jemals die Absicht hatte, seinem Freund bei der Verwirklichung von Mordplänen zu helfen. Ermittlungen gegen Hans Motte werden ohne jegliche Zweifel an seiner Unschuld eingestellt.

Was hat sich im Innersten von Dirk Bangelang vollzogen bis zu jener schrecklichen Tat, die ihm niemand zugetraut hätte? In einer Einschätzung seiner Schule ist von einem politisch zuverlässigen Elternhaus die Rede, was sich auch in Standpunkten von Dirk widergespiegelt hat. Er wollte Offizier der Nationalen Volksarmee werden, hat aber den Gesundheitstest nicht bestanden. Ihm werden gute bis befriedigende Leistungen, schnelle und gründliche Auffassungsgabe, gut ausgebildetes und logisches Denkvermögen, handwerkliches Geschick und technisches Wissen und Können bescheinigt. In der Reparaturbrigade der Schule hat er sich als besonders tüchtig erwiesen. Im Klassenkollektiv ist er geachtet und beliebt, ist nie niedergeschlagen oder schüchtern, niemals jähzornig, brutal, unbeherrscht oder gewalttätig aufgefallen. Lehrern gegenüber trat Dirk stets höflich und freundlich gegenüber. Dann aber die Einschränkung: In letzter Zeit ist er mehrfach unpünktlich gewesen und hat nicht mehr so regelmäßig wie früher an außerschulischen Veranstaltungen teilgenommen. Ein Leistungsabfall war unverkennbar.

Mehr Einblick in das Seelenleben des zur Tatzeit 15-Jährigen gibt eine Zeichnung, die im Zimmer des Beschuldigten gefunden wird. Sie stammt aus der Zeit des sechsten Schuljahres. Entstanden ist sie im Zusammenhang mit dem Thema »Verantwortliche Tätigkeit der Eltern«. Auf dieser Zeichnung hat Dirk überdimensional groß und stark seine Mutter dargestellt. Sie trägt einen Stahlhelm auf dem Kopf, hat ein Gewehr mit aufgepflanztem Bajonett in der Hand und gibt einen Befehl. Er selbst ist extrem klein gezeichnet, ein Zwerg eben, der in strammer Haltung seine Meldung macht.

Der psychologische Befund, der nach eingehender Untersuchung in der Medizinischen Akademie in Dresden angefertigt wurde, spricht eine deutliche Sprache. Danach hat dem Sohn in den letzten Jahren die zunehmende Gängelei zu Hause geschadet. Er musste daheim sein, wenn die Eltern von der Arbeit kamen, »um Aufträge anzunehmen«, wie er es gegenüber der Psychologin ausdrückte. Bevor er auf die Straße gehen konnte, musste er Rede und Antwort stehen, ob alles »Befohlene« abgearbeitet war. Er durfte weniger allein entscheiden als Alterskameraden. Ausgesprochenen Strafen wie Fernseh- und Mopedfahrverbot hat er nie widersprochen aus Angst, dass diese dann noch erhöht würden. Je nachdem wie der Arbeitstag des Vaters war, sei seine Laune gewesen. Dirk und seine beiden Schwestern seien meist froh gewesen, wenn der Vater nicht zu Hause war. Dirk habe sich sogar seit etwa einem Jahr gewünscht, dass die Eltern tödlich verunglücken. Zärtlichkeit mit der Mutter oder dem Vater hat es nach Einschätzung des Sohnes nicht gegeben. Er hat sie auch nicht vermisst, mehr Kameradschaft und Zuwendung bei der Lösung familiärer Konflikte dagegen schon. Seit Januar 1978 habe er den Vorsatz gehabt, die Eltern zu töten. Dabei ging er nach Einschätzung der Gutachter ohne große Aufregung an die Planung der verschiedenen Etappen zur Verwirklichung seiner Tötungsabsicht. Hass auf die Eltern hat sich angesichts ihrer teils fragwürdigen Erziehungspraktiken angestaut, die geprägt waren von Inkonsequenz der Mutter und dogmatischorthodoxen Erziehungsmethoden des patriarchalischen Vaters. Die Kühle des Familienlebens in dem nach außen hin gut funktionierenden Verband beschreibt Dirk Bangelang gegenüber den Gutachtern so: »Ich habe meine Eltern nicht geliebt, ich habe auch keine Liebe vonseiten meiner Eltern gespürt.«

Das Bezirksgericht Cottbus verhandelt an zwei Tagen im November 1978 die Anklage der Staatsanwaltschaft gegen Dirk Bangelang wegen Mordes und vorbereiteten Mordes in Tateinheit mit versuchter Erpressung. Es verhängt gemäß dem Antrag des Staatsanwaltes fünfzehn Jahre Freiheitsentzug. Es ist die für Jugendliche im Gesetz festgelegte Höchststrafe.

In der Urteilsbegründung heißt es:

»Sein ganzes Handeln war nur auf Tötung gerichtet. (…)

Der Angeklagte hat in besonders verabscheuungswürdiger Weise mit einer kaum zu überbietenden Brutalität seine Mutter, die ihm das Leben geschenkt und es behütet hat, ausgelöscht. Er hat über seine Familie einen nicht wieder zu erlangenden Verlust und tiefe Trauer gebracht. Sein ganzes Handeln offenbart einen ausgeprägten Vernichtungswillen, wenn er selbst erklärt: ›Sie sollte unbedingt tot sein und weil sie noch mit den Beinen zitterte, habe ich noch zweimal in den Bauch gestochen. Ich war beruhigt, als sie sich nicht mehr regte.‹«

Das Oberste Gericht der DDR bestätigt im Januar 1979 das Urteil. Die Verteidigung hatte Berufung eingelegt mit der Begründung, die mangelnde sittliche Reife des Angeklagten sei nicht genügend beachtet worden.

Dirk Bangelang wurde Ende September 1990 auf Bewährung aus der Justizvollzugsanstalt Brandenburg entlassen.

Und bist du nicht willig, so brauch ich Gewalt!

Angst

Elvira Funkel aus Lübbenau im Spreewald hat Angst. Furchtbare Angst. Seit Tagen geht sie kaum noch aus dem Haus. Sie schwänzt die Arbeit im Kraftwerk der Stadt, schließt jede Zimmertür ab, wenn sie allein in der Wohnung ist.

Im Januar 1978 ist sie bei ihrem Verlobten Wilfried Stänzer ausgezogen und lebt jetzt bei ihrem Vater, der ein paar Straßen weiter wohnt. Sie hat Stänzers Trieb nach sexueller Befriedigung einfach nicht mehr entsprechen können. Was anfangs für die geschiedene 25-jährige Frau eine erfüllte sexuelle Beziehung ist, entpuppt sich mit zunehmender Zeit als qualvoller Anspruch eines nimmersatten, potenten Mannes. Mindestens einmal am Tag will er mit einer Frau schlafen, besser noch zwei- oder dreimal. Und wehe, die Frau ist ihm nicht gefügig. Dann nimmt er sich mit Gewalt, wonach ihm der Sinn steht, schließlich hat die Frau ihm untertan zu sein. Verweigert sie sich, setzt es Hiebe, er erniedrigt sie, zwingt sie, die unsinnigsten Torturen zu erdulden. Stundenlang muss Elvira Funkel auf dem Fußboden in der Küche sitzen, nur weil sie ihm im Augenblick nicht geben kann und will, wonach sexuelle Fantasien Wilfried Stänzer treiben. Will sie zur Kosmetik gehen, drückt er ihr einen riesigen Knutschfleck auf den Hals, ist ihr nach einem schönen Essen, drängt es ihn zum Beischlaf.

Sechs Jahre kennen sich beide inzwischen. Ihre Ehen waren gescheitert. Solche Schicksale verbinden, und so fanden sie hin und wieder intim zusammen. Dass sie für Stänzer nur eine von mehreren Frauen ist, ahnt Elvira Funkel nicht. Drei oder vier Gespielinnen zur gleichen Zeit sind für den sexhungrigen 30-jährigen Mann eher Normalität als Ausnahme. Aber Stänzer kann nicht akzeptieren, wenn eine Frau sich ihm verweigert oder ihn verlässt wie Elvira. Dann sucht er Trost im Alkohol und wird handgreiflich.

Schon kurz nach dem Auszug aus der gemeinsamen Wohnung bekommt Elvira Funkel zu spüren, dass Wilfried Stänzer ihr das Leben zur Hölle machen will. Immer wieder steht er zu den unterschiedlichsten Zeiten vor der Tür, rüttelt an der Klinke, hämmert dagegen und trampelt im Hausflur herum, um seine Präsenz zu unterstreichen. Kurz nach dem Auszug hat sie im Guten versucht, ihm die Endgültigkeit der Trennung zu erklären. Seine Antwort sind Ohrfeigen, die so heftig sind, dass sie kurzzeitig benommen davon ist. Die Anzeige wegen Körperverletzung leitet die Polizei weiter an die betriebliche Konfliktkommission. Doch bevor die tagt, zieht Elvira die Anzeige zurück. »Er ist eigentlich kein schlechter Kerl. Wenn er seinen Willen bekommt, kann man gut mit ihm auskommen«, begründet sie die Kehrtwendung. Sie versucht es noch einmal mit Stänzer, doch im Februar 1978 ist der Bruch für sie endgültig. Für ihn nicht. Tage später bittet die junge Frau die Polizei darum, sie vor den Drohungen und Belästigungen Wilfried Stänzers zu schützen. Der Abschnittsbevollmächtigte lädt den Mann zu einer Vernehmung vor und erteilt ihm die klare

Weisung, seine Ex-Verlobte in Ruhe zu lassen. Stänzer reagiert gereizt und uneinsichtig.

Ihr wird unheimlich, als sie einen Brief ihres Ex-Verlobten im Briefkasten findet. Es sind wirre Zeilen, geprägt von Besitzansprüchen an die Frau, die verpackt sind in vermeintlichen Liebeserklärungen. Unverholen droht er, sie umzubringen.

»Liebe ...

... Gleich am Anfang möchte ich Dir mitteilen das Du vor mir keine Ruhe mehr hast ... ich werde Dich eines Tages doch wieder finden ... Es ist dann nur schade für Dich, denn von der Kripo lasse ich mich nicht beeinflussen das ich Dich in Ruhe lassen soll.

... Eines möchte ich Dir gleich sagen. Das Kind was zwischen uns unterwegs ist soll unser bleiben und wenn es nicht so ist wird für Dich auch nicht mehr lange die Sonne scheinen das verspreche ich Dir.

... Wegen mir kannst Du diesen Brief gleich wieder der Kripo zeigen oder Deinen Vati deswegen kann man mich auch nicht von Dir zurückhalten, Du gräbst Dein Grab dann nur für Dich ...

... Wenn Du willst, dann bringe Deine Sachen mit und wir gehen fort von hier oder Du hast in Deinem Leben keine Ruhe mehr.

... Falls ich bis Montag keine Antwort habe von Dir wird es einmal ein Unglück geben und keiner wird mich daran hindern, mir ist alles egal was mit mir passiert dafür ist meine Liebe zu Dir viel zu groß und auch keine Mauer oder Gitterfenster werden mich davon zurückhalten.

... Hoffe das Du gut mit Deinem Vati schläfst.«

Stänzer wartet eine Antwort erst gar nicht ab, sondern schlägt zu. Es ist der erste Sonntag im Monat März 1978. Elvira hat Spätschicht im Kraftwerk. Die Kollegen hatten sie eindringlich ermahnt, dass mit den Fehlschichten Schluss sein muss.

Er weiß, dass sie wieder bei der Arbeit ist, kennt ihre Schicht-zeiten, schließlich arbeiten sie im gleichen Betrieb. Als Elvi-ra Funkel gegen 22.30 Uhr im Lübbenauer Neubaugebiet aus dem Bus steigt, der die Kraftwerker nach Schichtschluss in die Stadt und in die umliegenden Gemeinden bringt, steht Stänzer plötzlich vor ihr. Sie will an ihm vorbeigehen, doch der weicht ihr nicht von der Seite. »Komm mit zu mir, ich liebe dich so sehr«, bettelt er. »Lass mich, es ist Schluss, ich gehe zu Vati in die Wohnung«, macht sie ihm klar.

»Komm mit, oder …«, mehr hört Elvira nicht. Dann pras-seln Schläge mit Händen und Fäusten auf Kopf und Gesicht nieder. Sie stürzt zu Boden, findet sich auf der Grünfläche vor einem Häuserblock wieder. Zwei Männer hören die verzweifel-ten Hilferufe der Frau. Als sie sich nähern, flüchtet der Täter. Die Männer begleiten das Opfer nach Hause und bringen es bis in die Wohnung. Dort taucht auch Stänzer auf. Massiv be-drängt er die Zeugen seiner Schlägerei, sie sollten der Polizei ja die Wahrheit sagen. Seine Wahrheit. »Die hat wie eine Irre geschrieen und ist auf mich losgegangen. Ich habe mich nur gewehrt«, behauptet Stänzer. Vermeintlich liebevoll versucht er, Elvira das Blut aus dem Gesicht zu wischen. Gemeinsam mit dem Vater gelingt es den Männern, Stänzer aus der Woh-nung zu drängen. Elvira geht am nächsten Tag zum Betriebs-arzt. Der stellt Kopfprellungen und ein Schädelhirntrauma fest und schreibt sie für mehrere Tage krank. Die Polizei ermittelt gegen Stänzer wegen Körperverletzung.

Die Tat zeigt die ganze Janusköpfigkeit des Wilfried Stän-zer. An seiner Gewalttätigkeit sind bisher alle Beziehungen zu Frauen gescheitert. Seine Ehe ist nach drei Jahren zerbrochen, weil die Ehefrau und Mutter seines Kindes in die Arme eines anderen geflüchtet ist. Eine spätere Liaison hat nach anfängli-cher Harmonie keine Chance, weil er sich gegenüber dem Kind der Lebenspartnerin ebenso herrschsüchtig verhält wie zu ihr.

Er droht wiederholt, dass sie und das Kind die Wohnung nicht lebend verlassen werden, wenn sie ihm Freundschaft und Bett kündigt. Eine andere zeitweilige Partnerin muss das Kreisgericht Calau bemühen, um an ihre Sachen zu kommen. Die hatte sie bei ihm gelassen, als sie Hals über Kopf den sexbesessenen und gewalttätigen Mann verließ. Auf seinem Schuldkonto stehen eine Bewährungsstrafe wegen Körperverletzung und eine Haftstrafe wegen Autodiebstahls. Einmal hatten ihn seine Eltern im Kindesalter wegen Erziehungsschwierigkeiten für zwei Monate in ein Heim für schwererziehbare Kinder gegeben.

Aber Stänzer ist auch ein fleißiger, pünktlicher und einsatzbereiter Arbeiter, der sein Schlosserhandwerk versteht und der bei der freiwilligen Feuerwehr ein anerkannter Florianjünger ist. Im Betrieb steigt er, obwohl er nur den Abschluss der achten Klasse geschafft hat, zum Reparaturverantwortlichen auf. Sind Überstunden notwendig, schaut er nie auf die Uhr. Das alles bringt ihm die Auszeichnung mit dem Bestenabzeichen des Volkseigenen Betriebes der Stufe Silber ein. Sein Meister lobt:

»Es ist der ruhigste Kollege, den man kennt.«

Den Kollegen seiner Brigade fallen die unglaublich schnell wechselnden Frauenbekanntschaften auf. Kaum hat er eine kennengelernt, zieht er zu ihr oder sie zu ihm. Doch schnell ist immer wieder Schluss mit der Glückseligkeit, und die Frauen wenden sich von ihm ab. Was ihnen bleibt, ist die Angst vor dem einst begehrten Mann und seinen ständigen Gewaltdrohungen. »Wenn Stänzer in Rage kommt, sieht er rot«, ist im Betrieb bekannt. Mit brachialer Gewalt und mit aller Körperkraft versucht er, seinen Willen vor allem gegenüber Schwächeren durchzusetzen.

Elvira steht noch ganz unter dem Schock des gewalttätigen Überfalls, da taucht Stänzer genau eine Woche später wieder bei ihr auf. Es ist kurz nach Mitternacht, und Stänzer ist angetrunken. Vom Nachmittag an hat er in der Gaststätte *Glückauf* gezecht. Nun begehrt er lautstark Einlass in die Wohnung der Familie Funkel. Der Vater hat Nachtschicht, im Kinderzimmer schläft Elviras Bruder Sebastian. Die Geschwister verhalten sich mucksmäuschenstill. Hinter der Gardine stehend sehen sie, dass Stänzer nach einiger Zeit das Weite sucht. Sie legen sich wieder schlafen. Elvira lässt ganz gegen ihre sonstige Gewohnheit die Schlafzimmertür unverschlossen. Sie fühlt sich durch Sebastians Anwesenheit sicher. Im Wohnzimmer ist ein Fenster leicht geöffnet.

Gegen 3.30 Uhr wird Elvira wach. Als sie die Augen aufschlägt, steht Stänzer an ihrem Bett. »Sebastian«, kann sie noch schreien, dann fällt der große, kräftige Mann ohne ein Wort zu sagen über sie her und drückt ihr den Hals zu. Der Bruder eilt zur Hilfe, und Elvira kann sich kurzzeitig befreien. Es folgt ein wilder Kampf in allen Räumen der Wohnung. Stänzer scheint bereit, die Frau zu töten, und drückt ihr ein ums andere Mal die Luft ab. Sebastian allein kann nichts gegen den wütenden Mann ausrichten, der ihm körperlich weit überlegen ist. Er greift geistesgegenwärtig nach dem Schlüsselbund, der an der Garderobe hängt, rennt aus der Wohnung und schließt von außen ab. Die von ihm alarmierten Nachbarn rufen die Polizei. Dann kümmern sie sich gemeinsam mit Sebastian um Elvira. Die liegt bewusstlos im Korridor, ist nicht ansprechbar, atmet schwer, und aus ihrem Mund läuft Blut. Notärzte retten nur knapp ihr Leben.

Stänzer hat die Wohnung verlassen, wie er sie betreten hat – durchs Wohnzimmerfenster über die Leiter, die er von einem Nachbargrundstück entwendet hatte. Er flüchtet mit dem Zug nach Berlin, angeblich, um eine Bekannte zu besuchen, die an der von ihm angegebenen Adresse nie gewohnt hat und fährt später zurück zu den Eltern, die unweit von Lübbenau, in Boblitz, wohnen. Stänzer ist klar, dass die Polizei nach ihm fahndet.

Scheinbar einsichtig stellt er sich. Sein Vater begleitet ihn zum Polizeirevier.

Doch von Reue keine Spur. Er streitet ab, Elvira gewürgt zu haben, und erzählt seine Geschichte. Demnach sei er nach dem Kneipenbesuch zufällig bei Elvira vorbeigekommen und habe ein paar Steinchen gegen das Fenster geschmissen. Elvira habe ihm zugewinkt, und glücklich über ihr Zeichen sei er mit einer unweit vom Haus ausgeborgten Leiter bei ihr eingestiegen. Doch statt zärtlicher Küsse habe er von seiner Verlobten Schläge ins Gesicht bekommen. Nur um sie abzuwehren, habe er sie in den Flur gestoßen, dann sei er aus Angst über die Leiter abgehauen. Das alles wisse er genau, an ein Würgen könne er sich dagegen wegen seiner enormen Erregung nicht erinnern.

Stänzers Eltern unterstützen die Darstellungen ihres Sohnes.

»Ich wäre doch sonst nie mit zur Polizei gegangen«, entrüstet sich der Vater über die erheblichen Zweifel, die die Ermittler haben. Denn alle ärztlichen Befunde und Zeugenaussagen enttarnen die Aussagen von Wilfried Stänzer als Lügenmärchen und Schutzbehauptungen.

Der gebärdet sich bei den Vernehmungen durch Polizei und Staatsanwalt und in der Untersuchungshaft wie ein Verrückter. Die Anschuldigungen gegen ihn bezeichnet er als »pure Fantasterei« der Kriminalpolizei. »Geht mir mit eurer ewigen Fragerei nicht auf den Geist«, beschimpft er die Ermittler. Er springt während der Vernehmung vom Stuhl auf und will das Vernehmungszimmer verlassen. Dem Zugriff der Bewacher versucht er sich zu entziehen, indem er brüllt: »Wenn ihr mich anfasst, schreie ich.« Im Gefängnis zertrümmert Stänzer Möbel und reißt in den Zellen Waschbecken und Armaturen heraus. Mehrfach beschwert er sich wegen »skandalöser Haftbedingungen« und verlangt, dass der Haftbefehl aufgehoben wird. Schließlich könne man ihm höchstens leichte Körperverletzung anlasten und ihn dafür nie und nimmer wegsperren.

Das Bezirksgericht Cottbus macht Wilfried Stänzer im November 1978 den Prozess. Er findet unter strengen Sicherheitsvorkehrungen statt. Die Zahl der Wachhabenden im Gerichtssaal wird erhöht, der Angeklagte wird in Fußfesseln vorgeführt. Ein Geständnis ist von ihm auch vor Gericht nicht zu hören. Stänzer beruft sich auf seine Erinnerungslücken zur Tatzeit und bleibt bei seinen Lügen, selbst als diese widerlegt sind.

Das Gericht verurteilt Wilfried Stänzer wegen versuchten Mordes zu zehn Jahren Freiheitsentzug. Das Oberste Gericht weist seine Berufung zurück. Im Dezember 1986 wird Stänzer auf Bewährung aus dem Strafvollzug entlassen.

Freiwild

Franziska Becker aus Lübbenau ist alleinerziehende Mutter von zwei Mädchen im Alter von fünf und acht Jahren. Die junge Frau ist geschieden, und sie findet es an der Zeit, dass wieder ein Mann ins Haus kommt, sie wärmt und an sich drückt und der ihre zwei Kinder mag. Sie beschließt, sich mal unters Volk zu mischen und Männerschau zu halten. Franziska macht sich chic und zieht los. Die Gaststätte »Turbine« ist nicht weit, und dort ist die Stimmung gut.

Der 6. November 1987 bringt ihr Glück. In der »Turbine« fällt ihr ein athletisch gebauter, schwarzhaariger Mann auf, der allein an seinem Tisch sitzt. Ihre Blicke treffen sich. Sie tanzen ein paar Runden, und die einsamen Herzen beginnen schneller zu schlagen. Der Mann erzählt, dass er gegenwärtig bei seinen Eltern in Boblitz wohne, darüber aber nicht sehr glücklich sei. Die würden ihn wie einen kleinen Jungen behandeln und ihn andauern erziehen wollen, nur weil er mal kurze Zeit im Gefängnis gesessen hat. Wenn er über seine Arbeit in der Boblitzer Meliorationsgenossenschaft spricht, kommt er regelrecht ins Schwärmen. Vor allem gefällt ihm die Betreuung von Schülern aus Lübbenauer Oberschulen, die bei den Meliorationsbauern den polytechnischen Unterricht absolvieren. Bei ihnen lernen die Mädchen und Jungen den Arbeitsalltag im Betrieb kennen, werden in einfachen handwerklichen Tätigkeiten geschult, können erfahrenen Arbeitern auf die Finger schauen.

Die Begeisterung, mit der ihre neue Bekanntschaft über seinen Betrieb berichtet, gefällt Franziska Becker. Auch sonst hat das Mannsbild eine Menge zu bieten. Kein Wunder, dass es schon beim ersten Treffen zwischen den beiden funkt. Franziska gibt sich ihm mit allen Fasern ihres Körpers hin und erlebt eine Nacht, wie sie sie schon lange vermisst hat. Am nächsten Morgen beim gemeinsamen Frühstück bietet Franziska ihrer Eroberung an: »Du kannst bei mir wohnen.« Der Liebhaber ist Feuer und Flamme, fährt nach Boblitz, holt persönliche Sachen, später sogar einige Möbel, und es beginnen traumhafte Tage. Rührend kümmert er sich um die Mädchen, die sich mit dem »Onkel«, den Mutti mitgebracht hat, auf Anhieb verstehen. Die Familie ist zweimal zu Gast bei dessen Eltern im Spreewaldort Boblitz. Die sind von der Frau und den Kindern sehr angetan und vor allem glücklich, dass ihr inzwischen einundvierzig Jahre alter Sohn nach vielen herben Enttäuschungen nun endlich seinen Ankerplatz gefunden hat. Das Ehepaar beschließt, alles zu tun, damit der Sohn endlich dauerhaft Halt hat.

Gut vier Wochen hält die Harmonie an, dann wird sie durch erste Misstöne gestört. Das Vergnügen, das Franziska Beckers Betrieb für seine Belegschaft organisiert hat, ist nicht so ganz nach dem Geschmack des Paares. Es macht sich schnell auf und davon. »Komm, lass uns nach Hause gehen. Dort trinken wir noch ein Gläschen Wein und machen es uns gemütlich«, schlägt der Freund vor und malt sich bereits aus, wie er sich von Franziska verwöhnen lässt. Es gefällt ihm, wenn Frauen aktiv sind in intimer Zweisamkeit. Das genießt der Mann, dann kommt er auf Touren und beweist Stehvermögen.

Franziska ist aber eher nach Party als nach paaren. Widerwillig stimmt der Mann an ihrer Seite zu, noch mal auf einen Sprung in der *Turbine* vorbeizuschauen. Dort treffen sie auf Gregor, Franziskas Bruder. Die Geschwister machen richtig einen drauf, tanzen nahezu ohne Pause und löschen gemeinsam den Durst, der nach dem ausgelassenen Treiben auf dem Parkett die Kehle trocken macht. Je beschwipster Franziska wird, umso wütender wird der Partner, der die ganze Zeit allein am Tisch verbleibt. Zu Hause kommt es zu einem lautstarken Krach, bei dem der Freund deutlich macht, dass er der Herr im Hause ist.

Dieser Streit setzt sich am folgenden Abend fort. Wieder will Franziska nach einem Besuch bei Bekannten den Tag in der *Turbine* ausklingen lassen. Diesmal aber stellt sich der Mann stur.

»Dann musst du eben allein gehen.« Als Franziska sich tatsächlich auf den Weg machen will, packt sie der Freund im Korridor mit aller Kraft an den Armen, schleudert sie durch die geöffnete Schlafzimmertür aufs Bett, kniet sich über sie und schlägt zu. Blaue Flecken an Armen und Beinen sind später deutliche Male der Misshandlung. Franziska wehrt sich mit aller Kraft und schreit ihren Kurzzeit-Lebenspartner an: »Hau ab, ich will dich nicht mehr haben, geh dahin, wo du hergekommen bist.« Sie informiert telefonisch das Polizeirevier in Lübbenau, bekommt aber lediglich zur Antwort: »Das müssen sie mit Ihrem Freund schon alleine klären.«

Doch da ist nichts mehr zu klären und zu kitten. Auch die verzweifelten Versuche von dessen Eltern, Franziska zum Einlenken zu bewegen, misslingen. Sie lässt sich weder von ihnen noch von dem bittenden, bettelnden und fordernden Freund dazu überreden, ihm nicht die Sachen vor die Tür zu stellen.

»Sonnabend holst du alles ab, und dann ist es vorbei«, bleibt sie hart. Die unglaublich schnelle Wandlung des Mannes vom liebevollen Geliebten zum herrschsüchtigen Pascha und die Informationen ihres Ex-Mannes, eines Polizisten, über ihren Mitbewohner, verbieten ihr jegliches Nachgeben.

Leicht angetrunken erscheint der Mann wie verabredet am Samstag gegen siebzehn Uhr. Ernsthaft gewillt, seine Habseligkeiten zu nehmen und die Trennung zu akzeptieren, ist er nicht. Er hat kein Fahrzeug zum Abtransport der Sachen mitgebracht, und den Wohnungsschlüssel rückt er auch nicht heraus. Zwischen den ehemals Verliebten entbrennt im Treppenhaus lautstarkes Gezänk. Zeugen hören, wie der Mann Franziska der »Hurerei« bezichtigt und die ihn als »Knastologen« beschimpft, der zudem im Bett eine »taube Nuss« und viel schlechter als ihr Ex-Mann sei.

Wütend stampft der Verstoßene davon. Eine halbe Stunde später steht er wieder vor ihrer Tür. Sie ahnt nicht, welch teuflischen Plan er verfolgt. Unter der Strickjacke hat er ein Küchenmesser verborgen, das er in Boblitz bei den Eltern aus dem Schubfach genommen hat. Vor zwei Tagen schon hat der 41-Jährige den Entschluss gefasst: »Eine Trennung gibt es nur für beide und dann für immer.« Weil der Ex-Partner jetzt beherrschter wirkt, lässt Franziska ihn in die Wohnung. Sie setzen sich in die Küche, rauchen jeder eine Zigarette. »Alle anderen Zimmer sind für dich tabu. Wenn wir mit dem Rauchen fertig sind, gibst du mir den Schlüssel, schnappst deinen Krempel und verschwindest«, schneidet sie jegliches Wort zu einem Versöhnungsversuch ohne Wenn und Aber ab. »Lass mich wenigstens noch mal zur Toilette gehen. Ich muss pinkeln«, versucht der Exfreund dennoch, Zeit zu gewinnen. Doch Franziska Becker ist konsequent. Sie versperrt ihm die Badtür. Als er sie beiseite schieben will, fährt sie ihm mit den Fingernägeln ins Gesicht. Mehr als die paar Kratzer schmerzt ihn die Endgültigkeit der Romanze, die so bequem für ihn war. Er holt das Messer hervor und will es Franziska frontal in den Leib stechen. Die kann sich im letzten Moment abdrehen. Das Messer trifft die Wand neben der Tür, die Klinge bricht zur Hälfte ab. Das verbliebene Stück reicht ihm, um seinem Opfer mehrfach den Hals aufzuschneiden. Dabei zertrennt er die Hauptschlagader. Franziska Becker verblutet. Der Täter, der sich auf Socken aus dem Haus schleicht, wird von Bewohnern gesehen. Wenig später verhaftet ihn die Polizei.

In der Hauptverhandlung vor dem Bezirksgericht Cottbus, die Anfang August 1988 stattfindet, gesteht der Angeklagte das Verbrechen. Er wird zu einer lebenslangen Freiheitsstrafe verurteilt. In der Urteilsbegründung heißt es:

»Wer zu erkennen gab, dass eine hohe zeitige Freiheitsstrafe nicht ausreichte, um ihn zu einer konsequenten Achtung der Würde und des Lebens von Frauen zu erziehen und der sie erneut als Freiwild für sich betrachtete, wenn sie ihm einmal zugetan gewesen waren, musste in seiner Überlegung vor der Tat mit der Höchststrafe bei erneutem Mord rechnen. Als schulderschwerend sieht der Senat des Weiteren an, dass der Angeklagte, der sich seine Kinderliebe zugute hält, nicht davor zurückschreckte, zwei noch recht jungen Kindern für immer die Mutter zu nehmen. Er ließ vom Vorhaben ihrer bestialischen Tötung nicht einmal ab, als sie bereits bewusst- und hilflos verletzt am Boden lag.«

Der Mörder von Franziska Becker heißt Wilfried Stänzer. Fast genau ein Jahr nach der Haftentlassung auf Bewährung wegen des versuchten Mordes an Elvira Funkel zeigt er wieder, zu welch brutaler Gewalt er fähig ist. Er tötet eine Frau, als sie ihm nicht mehr hörig sein will.

Wahnsinn

Mitte März 1987 feiert die Belegschaft des Volkseigenen Betriebes Gebäudewirtschaft Bad Liebenwerda ihr jährliches Betriebsvergnügen. Der Betriebsdirektor hat seine Rede gehalten, auf die niemand so recht geachtet hat, verdiente Kolleginnen und Kollegen sind ausgezeichnet worden, und auch das Essen hat geschmeckt. Jetzt wird getanzt, das eine oder andere Glas Wein und Bier an den Tischen getrunken und an der Bar finden sich Grüppchen zusammen, stoßen mit Sekt mit Früchten und mit Weinbrand, Wodka oder anderem Hochprozentigen an. Es wird viel geschwatzt und gelacht.

Auch Roland Wassner (einunddreißig) und seine Ehefrau Gunhild (siebenundzwanzig) amüsieren sich. Sie haben schon einige Runden auf der Tanzfläche hinter sich. Es gefällt ihnen wie immer auf dem Betriebsfest. Roland ist als Maurer und Fliesenleger anerkannt bei seinen Kollegen in der Brigade wie in der ganzen Firma. Zweimal hat ihn die Betriebsleitung schon als Bestarbeiter geehrt. Außerdem sind seine Einsatzbereitschaft und die Qualitätsarbeit mehrfach mit Geldprämien anerkannt worden. Der Handwerker ist ein umsichtiger, ruhiger und zurückhaltender Vertreter seiner Zunft, aber deswegen nicht kontaktarm. Aufgewachsen in einer kinderreichen Familie in einem Dorf in der Nähe von Bad Liebenwerda hat der bodenständige Mann früh gelernt, sich anzupassen und auch durchzusetzen. Sein handwerkliches Geschick hat sich herumgesprochen, so dass er im zweiten Arbeitsverhältnis nach Feierabend gut ausgelastet ist. Er hilft Verwandten, Freunden und Bekannten bei Bau- und Renovierungsarbeiten. Gemeinsam mit seiner Ehefrau kellnert er zudem an den Wochenenden bei seiner Schwester in deren Gaststätte. Das bringt zusätzliches Geld fürs Familienbudget. Die Wassners können sich manches mehr an Wohlstand leisten als andere. Es geht ihnen gut.

In der Familie herrscht Harmonie. Daran hat auch das verflixte siebente Ehejahr nichts geändert. Viele Paare laufen in diesem Entscheidungsjahr, aufgefressen vom Alltag, auseinander. Doch Gunhild und Roland lieben sich wie am ersten Tag. Die siebenjährige Tochter Cindy ist ihr ganzer Stolz und macht das Glück komplett. In ein paar Tagen, am 20. März, hat sie Geburtstag. Dann wird ihr Mädchen bereits acht Jahre alt. Cindy wünscht sich – wieder einmal – ein Brüderchen oder Schwesterchen. Bisher haben sich die Eltern nicht für ein zweites Kind entscheiden können. In der Dachgeschosswohnung war es für Familienzuwachs zu eng, und die geräumigere Betriebswohnung haben sie erst vor drei Jahren bezogen.

Cindy ist bei den Großeltern. Ihre Eltern haben die ganze Nacht für sich und können morgen ausschlafen. Roland freut sich auf die kommenden Stunden. Er bittet seine Ehefrau erneut zum Tanz. Es ist ein schöner Titel, nicht zu schnell, genau das richtige zum Schmusen. »Ich liebe dich«, flüstert Roland seiner Gunhild ins Ohr und drückt sie an sich. Die legt glücklich beide Arme um seinen Hals. Die Eheleute drehen sich, eng aneinander geschmiegt, nach den Takten der Musik. »Komm, lass uns an die Bar gehen«, schlägt der Mann vor und fasst seine Frau liebevoll um die Schulter. Dort stehen einige Kollegen aus seiner Brigade mit ihren Ehefrauen. Auf sie streben die Wassners zu. »Guckt, da kommt unser kleiner Süßer«, glaubt Roland zu hören und meint zu beobachten, wie die Männer die Köpfe zusammenstecken und irgendwie anzüglich grinsen. Sogar das Wort »Homo« dringt an sein Ohr. Als das Paar an die Bar tritt, verstummen die Gespräche. Zumindest mit ihm unterhalten sie sich nicht, findet Roland. Gunhild dagegen bemerkt nichts. Sie spricht mit den anderen Frauen, scherzt und lacht. Roland aber spürt Unruhe und Misstrauen in sich aufsteigen. »Was sollte das mit dem ›Süßer‹ und dem ›Homo‹?«, grübelt er.

Zu Hause angekommen, fragt er Gunhild: »Hast du auch gemerkt, wie komisch die heute zu uns waren, so, als wäre ich ein Homosexueller? Dabei wissen die, dass das nicht stimmt, wo wir doch ein Kind haben.« Gunhild schaut ihren Mann verdutzt an: »So ein Quatsch, das bildest du dir nur ein. Die waren wie immer. Komm, lass uns ins Bett gehen«, beruhigt sie ihren Roland und gibt ihm zärtlich einen Kuss.

In den folgenden Tagen gerät die Welt des Roland Wassners immer mehr durcheinander. Von der Betriebsfeier aus hat sich das Gerücht in der Stadt verbreitet, dass der Wassner ein »Schwuli« ist und womöglich Aids hat. Dessen ist sich Roland ganz sicher. Wo er auftaucht in der Kleinstadt, benehmen sich die Menschen auffällig, gucken ihn komisch an, halten Abstand zu ihm. Kollegen aus der Brigade hat er schon zur Rede gestellt. Nur die können die Anschuldigungen in die Welt gesetzt haben. Er droht ihnen mit Anzeigen bei der Polizei wegen übler Nachrede. Die aber streiten alles ab. Natürlich, wer gibt das schon zu? Dabei haben sie sogar Schilder aufgestellt mit der Warnung:

»Betreten verboten« und im gemeinsamen Aufenthaltsraum seinen Stuhl weit weg vom Tisch in die Ecke geschoben. »Du gehörst ins Gefängnis«, musste er sich auch schon anhören. In Fremdfirmen, in denen er Aufträge der Gebäudewirtschaft erledigt, tratschen sie ebenfalls. Die komischen Bewegungen, die Männer mit dem Unterkörper und der Hand machen, wenn er an ihnen vorbei geht, sind ja eindeutig. Sogar eine Fernsehstation soll sich im Wald heimlich niedergelassen haben. Die Fernsehleute wollen ihn beobachten und einen Film drehen. Seine Schwägerin scheint mittlerweile auch zu glauben, dass er ein Homosexueller ist. Die hat einen Brief geschrieben, der nicht einmal abgestempelt war und trotzdem angekommen ist. Statt des Stempels stand die Aufforderung, Altpapier wegzuschaffen und der Spruch: »Manche machen's andersrum.« Das konnte ja nur auf ihn gemünzt sein. Seine Lage erscheint ihm immer aussichtsloser. Wirre Gedanken quälen ihn.

»Hab ich vielleicht wirklich Aids?« Die Frage wird Roland Wassner nicht mehr los, und sie wird in seinem Kopf nach einer Urania-Sendung im Fernsehen zur Gewissheit. Vor kurzem hatte er doch geschwollene Lymphdrüsen, das sind typische Symptome für die tödliche Krankheit, die sich überall in der Welt so rasend schnell ausbreitet und unheilbar ist. Davon war im Urania-Beitrag die Rede, und die müssen es wissen, schließlich nennen sie sich Gesellschaft zur Verbreitung wissenschaftlicher Erkenntnisse.

Wie aber hat er sich angesteckt? Fremdgegangen mit einer anderen Frau ist er nicht, wo er Gunhild doch so liebt. Ungeschützter Sex kommt also nicht in Frage. Roland erinnert sich an einen lange zurückliegenden Krankenhausaufenthalt. Als Zehnjähriger wurde er an der Leiste operiert. Die Bluttransfusionen müssen verseucht gewesen sein. Eine andere Möglichkeit gibt es nicht.

»Bestimmt habe ich auch Gunhild schon angesteckt«, macht er sich schlimme Vorwürfe. Die hustet seit ein paar Tagen so merkwürdig, so wie eine Aids-Kranke.

Roland erzählt seiner Frau von den Ängsten, und dass ihm nur der Selbstmord bleibt. »Du spinnst«, antwortet sie ihrem Mann und sieht ihn voller Sorgen an. »Komm, lass uns morgen zum Arzt gehen«, bittet sie und lässt nicht locker, als sich Roland sträubt. Am nächsten Tag, gleich morgens, sucht das Ehepaar die Arztsprechstunde auf. Für den erfahrenen Allgemeinmediziner ist nach den Schilderungen schnell klar, dass hier nur ein Nervenfacharzt helfen kann. Roland wäre nicht der erste aus der Familie, der an einer Geisteskrankheit leidet. Sein Vater wurde psychiatrisch behandelt, ein Onkel wählte den Freitod. Er greift zum Telefon und vereinbart mit einem ihm bekannten Psychiater für zwei Tage später einen Termin.

Gunhild wird krankgeschrieben. Der Arzt rät ihr: »Passen Sie auf Ihren Mann gut auf.« Dem macht er Mut mit den Worten: »Jetzt geht alles klar, jetzt wird alles gut.« Doch der Wahnsinn nimmt seinen verheerenden Lauf.

Roland gerät mit seinen Gedanken in einen Teufelskreis.

Überall stößt er auf Misstrauen, üble Nachrede und Ablehnung.

»Ich muss mich umbringen«, daran gibt es für ihn angesichts der Ausweglosigkeit seiner Lage keinen Zweifel mehr. Ihm kann keiner mehr helfen. Im Auto liegt schon der Strick bereit für seinen Schlussstrich, doch Gunhild lässt ihn nicht aus den Augen. Er findet einfach keine Gelegenheit, sein Vorhaben zu verwirklichen. Den Tag empfindet er als einziges Chaos. Im Keller will er die Heizung für das Wohnhaus befeuern, doch im Ofen liegen längst die Kohlen. Im Fernsehen sollte am Abend Fußball übertragen werden, doch stattdessen wird ein Film gesendet, in dem die Darsteller telefonieren. Für Roland ist klar: »Jetzt verständigen sie die Polizei. Die soll mich abholen, und ich muss ins Gefängnis.« Eigentümliche Geräusche quälen ihn, pochen unaufhörlich im Kopf. Unruhig läuft der 31-Jährige hin und her: vom Wohnzimmer in die Küche, von da ins Bad, wieder ins Wohnzimmer, zurück in die Küche. Einer Nachbarin, die bei den Wassners am Abend vorbeischaut, fällt das merkwürdige Verhalten von Roland Wassner auf. Ständig hat der den Blick nach unten gerichtet. Er rennt mehrmals in das Kinderzimmer, in dem die Tochter Cindy schlafen soll und deshalb nicht zur Ruhe kommt. Die Besucherin selbst fühlt sich argwöhnisch vom Hausherren beobachtet, wenn sie mit Gunhild ein paar Worte wechselt.

Zehn Minuten nach acht Uhr verlässt die Nachbarin die Wohnung. Wenig später hört sie den gellenden Schrei eines Kindes. In einem Schulungsraum, der unter der Wohnung der Familie Wassner liegt, vernehmen Teilnehmerinnen eines

Handarbeitszirkels polternde Geräusche, dann ist es wieder still.

Was sich an jenem 18. März 1987 zwischen 20.15 Uhr und 20.30 Uhr bei den Wassners abgespielt hat, lässt sich nicht mit letzter Sicherheit rekonstruieren.

Roland muss sich irgendwann bei dem unsteten und ziellosen Lauf durch alle Zimmer der Wohnung in der Küche ein Messer eingesteckt haben. Damit will er sich umbringen. Die Aufmerksamkeit von Gunhild verhindert den Suizid. Er dreht durch, bedroht seine Frau, die entsetzt aufschreit. Cindy wird munter und muss im Korridor vor ihrer Kinderzimmertür Entsetzliches mit ansehen. Ihr Vater packt die Mutter an den Haaren. Die gerät ins Stolpern und schlägt im Korridor lang hin. Der Mann ist sofort zur Stelle, reißt Cindys Mutter an den Haaren den Kopf hoch und schneidet ihr mit dem Messer den Hals durch. Für Gunhild gibt es keine Rettung, sie verblutet.

Das Kind schreit gellend um Hilfe. Roland Wassner packt Cindy und setzt auch ihr das Messer an den Hals. »Nicht auch noch meine Tochter«, ist sein letzter Gedanke.

Der Irre will sich auf die gleiche Weise richten. Doch die mehrfachen Schnitte, die er sich zufügt und bei denen er keinerlei Schmerzen verspürt, beenden sein Leben nicht. Im Bad befestigt er an einen Haken für die Wäscheleine ein Kabel und legt sich die Schlinge um den Hals. Auch dieser Selbstmordversuch misslingt.

Cindy hat die Attacke überlebt. Zum Glück ist der etwa zehn Zentimeter lange Schnitt im Bereich der Kehle nicht lebensgefährlich. Als das Kind, das die Nacht unter Schock im Korridor verbringt, gegen Morgen aufwacht, ist der Vater verschwunden. Während sich Cindy den blutigen Schlafanzug aus und die am Abend von der Mutter bereitgelegten Schulsachen anzieht, hört sie es im Treppenhaus poltern. Kurz darauf taumelt der Vater mit einer klaffenden Kopfwunde in die Wohnung. Er wäscht den Schlafanzug des Mädchens aus, säubert das Messer, das neben der Mutter liegt, klingelt dann bei einer Nachbarin und bittet sie, den Notarzt zu verständigen.

Mit schweren Verletzungen wird Roland Wassner ins Krankenhaus gebracht. In seinem Wahn sieht er Menschen mit dunklen Mänteln und Krankenschwestern, die tuscheln und die Nasen rümpfen, weil er wegen der vermeintlichen Aids-Erkrankung stinkt. Der völlig desorientierte Kranke hört Stimmen, am deutlichsten die seiner Frau Gunhild.

Nach der ersten medizinischen Versorgung wird Roland Wassner in das Haftkrankenhaus nach Leipzig gebracht. Dort können ihn Kriminalisten der Cottbuser Mordkommission erstmals am 9. April vernehmen. Bruchstückhaft, zögernd und ungeordnet in den zeitlichen Abläufen berichtet er von den dramatischen Ereignissen am Abend des 18. März in seiner Wohnung. Es deckt sich im Wesentlichen mit dem, was Cindy zum Tathergang ausgesagt hat.

Rührend kümmert sich fortan die Familie von Gunhild um das Kind und versucht, es zurückzuführen in ein normales Leben.

Roland Wassner wird auf Antrag der Staatsanwaltschaft Cottbus im Haftkrankenhaus Leipzig eingehend psychiatrisch untersucht. Fachärzte diagnostizieren bei ihm eine Schizophrenie, die sich unmittelbar vor, während und nach der Tat in Wahnvorstellungen äußerte. Nur so ist das für die Umgebung und für ihn völlig unfassbare Verbrechen erklärbar, bei dem er nicht zurechnungsfähig war. Das Getuschel der Kollegen auf dem Betriebsvergnügen über den »Süßen« und den »Homo«, die Gerüchte in der Stadt über den »Schwuli«, seine Aids-Erkrankung, die Fernsehstation im Wald, die heimlich einen Film über ihn drehen will – alles existierte nur in seiner wirren Gedankenwelt.

Die Staatsanwaltschaft Cottbus stellt das Ermittlungsverfahren gegen Roland Wassner wegen Mordes und versuchten Mordes an der Ehefrau sowie seiner Tochter ein. Im Strafgesetzbuch der DDR heißt es dazu im Paragraph 15:

(1) Strafrechtliche Verantwortlichkeit ist ausgeschlossen, wenn der Täter zur Zeit der Tat wegen zeitweiliger oder dauernder krankhafter Störung der Geistestätigkeit oder wegen Bewusstseinsstörung unfähig ist, sich nach den durch die Tat berührten Regeln des gesellschaftlichen Zusammenlebens zu entscheiden.

(2) Das Gericht kann die Einweisung in psychiatrische Einrichtungen nach den dafür geltenden gesetzlichen Bestimmungen anordnen.

Der Geisteskranke wird zunächst im Haftkrankenhaus Leipzig medizinisch behandelt, bis seine Wahnvorstellungen abklingen. Gesund aber ist er nicht. Das Kreisgericht Dresden beschließt im September 1987 die unbefristete Einweisung von Roland Wassner in eine psychiatrische Klinik. Zwei Jahre später wird Roland Wassner entlassen, weil die Phobie nach Ansicht der Ärzte ausgeheilt ist.

Der Simulant

3. März 1980, kurz vor acht Uhr, Bezirksgericht Cottbus. Der Transportarbeiter Helfried Tutschinski wird in Handschellen aus der Untersuchungshaftanstalt in den Verhandlungssaal 52 gebracht. Hier findet vor dem ersten Strafsenat der Prozess gegen den dreiundzwanzig Jahre alten Mann aus Karwesee, einem kleinen Dorf im Kreis Neuruppin, statt. Helfried Tutschinski soll am 22. April 1979 die siebzehn Jahre alte Liane

Kaiser aus Lübbenau nach einer Tanzveranstaltung in der Gaststätte *Turbine* vergewaltigt und ermordet haben.

Sein Geständnis vier Tage nach der Tat ist eindeutig. Handschriftlich hat er Folgendes zu Papier gebracht:

»Nach Tanzschluss der Gaststätte hielt ich mich mit mereren Jugendlichen vor der Gaststätte auf. Auf dem Geländer vor der Gaststätte saßen weibliche sowie Männliche Jugendliche zu denen ich mich durch die Aufforderung des Mädchens setzte. Wir unterhielten uns über Private Dinge (wo ich herkam und was ich hier wollte). Als sich Jugendliche Pärchenweise auf den Weg nach Hause machten, bat sie mich, sie nach Hause zu bringen was ich auch tat. Wir fassten uns an die Hand und gingen von der Kneipe über einen Waldweg zu ihrem Wohnungseingang wo vor dem Eingang eine Bank stand. Dieser Weg nahm Zeitmäßig etwa eine Stunde in Anspruch. Wir setzten uns auf dieser Bank und Unterhielten uns über Sie und mich. In dieser Zeit kam eine Frau ins oder aus dem Haus, was ich nicht genau sagen kann.

Sie bemerkte, das sie in der Magengegend schmerzen hatte worauf ich ihr fragte wovon? Sie es mir aber nicht sagen konnte. Wärend Sie feststellte wo die Schmerzen herkamen hob sie ihren Polover hoch so das ich ihren BH sehen konnte. Ich merkte an meinem Körper wie ich anfing zu Zittern und ein steifes Glied bekam. Dieses Zittern löste folgende Handlung aus. Ich sah nur noch die Reitzwäsche, und schlug mit der Faust das Mädel ins Gesicht so dass sie zu Boden viel. Ob sie blutete konnte ich nicht feststellen. Eine kurze Zeit nach dem schlag fasste ich das Mädchen unter den Axeln und zog sie über eine kleine Straße zu den Mülltonnen die mit einer kleinen Mauer umgeben waren. Wärend des Ziehens von der Bank bis zu den Mülltonnen verlor sie ihre Schuhe, noch in der nähe der Bank. An der Mauer Richtete sich das Mädchen auf und stützte sich auf sie. Ich umfasste das Mädchen von forn und drückte Sie zu boden. Ich weiß nicht was mich dazu trieb nach ihren Schuhen zu sehen. Ich frage Sie ob Sie diese nicht anziehen wolle, was verneinte. Ich ging zu den Schuhen stellte Sie vor den Eingang des Hauses. Ich verspürte einen derartig großen sexuellen drang, so dass ich nicht wusste was ich tat. Ich habe mich dagegen gewärt, habe versucht diesen drang zu unterbinden. Ich ging zur Haustür und klingelte 2 oder 3 mal was ich nicht genau weiß. Ich hielt es nicht mehr aus und ging zurück zum Mädchen die dort gelegen hat und weinte. Ich legte mich von vorn auf Sie, fasste ihr über die Hose ans Geschlechtst.

Ich bemerkte dass das Mädchen gewillt war mit mir den GV auszuüben. Sie machte ihre Hose auf und zog sie ein Stück runter. Durch meinen nötiegen Drang und dieser Vorstellung fasste ich in ihr Hosenbund und riß sie mit gewallt nach unten, so dass Sie an den Hosenbeinen zeriss. In dem Augenblick begann Sie sich zu währen was mich wahnsinnig reitzte so das ich ihre Schlüpfer packte und nach unten riss. Ich merkte wie Sie mit beim Einführen des Gliedes half indem Sie ihre Beine spreitzte. Unmittelbar nach einführen des Gliedes schob ich ihren Polover und den BH nach oben, und die Bemerkung machte das Sie sich währen sollte was Sie auch tat. Als Sie meiner Genugtuhung nachkam ging ich mit der rechten Hand an ihren Hals und drückte zu, bis ich merkte das Sie ruhiger wurde. In dieser Zeit hatte ich meinen ersten Orgasmus bekommen. Ich stand auf und stellte mich vor das Mädchen das dort lag und bekam sofort ein steifes Glied. Wieder kam in mir der Drang, als ich hörte wie sie stönte und spielte an ihrer Reitzwäsche (Schlüpfer BH) und gleichzeitig an Brust und Geschlechtsteil. Nach einer gewissen Zeit kam Sie etwas zu sich was mich fast rasend machte. Ich zitterte am ganzen Körper, mein Kopf schmerzte. Ich suchte nach einem Gegenstand, und fand eine Latteähnliches Gehölz was in unmittelbarer Nähe lag. Mich reitzte das Mädchen wie sie dort lag die Beine auseinander Rieb sich versuchte ihre schlüpfer hoch zu ziehen. Dadurch kam ein immer größerer Drang. Ich merkte wie mein Kopf schmertzte und ich auf das Mädchen mit der Latte ein schlug etwa 2 mal. Sie spreitzte die Beine und ich ging mit dem Gesicht über ihren ganzen Körper und übte den GV aus. Nach ausüben des GVs stellte ich mich an die Mauer und hielt mein Kopf vor schmerzen. In dieser Zeit zog ich mich an und ging taumelnd nach Hause. Auf dem nach Hauseweg traf ich ein Mädchen die mir den Weg beschrieb wie ich nach hause komme.

Ich beschwöre diese Angaben ehrlich und wahrheitsgetreu gemacht zu haben.«

Ist das Geständnis in all seiner Fehlerhaftigkeit das eines Mannes, der zur Tatzeit unzurechnungsfähig war und in die Psychatrie gehört? Oder simuliert er eine angebliche sexuelle Abnormität, um sich als Sex-Kranker der drohenden lebenslangen Freiheitsstrafe zu entziehen? In der Medizinischen Akademie »Carl Gustav Carus« in Dresden wird Helfried Tutschinski im Verlauf des Ermittlungsverfahrens vom Direktor der Neurologisch-Psychiatrischen Klinik und Poliklinik, Obermedizinalrat Prof. Dr. sc. med. Ehrig Lange, einen Monat lang umfassend untersucht. Es ist eine Prozedur, die Helfried Tutschinski bereits kennt.

Doch der Reihe nach: Schon in der Kindheit entwickelt sich Helfried auffällig. Als sich seine Eltern scheiden lassen, ist er noch zu klein, um das zu verstehen. Bis zum siebenten Lebensjahr wächst er bei den Großeltern auf, dann holt ihn die Mutter, die wieder geheiratet hat, zu sich. Das missfällt ihm. Er lehnt sich gegen die strengen Erziehungsmethoden der Mutter und des Stiefvaters auf. Nur sein Wille soll geschehen, sagt sich Helfried und verhält sich entsprechend bockig. In der Schule ist das nicht anders. Eigentlich ist er intelligent genug, um in allen Schulfächern zu bestehen. Fleiß und Ausdauer gehören jedoch nicht zu den Charaktereigenschaften des Jungen. In der vierten Klasse bleibt er sitzen. Schließlich entlässt die Schule ihn mit dem Abschluss der siebten Klasse.

Helfried beginnt eine Lehre als Rinderzüchter, schmeißt sie nach einem halben Jahr hin und lebt fortan, wie es ihm gefällt. Der inzwischen 16-jährige Jugendliche benutzt ohne Berechtigung Kraftfahrzeuge, fälscht Urkunden und klaut. Zweimal wird er zwischen 1972 und 1976 in Jugendhäuser eingewiesen. Nach anfänglichen Schwierigkeiten scheint die Erziehung Früchte zu tragen. Er lernt ein Mädchen kennen, mit dem er ein knappes Jahr zusammenbleibt.

Dann nötigt Helfried im April, Juni und September 1977 junge Mädchen zwischen fünfzehn und sechzehn Jahren zu sexuellen Handlungen. Er fasst sie an Brüste und Geschlechtsteil und interessiert sich auffällig für die Unterwäsche, die sie tragen. Sobald sich die Mädchen gegen seine Übergriffe wehren, schlägt er zu. Das Kreisgericht Wittstock verurteilt ihn zu einer Freiheitsstrafe von einem Jahr. Danach muss er laut Gerichtsbeschluss für unbestimmte Zeit in einer Klinik für psychisch Kranke untergebracht werden. Dem Beschluss des Gerichtes liegt ein Gutachten der Charité Berlin zugrunde. Den Charité-Ärzten hat Helfried von sexuellen Bedürfnissen schon während der Kindheit berichtet. Die Scham- und Achselhaare sind ihm demnach bereits mit sieben bis acht Jahren gewachsen, den ersten Samenerguss will er mit sieben Jahren erlebt haben. Schon als Kind hätte ihn Mädchenunterwäsche interessiert, und auch seine erste Intim-Freundin habe beim Geschlechtsverkehr stets Reizwäsche, vorzugsweise Unterröcke, getragen, weil ihn das besonders erregte. Im Jugendhaus habe er sich mit Jungs befriedigt und ständig onaniert.

Die Psychologen, die ihn behandeln, haben erhebliche Zweifel an der Darstellung seiner frühkindlichen Sexualentwicklung, schließen jedoch Fetischismus mit Damenunterwäsche und einen Hang zum Sadismus in Sexualfantasien und beim Geschlechtsverkehr nicht aus. Sie empfehlen nach der Strafverbüßung die Einweisung in die Nervenklinik Brandenburg-Görden. Dort sollen mit Medikamenten Libido und Potenz eingeschränkt werden. Tutschinski stimmt dieser Behandlung zu, die auf freiwilliger Basis erfolgt.

Nach der Haftverbüßung im September 1978 wird er zunächst in die Bezirksnervenklinik nach Neuruppin eingewiesen. Als zwei Monate später der Patient wie abgesprochen nach Brandenburg verlegt werden soll, rebelliert Tutschinski und zieht seine Zustimmung zur Behandlung zurück. Er wolle auf keinen Fall auf »seinen Orgasmus« verzichten. Von den meisten im Charité-Gutachten festgehaltenen Selbstbezichtigungen distanziert er sich. »Die habe ich doch nur gemacht, um mildernde Umstände zu bekommen«, erklärt er den Ärzten unmissverständlich. An den behandelnden Arzt in Neuruppin schreibt er in einem Brief:

»Ich lehne von vornherein diese Überweisung in die Nervenklinik Brandenburg-Görden ab, weil ich der Meinung bin, dass ich es ohne Psychologen schaffe. Ich habe hier in der Klinik eine feste Freundin, und ich habe sie sehr gern. Des Weiteren bin ich nicht gewillt, unter diesen Umständen untätig meine kostbare Zeit zu verschwenden. Ich will Ihnen noch Folgendes mitteilen. Ich habe Klage erhoben gegen meine gerichtliche Einweisung, die völlig unbegründet ist ...«

Einen Monat nach der Entlassung aus der Haft und der Einweisung in die Neuruppiner Klinik lernt er dort die Wirtschaftsgehilfin Christina Celinski kennen. Hartnäckig wirbt er um die junge Frau. Täglich besucht er sie auf ihrem Zimmer auf dem Klinikgelände. Sie spielen Karten miteinander, trinken gemeinsam Kaffee und unterhalten sich. Sexuell bleibt Helfried zurückhaltend. Drei Wochen später, während eines Wochen-endurlaubs, lieben sich die beiden zum ersten Mal.

Über einen Anwalt betreibt Helfried Tutschinski seine Entlassung aus der Nervenklinik. Christina Celinski hilft ihm dabei. Im Januar 1979 hebt das Kreisgericht Neuruppin die unbefristete Unterbringung auf. Die Ärzte der Neuruppiner Klinik sehen bei ihrem Patienten keinen sexuellen Leidensdruck mehr.

Pfleger der Einrichtung sind anderer Meinung. Krankenpfleger Hans-Jürgen Behnert gehört zu ihnen. In einer Vernehmung erklärt er, dass sich Tutschinski mehrfach als Fetischist ausgegeben habe, weil er sich beim Anblick weiblicher Unterwäsche sexuell errege. Er habe sogar befürchtet, dass der Patient einen Menschen töten könnte. Tutschinski sei schlau und tue nichts ohne Überlegung. Völlig anders als gegenüber dem aus seiner Sicht niederen Personal sei sein Verhalten in Gegenwart von Ärzten gewesen. Durch kluge Reden habe er sich immer ins richtige Licht rücken können.

Christina Celinski und Helfried Tutschinski stören derartige Einschätzungen nicht. Sie haben sich verlobt und wollen heiraten. Ein Kind ist unterwegs. Christinas Zimmer auf dem Klinikgelände in Neuruppin oder die Wohnung in Karwesee sind allerdings alles andere als ideal für die Familiengründung. Helfried beschließt, sich in der Umgebung von Cottbus nach Arbeit und Wohnung umzusehen. Möglicherweise kann ihm eine Tante helfen, die im Spreewald wohnt. Wo genau, weiß er nicht.

Der 23-jährige angehende Vater macht sich am 20. April 1979, einem Freitag, auf den Weg nach Lübbenau. »Am Montag bin ich wieder zurück«, verspricht er seiner Verlobten.

Auf der Suche nach einer Unterkunft lernt er einen Mann kennen, der mit zwei weiteren Freunden in einer Wohngemeinschaft etwas außerhalb von Lübbenau im Ortsteil Stennewitz wohnt. Dort könne er ein Bett bekommen. Helfried nimmt das Angebot an, die Männer verstehen sich auf Anhieb.

Einer seiner neuen Freunden schleppt ihn am nächsten Tag zum Tanz in die *Turbine* in Lübbenau. Der »Schuppen« gefällt ihm. Helfried ist ein guter Tänzer, und an Partnerinnen gibt es keinen Mangel. Der Boxsport, den Helfried betreibt, zahlt sich aus. Sein Körper ist muskulös, kein Mädchen gibt ihm einen Korb.

Gegen 0.30 Uhr ist Schluss im Tanzsaal. Als Helfried die Gaststätte verlässt, stehen draußen bereits Grüppchen von jungen Leuten. Ein paar Mädchen sitzen auf einem Treppengeländer und rauchen. Liane Kaiser gehört zu ihnen. Sie ist mit Freunden von einem Klassentreffen herübergekommen zur *Turbine* in der Hoffnung, dass noch etwas los ist. Die Türsteher waren unerbittlich und haben sie nicht mehr in den Saal gelassen.

»He, wo kommst denn du her«, fragt sie den jungen Mann, den sie hier noch nie gesehen hat. »Kannst dich ruhig zu mir setzen, ich beiße nicht«, fordert sie ihn auf. Helfried lässt sich nicht zweimal bitten, erst recht nicht, als ihn Liane fragt, ob er sie nach Hause bringt. Er nimmt sie an die Hand, und das Paar für eine Nacht zieht einträchtig von dannen.

Gut eine Stunde später stehen sie vor Lianes Haus. Die zeigt ihm auf dem Klingelschild, in welcher Etage sie mit ihrer Mutter wohnt. Helfried ist guter Hoffnung, dass sich der Weg hierher für ihn noch lohnt. Schließlich hat Liane offensichtlich keine Lust, nach oben zu gehen. Eine Hausbewohnerin, die gegen 1.45 Uhr nach Hause kommt, sieht Liane und einen ihr unbekannten Mann. Der ermahnt die Frau freundlich, sie möge ihr gutes Fahrrad anschließen. Etwa fünf Minuten später wird Lianes Mutter aus dem Schlaf geklingelt. »Bestimmt hat das Mädel wieder ihren Schlüssel vergessen«, denkt sie sich und geht zur Wohnungstür. Doch da ist niemand. Auch vom Fenster aus ist keine Menschenseele zu sehen. Die Mutter legt sich wieder ins Bett. Drei Stunden später wird sie erneut wach. Liane ist noch nicht in ihrem Zimmer. Die Mutter schaut aus dem Fenster und bemerkt vor der Haustür ein Paar Schuhe. Es ist sind die von Liane. Sie rennt, von panischer Angst gepackt, zur Haustür und findet ihre Tochter tot hinter der gegenüberliegenden Müllbox. Völlig verstört ruft sie die Polizei.

Die Leiche von Liane Kaiser wird von Gerichtsmedizinern der Medizinischen Akademie Dresden obduziert. Sie stellen eine Reihe von Verletzungen fest, die eindeutig durch Würgen entstanden sind. Der Bruch des Zungenbeines lässt den Schluss zu, dass der Täter den Hals seines Opfers mit erheblicher Kraft zugedrückt hat. Der Mund ist stark geschwollen, der linke Rand der Zunge eingerissen. Wahrscheinlichste Ursache dafür sind nach Ansicht der Ärzte Faustschläge. An der linken Brust des Opfers sind die deutlichen Spuren eines Bisses erkennbar. Der ganze Körper ist übersät mit Verletzungen, die von einer Holzlatte stammen. Als der Täter damit zugeschlagen hat, war Liane Kaiser bereits in eine tiefe Bewusstlosigkeit gefallen. Sie hatte allerdings noch gelebt, wie Blut in den Atemwegen beweist, und hätte zu diesem Zeitpunkt durch sofortige ärztliche Hilfe noch gerettet werden können.

Bereits am nächsten Tag gegen siebzehn Uhr wird Helfried Tutschinski in seiner vorübergehenden Unterkunft in Stennewitz festgenommen. Zahlreiche Zeugen hatten beobachtet, wie er mit Liane von der Gaststätte aus davongezogen war. Die Polizei macht das Paar ausfindig, bei dem er sich nachts zwischen zwei Uhr und zwei Uhr dreißig nach dem Heimweg nach Lübbenau-Stennewitz erkundigt und mit dem er den Weg fortan gemeinsam zurücklegt hat. Bei seiner Festnahme sind frische Kratzspuren im Gesicht, an den Handgelenken und den Unterarmen unübersehbar. Die Ermittler der Cottbuser MUK lassen die Wunden durch einen Gerichtsmediziner untersuchen. Der legt sich fest, dass sie nicht älter als vierundzwanzig Stunden sind.

Als klar ist, dass sich die Staatsanwaltschaft Cottbus nicht auf zurückliegende psychologische Erkenntnisse der Charité in Berlin und der Nervenklinik Neuruppin verlässt, sondern bei Professor Ehrig Lange in Dresden ein neues, tatbezogenes psychiatrisches Gutachten veranlasst, erkennt Tutschinski die mögliche Tragweite der Entscheidung. Er schreibt an seine Freundin Christina Celinski:

»Ich bin in Cottbus in der UHA wegen Mord inhaftiert … Diese Tat ist auf meine Krankheit zurückzuführen. Wie es nun weitergeht, das kann ich Dir wirklich nicht sagen. Es kommt darauf an, was das Gutachten aussagt. Wenn es positiv ausfällt, kann ich in eine Klinik überwiesen werden, um mich einer Behandlung zu unterziehen. Es kann aber auch anders kommen, was ich aber nicht glaube.«

Auch der Gutachter erhält aus der Untersuchungshaft Post von Helfried Tutschinski. Unter der Überschrift »Lebensgeständnis« legt dieser handschriftlich auf achtundfünfzig Seiten eine »Beichte« ab. Sie beginnt mit folgender Feststellung:

»… geboren am … in Dortmund, möchte Ihnen hiermit mein Lebensgeständnis aus folgendem Grund mitteilen, Betreff: Ich möchte einen Justizweg mitteilen, der nicht unschuldig ist, dass ich jetzt in Untersuchungshaft bin und dass man mich eines Mordes anklagt. Ich schreibe ihnen hier keine erfundene Geschichte nieder, um mich eventuell von dieser tat loszusagen oder vielleicht zu simulieren. Ich möchte Ihnen lediglich den Irrtum oder die Vernachlässigung der Justiz mitteilen, die eigentlich die Schuldigen sind …«

Zusammengefasst beschreibt Tutschinski darin seine abnorme sexuelle Veranlagung, die sein Denken und Handeln seit seinem neunten Lebensjahr bestimmen.

Schon beim Anblick von Unterwäsche bei Schulmädchen habe er feuchte Hosen bekommen. Er habe es nahezu täglich mit der sechs Jahre älteren Schwester »getrieben«, sich Mädchensachen angezogen und sich in Fantasien in die Lage vergewaltigter Mädchen versetzt, später die junge Sekretärin im Zimmer der Bürgermeisterin sexuell genötigt und im Betrieb kaum Zeit zur Arbeit gehabt, weil er ständig onanieren musste. Das alles schmückt Helfried mit vielen pikanten Details seiner fetischistischen und sadistischen Veranlagung aus. Vom Kennenlernen seiner Verlobten Christina und von den intimen Erfahrungen mit ihr berichtet Tutschinski nur in wenigen und bemerkenswert zurückhaltenden Worten. Es sei schließlich erneut zu abartigen Handlungen gekommen, ist der Kern der acht Zeilen, die er in seiner »Lebensbeichte« dieser Beziehung widmet.

Und das aus gutem Grund. Christina hat nämlich wenig Auffälliges im Sexualleben mit Helfried gespürt. Sie berichtet zwar von einer starken und selten versiegenden Manneskraft, nicht aber von Gewalt beim Geschlechtsverkehr oder überbordender »Geilheit« beim Anblick von Reizwäsche. Im Gegenteil: Männer, mit denen sie vor der Zeit mit Helfried intime Beziehungen hatten, seien viel weniger zärtlich gewesen als ihr jetziger Verlobter. Drei- bis viermal am Tag Geschlechtsverkehr, wenn möglich noch öfter, seien für ihn normal gewesen. Auch ihr habe diese Intensität Freude bereitet. Wenn sie doch einmal nicht wollte oder konnte, sei Helfried zwar wütend gewesen, doch er habe sie nie mit Gewalt zum Geschlechtsverkehr gezwungen.

Vom ersten Tag der Begutachtung in der Medizinischen Akademie in Dresden pflegt Helfried Tutschinski seine Rolle als Mann, der sexuell abnorm veranlagt ist. Er klagt über starke Schmerzen in der Genitalgegend und im Unterleib und zuckt schon bei der kleinsten Berührung mit verzerrtem Gesicht zusammen. Als der Arzt nicht reagiert, klingen die Schmerzen urplötzlich ab. Eine solche Wunderheilung scheint bei Helfried öfter stattzufinden. Vor seiner Fahrt nach Lübbenau hatte er sich in Neuruppin von einem Arzt krankschreiben lassen, weil sein einziger Hoden unerträglich schmerzte. Im Spreewald angekommen, musste die gute Luft in der Lausitz die Entzündung am Geschlecht weggeweht haben. Helfried jedenfalls wird durch den schmerzenden Hoden nicht vom Tanzen abgehalten, nicht vom Onanieren auf der Toilette und nicht von der Vergewaltigung und Ermordung von Liane Kaiser.

In den Wochen seines Klinikaufenthalts führt Tutschinski seine fantasievolle Selbstbefriedigung immer wieder öffentlich vor. So nimmt er sich aus einem der Klinkräume heimlich eine Gardine mit und legt sich den Stoff wie ein Tanzröckchen um die Hüfte. Dann lässt er den Gutachter unter dem Vorwand rufen, er müsse ihm dringend etwas mitteilen. Mit erigiertem Penis und dem imitierten Röckchen tanzt er vor dem Arzt herum und lässt ihn wissen, dass er es sogar »hier machen muss«, weil es »so schlimm um ihn steht«. Mitpatienten lädt er zu sich ins Bett ein mit der Bemerkung, dass es miteinander doch viel schöner sei, als allein zu wichsen.

Dass ihm der Gutachter seine Krankheit nicht glaubt und ihn eher für einen Simulanten hält, will er nicht akzeptieren. Die Ärzte an der Charité in Berlin wären wenigstens Experten gewesen und hätten seine abnorme krankhafte Veranlagung erkannt, schimpft er. In der Nervenklinik in Neuruppin habe er das nur bestritten aus Angst, dass er von seiner Freundin Christina getrennt würde, begründet er seine Kehrtwende.

Prof. Dr. Ehrig Lange kommt in seiner Expertise zu dem Schluss, dass bei Tutschinski durchaus eine gestörte und damit schwerwiegende abnorme Sexualentwicklung vorliegt. Allerdings ist diese in den vergangenen zwei bis drei Jahren abgeklungen und Tutschinski zu normalen sexuellen Beziehungen in der Lage. Er sei zu »seinem Orgasmus« gekommen, ohne abartige Fantasien zu benötigen. Er brauchte dazu nicht mehr Unterröcke und Reizwäsche als Fetische, und Gewalt schon gar nicht. Tutschinski, so der Gutachter, ist für seine Tat voll verantwortlich.

Unter dem Eindruck dieses Gutachtens rückt der Angeklagte in der Hauptverhandlung vor dem ersten Strafsenat des Bezirksgerichtes Cottbus von seinem ursprünglichen Geständnis ab. Er gibt zu, Liane Kaiser getötet zu haben, damit sie ihn wegen der Vergewaltigung nicht anzeigen konnte. Obwohl anfänglich durchaus zu Intimität bereit, hatte sich Liane in der Tatnacht nach einer Zigarettenlänge auf der Hausbank doch gegen einen One-Night-Stand entschieden und ihm das deutlich zu verstehen gegeben. Helfried aber ist zu diesem Zeitpunkt nicht mehr zu bremsen. Als er nicht freiwillig bekommt, was er begehrt, schlägt er ohne Vorwarnung zu. Er versetzt Liane einen kräftigen Faustschlag ins Gesicht, der sie zu Boden streckt. Das Mädchen schlägt mit dem Hinterkopf auf und verliert das Bewusstsein. Tutschinski schleift sein Opfer zu dem nicht weit entfernten Müllplatz und legt es hinter der Mauer am angrenzenden Zaun zum Kindergarten ab. Der Mann lässt seine Hose fallen, reißt Liane Hose und Schlüpfer vom Leib und schiebt Pullover samt Büstenhalter nach oben. Als die 17-Jährige aus der Ohnmacht zu sich kommt, umfasst er mit beiden Händen ihren Hals, stützt sich mit dem ganzen Gewicht seines Körpers darauf und drückt den Kehlkopf zu. Liane wehrt sich, kneift und kratzt den Mann über sich, doch um Hilfe kann sie nicht mehr rufen. Tutschinski vergewaltigt das erneut bewusstlos gewordene Opfer und beißt dem Mädchen in die linke Brust. Nach der Ejakulation zieht er sich die Hose hoch, greift nach der Zaunlatte, die ganz in der Nähe liegt, und schlägt mehrmals mit aller Kraft auf Körper und Rumpf ein. Liane stöhnt nach dem ersten Hieb noch einmal auf, der Körper zuckt ein letztes Mal, bevor sie stirbt.

In der Unterkunft in Lübbenau-Stennewitz angekommen, wäscht sich Helfried Tutschinski das Blut von den Armen und legt sich schlafen.

Das Bezirksgericht Cottbus verurteilt den Transportarbeiter Helfried Tutschinski wegen Mordes und Vergewaltigung zu einer lebenslangen Freiheitsstrafe. Rohheit und Intensität der Tat sind kaum zu übertreffen, heißt es in der Urteilsbegründung. Deshalb müsse der Angeklagte für immer von der Gesellschaft isoliert werden.

Anfang 1994 stellt Helfried Tutschinski den Antrag, auf Bewährung aus der Haft entlassen zu werden. Entgegen der Auffassung der Staatsanwaltschaft Cottbus stimmt das Landgericht Potsdam dem zu, obwohl ein Gutachter nicht ausschließt, dass sich beim Häftling erneut sadistische Züge entfalten könnten.

Der Cottbuser Oberstaatsanwalt legt beim Brandenburgischen Oberlandesgericht Beschwerde ein und hat damit Erfolg. Das OLG hebt den Beschluss der Potsdamer Richter auf und verfügt, dass Tutschinski frühestens nach siebzehn Jahren Haft freikommen darf.

Die sind 1996 verbüßt. Im Oktober wird Helfried Tutschinski mit einer Bewährungszeit von fünf Jahren aus dem Strafvollzug entlassen.

Der Voyeur

Der Halbendorfer See unweit der Stadt Weißwasser in der Oberlausitz ist in den Sommermonaten ein beliebtes Naherholungsgebiet. Der zwei Kilometer lange und fünfhundert Meter breite See ist beliebt wegen des klaren Wassers und weil man sich am Strand und auf dem Campingplatz bewegen kann wie Adam und Eva – nackt von Kopf bis Fuß. In der DDR findet die Freikörperkultur mit Beginn der 1970er Jahre immer mehr Anhänger, und so sind FKK-Strände nicht nur an der Ostsee, sondern auch im Binnenland an den vielen Gewässern der Lausitz gut besucht.

Der Mann, der auf das Treiben am FKK-Strand in Halbendorf blickt, ist durch ein Gebüsch getarnt. Er ist zweifacher Vater und zum zweiten Mal verheiratet. In Weißwasser bewohnt er eine Wohnung in einem Neubaugebiet. Im benachbarten Kraftwerk Boxberg hat der Instandhaltungsmechaniker eine geregelte Arbeit mit gutem Auskommen. Sein nach außen hin normales Leben hat seine dunklen Seiten. Magisch zieht es ihn zu den Orten, an denen sich Frauen und Männer so ungezwungen bewegen, nackt in der Sonne liegen, sich gegenseitig die Haut cremen, sich berühren und küssen, in der Sonne Volleyball oder Federball spielen – einfach die ungezwungene Freiheit genießen. Das erregt ihn. Dann kann er nicht an sich halten, muss seinen Penis in die Hand nehmen und masturbieren. Es vergeht kaum ein Tag im Sommer, an dem sich der Voyeur nicht mit seinem Moped Star oder dem Fahrrad auf den Weg macht, um am Halbendorfer See oder an einem der anderen größeren und kleineren Gewässer der Umgebung hinter Bäumen und Büschen versteckt zu spannen. Einmal, im Sommer 1973, ist er erwischt worden, wie er sich beim lustvollen Betrachten der nackten Menschen in aller Öffentlichkeit selbst befriedigte – fünfhundert Mark Ordnungsstrafe. Doch das hat seine heimliche Begierde eher gesteigert als eingedämmt. Auch auf Bahnhöfen, in Toiletten und Zügen beobachtet er Frauen. Gefällt ihm eine, fängt er an zu onanieren. Seit Jahren geht das schon so. Und immer mehr setzt sich in seinem Kopf der Gedanke fest, dass es schön wäre, hübschen nackten Frauen nicht nur zuzuschauen, sondern sie auch zu besitzen.

Mitte Mai 1983 in Weißwasser. Die achtzehn Jahre alte Studentin Sandra Meier ist vom Bahnhof Weißwasser aus zu Fuß auf dem Weg nach Hause. Knapp fünf Kilometer sind es bis nach Gablenz, wo sie bei den Eltern wohnt. Unterwegs trifft sie ihren Bruder Sven, der mit zwei Freunden gerade vom Eishockeyspiel der einheimischen Dynamo-Mannschaft gegen den Erzrivalen von Dynamo Berlin aus dem Eisstadion kommt. »Hallo Schwesterchen, geh schon mal vor. Ich hol noch mein Fahrrad, komm dann nach, und wir laufen gemeinsam nach Hause«, ruft er Sandra zu. Die ist froh über die in Aussicht gestellte Begleitung und schlendert ohne große Eile die Straße entlang.

Es ist etwa 21.45 Uhr, als sie am Abzweig nach Gablenz auf der anderen Straßenseite einen Radfahrer bemerkt. Der fährt trotz der Dunkelheit ohne Licht. Der Kettenschutz klappert, es ist wohl ein älteres Gefährt, auf dem er sich bewegt. Sie schenkt dem Mann keine besondere Aufmerksamkeit, auch nicht, als der plötzlich die Straßenseite wechselt und neben ihr her fährt.

»Kannst du mir sagen, wie spät es ist?«, will er von Sandra wissen. »Hab keine Uhr bei mir, muss aber so um zehn sein«, entgegnet sie. »Danke«, antwortet er höflich und radelt davon. Dass sich der Radfahrer fünfzig Meter voraus nach einer Kurve in einem Gebüsch in der Nähe des Sportplatzes versteckt, bemerkt Sandra nicht. Und als sie ihn sieht, ist es zu spät. Der Unbekannte springt auf sie zu und greift ihr an den Hals. Verzweifelt wehrt sich die 18-Jährige und ruft zweimal nach einer ihr bekannten Familie, die in der Nähe wohnt. Dann fehlt ihr die Luft. Der Täter schleift sie in den Straßengraben und wirft sich auf die junge Frau. Seine sexuelle Erregung ist stark, der Widerstand seines Opfers auch. Sie zieht ihn mit einer Hand an den Haaren, kratzt mit der anderen sein Gesicht auf. »Lass mich zufrieden, mein Bruder kommt gleich hier lang«, röchelt sie. Den Mann bringt das nicht zur Vernunft. Er steht auf, packt die junge Frau am Schopf und zieht sie in den Wald, der an den Straßengraben grenzt. Sandra bettelt und fleht ihn an: »Bitte, bitte, lass mich am Leben! Du kommst doch sowieso nicht durch. Mein Bruder sucht nach mir.«

Statt einer Antwort wirft der Mann Sandra zu Boden und legt sich erneut auf ihren Körper. Ihr Widerstand erlischt. »Du kannst alles mit mir machen, doch lass mich am Leben«, bittet sie wieder und wieder. Sie spürt, wie der Unbekannte ihr die Bluse hochschiebt und seine Hände ihre Brüste betatschen. Als der Vergewaltiger sie küssen will, dreht sich die junge Frau angewidert zur Seite. Der Mann zieht ihr Hose und Schlüpfer herunter und beginnt, sich seine Latzhose aufzuknöpfen. Plötzlich ertönen von der Straße Stimmen. Der Täter hält inne. Das ist Sandras Rettung. Sie läuft, nackt wie sie ist, davon und ruft verzweifelt nach ihrem Bruder Sven. Ihr Peiniger steht zunächst nur verdutzt da. Wenig später hören Sandra und Sven das schwächer werdende Klappern eines Fahrrades. Gemeinsam gehen sie zum Ort des Verbrechens und suchen Sandras Sachen zusammen.

Auf dem Polizeirevier ist Sandra Meier sich sicher, dass sie den Täter wiedererkennen würde. Sie beschreibt ihn als etwa fünfundzwanzig Jahre alt, von schlanker Gestalt und ungefähr einhundertfünfundsiebzig Zentimeter groß. Sein blondes Haar bedeckt halb die Ohren, ist nach rechts gescheitelt und reicht weit ins Gesicht. Auffällig sind die vorstehenden Backen- und Kieferknochen. Er trug eine dunkle Kombi ohne

Taschen und um die Hüfte einen etwa vier Zentimeter breiten hellen Gürtel. Mithilfe eines Phantombildes wird intensiv nach dem Täter gesucht, doch die Polizei kann ihn nicht finden.

Knapp drei Wochen später. Manuela Paulick hat sich mit Schülern ihrer Klasse aus der Erweiterten Oberschule Weißwasser zum Baden am Fichterteich bei Gablenz verabredet. Der 9. Juni ist ein herrlicher Tag. Die Sonne lacht vom blauen, wolkenlosen Himmel, und sie scheint noch heller zu strahlen als gewöhnlich.

So empfindet es Manuela. Es ist ihr achtzehnter Geburtstag. Gut gelaunt schnappt sie sich ihr Minifahrrad mit den Badesachen auf dem Gepäckträger und ist schon bald an dem Waldweg, der zu dem kleinen, versteckt liegenden See führt. Plötzlich hört sie hinter sich ein klapperndes Geräusch. Sie sieht einen Mann auf einem älteren Fahrrad herankommen. Manuela spürt einen Stoß, fällt um und stößt mit dem Kopf gegen eine Birke. Sie weiß nicht, dass der Sturz kein gewöhnlicher Unfall auf einem schmalen Waldweg ist, sondern dass der Verursacher den Zusammenstoß gezielt provoziert hat. Er ist vom bloßen Anblick des jungen Mädchens schon sexuell erregt. In Gedanken hat er sie schon Stück für Stück entkleidet und ist mit ihr intim.

Als sich Manuela, die vom Sturz leicht benommen ist, erheben will, sieht sie ein Gesicht über sich. Der Mann, der sie vom Fahrrad gestoßen hat, lacht und verzerrt seinen Mund zur Fratze. Das blonde Haar ist durch den Wind zerzaust und hängt in die Stirn. Sie schätzt sein Alter auf zwanzig bis dreißig Jahre. Er hat etwas Dunkles an und wirkt schlank und sportlich. Doch statt dem Mädchen beim Aufstehen behilflich zu sein, umfasst er ihren Hals und drückt mit aller Kraft zu. Manuela wird schwarz vor Augen. Sie verliert das Bewusstsein und blutet aus der Nase.

Als sie wieder zu sich kommt, ist sie allein. Der Täter ist in Richtung FKK-Strand verschwunden. Das blutverschmierte Gesicht seines Opfers hat ihn von weiteren Handlungen abgeschreckt, die sexuelle Erregung ist panischer Angst gewichen. Dem bewusstlosen Mädchen hilft er nicht. Er hat ihr Fahrrad versteckt, damit man sie nicht so schnell findet. Manuela taumelt zum See, wo sich die entsetzten Klassenkameraden um sie kümmern. Einer der Jungs schwingt sich auf sein Moped und holt den Vater herbei, der die Polizei alarmiert. Manuela muss drei Tage im Krankenhaus behandelt werden. Sie hat Hämatome an der Stirn, am Oberkörper sowie am linken Unterschenkel. Das linke Auge ist blau angeschwollen, der Hals voller Würgemale. Die Verletzungen heilen schnell, doch Angst und Alpträume lassen sie lange Zeit nicht los.

Nach den zwei Überfällen auf junge Frauen innerhalb kurzer Zeit läuten bei der Polizei die Alarmglocken. Viele Indizien deuten darauf hin, dass es sich bei dem Täter um ein und denselben Mann handelt und dass er in den Dörfern um Weißwasser oder der Stadt selbst zu Hause ist. Die einschlägige Täterkartei wird durchforstet, Alibis werden überprüft. Doch eine heiße Spur gibt es nicht.

Tage und Wochen vergehen. Inzwischen ist es der 21. August. Der Mann, der hinter Gebüsch versteckt nackte Frauen am FKK-Strand beobachtet und sich dabei selbst befriedigt, ist wieder einmal unterwegs zu seinem Lieblingsgewässer, dem Halbendorfer See. Gegen Mittag ist er mit seinem Moped eingetroffen. Die Gelegenheit ist günstig. Es ist Sonntag, Ehefrau Gerlinde ist zur Spätschicht, und er hat frei. So kann er stundenlang ungestört die ihn erregenden Ansichten genießen. Als die Sonne schwächer wird und der Strand sich langsam leert, bricht auch er auf. Es ist siebzehn Uhr. Große Lust, schon jetzt wieder nach Hause in die Plattenbauwohnung zu fahren, wo die drei Kinder lärmen, die seine zweite Frau mit in die Ehe gebracht hat, verspürt der 30-jährige Mann nicht. Er kurvt mit seinem Star viel lieber noch durch die Lausitzer Landschaft, sieht sich in Kromlau um, dann in Bad Muskau. Auf dem Heimweg nach Weißwasser hält der 30-Jährige in einem Wald an und sucht Pilze. Die wachsen noch nicht. Wenigstens entdeckt er einen Stock, der gut in sein großes, sechshundert Liter Wasser fassendes Aquarium passt. Er bricht sich das Holz zurecht und macht es auf dem Gepäckträger fest. In Krauschwitz, einer Industriegemeinde, die etwa fünf Kilometer von Weißwasser entfernt liegt, streikt sein Moped unmittelbar vor dem Freibad. Der Auspuffkrümmer hat sich gelockert. Es ist eine Kinderkrankheit des ansonsten zuverlässigen Zweirades. Auf dem Parkplatz borgt sich der Mopedfahrer von einem Autobesitzer eine Zange und zieht damit die Schrauben an der Auspuffverbindung fest. Aus den Augenwinkeln bemerkt er eine Frau mit kurzem, schwarzem Haar, die aus dem Schwimmbad kommt und mit ihrem Fahrrad davonfährt. Sie scheint etwas älter zu sein, doch ihre Figur ist tadellos. Sommerlich bekleidet mit einem roten Rock und einem weißen Trägerhemd kommen ihre Reize noch besser zur Geltung. In ihm wächst von einer Minute auf die andere das Verlangen nach einem Abenteuer mit dem schönen Wesen. Er braust der Begehrten auf dem Moped hinterher, an ihr vorbei und scheinbar von dannen auf der Straße, die quer durch einen Kiefernwald führt. Nach etwa einem Kilometer stellt er den Star in einem Waldweg ab und versteckt sich. Der Mann ist sich sicher, dass die attraktive Frau diese Verbindung nutzt, die den Heimweg beträchtlich abkürzt.

Er muss nicht lange warten. Ingrid Spücher fährt recht flott. Sie ist fünfunddreißig Jahre alt und Mutter einer dreizehnjährigen Tochter und eines zwölf Jahre alten Sohnes. Sie wird ihre Kinder nicht wiedersehen.

Als Ingrid Spücher an ihm vorbeiradelt, versucht der Mann im Wald den Knüppel, den er zuvor vom Gepäckträger seines

Mopeds genommen hat, in die Speichen des Fahrrades zu stecken. Doch die Frau ist zu schnell. Er rennt hinterher und schlägt von hinten mit dem Holz auf sie ein. Sie kommt mit dem Rad ins Schleudern und stürzt. Sofort ergreift er von hinten ihren Körper und zieht sie in den Wald in eine Bodensenke. Ingrid Spücher wehrt sich, so gut sie kann. Sie strampelt mit den Beinen, schlägt mit den Armen um sich und versucht, sich aus der Umklammerung zu befreien. Dabei schreit sie den Mann an:

»Lass mich los, du Schwein!« Der drückt ihr mit einer Hand den Mund zu und würgt mit dem anderen Arm so lange, bis sie verstummt. Er holt das Fahrrad seines Opfers vom Wegesrand und schleppt es hinter ein Dickicht. Dann rennt er zu Ingrid Spücher zurück, die noch immer bewusstlos ist. Er reißt ihr die Sachen vom Leib, knöpft sich die Hose auf, entblößt sein Geschlechtsteil und manipuliert an seinem Glied. Die sexuelle Erregung ist durch den Kampf abgeklungen und der Penis erschlafft. Die nackte Frau vor ihm auf dem Waldboden beginnt zu röcheln. Die Stille des Waldes verstärkt das Geräusch. Er zieht den Gürtel aus dem Rock des Opfers, legt ihn um den Hals von Ingrid Spücher und zieht zu, bis das Röcheln aufhört. Damit die Frau nicht stirbt, löst er den Gurt ein wenig und legt ihren Kopf auf den Rand der Mulde. Damit ist sein Quantum an »Fürsorge« erschöpft, denn von seinem eigentlichen Ziel lässt der Täter nicht ab. Er berührt an den Brüsten und am Geschlechtsteil der bewusstlosen Frau und onaniert bis zum Samenerguss. Ohne sich weiter um sie zu kümmern, verlässt der Mann den Tatort, nicht ohne zuvor möglichst alle Spuren zu beseitigen. Er wischt das Fahrrad ab, um keine Fingerspuren zu hinterlassen, weicht auf dem Rückweg Passanten aus und erreicht schließlich ungesehen sein Moped. Ingrid Spücher kommt nach dem massiven Würgen und Drosseln nicht mehr zu Bewusstsein. Sie verstirbt am Tatort.

Suchtrupps der Polizei durchkämmen nach der Vermisstenmeldung die Wälder rund um Weißwasser. Nachdem die Leiche gefunden ist, geht die Kripo in die Offensive. Handzettel werden gedruckt und verteilt. In Geschäften, an Badeseen und in Freibädern hängen Plakate mit einem Bild der Getöteten und dem Mithilfeersuchen der Polizei. Lautsprecherwagen fahren durch die Straßen und bitten um sachdienliche Hinweise aus der Bevölkerung. Belegschaften in Betrieben in Weißwasser und anderen Orten wie dem Kraftverkehr, dem Glaswerk und in den Kohlebetrieben werden mobilisiert. Auf der Lokalseite der *Lausitzer Rundschau* wird das Foto der Ermordeten veröffentlicht.

Der Mord an Ingrid Spücher ist in aller Munde. Überall wird heftig diskutiert. Auch im Kraftwerk in Boxberg. Dort arbeitet auch der im Mai 1953 in Brandis im Kreis Wurzen geborene Dietrich Bohrmann. In den Diskussionen mit den Kollegen zeigt sich der sonst eher zurückhaltende und eigenbrötlerisch veranlagte Schweißer überraschend aktiv. »Also, ich verabscheue jede Art von Gewalt und an Frauen erst recht«, lässt er mehr als einmal hören und empört sich: »Eine Frau umzubringen ist wirklich das Letzte.«

Doch all das ist gespielt. Dietrich Bohrmann ist der Mann, nach dem die Polizei wochenlang gesucht hat, der Spanner vom Halbendorfer See, der in Weißwasser vor Jahren in der Öffentlichkeit onaniert hat und dafür bestraft wurde, der Mann, der am 21. August sein Moped vor dem Freibad in Krauschwitz reparierte und der dort durch Zufall Ingrid Spücher entdeckte. Die Reparatur des Auspuffs an seinem Star mit einer geborgten Zange wird ihm letztlich zum Verhängnis. Der Autofahrer erinnert sich an ihn. Die Besitzer von Mopeds der Marke Star werden ermittelt und überprüft. Unbemerkt von der Öffentlichkeit und von Bohrmann selbst schließt sich der Ring um den Tatverdächtigen. Bohrmann wird am 5. Oktober verhaftet und gesteht noch am gleichen Tag die Überfälle und versuchten Vergewaltigungen an Sandra Meier, Manuela Paulik und Ingrid Spücher. Doch er bestreitet von der ersten bis zur letzten Vernehmung, dass er je die Absicht hatte, seine Opfer zu töten.

Im Leben von Dietrich Bohrmann ist manches schiefgelaufen. Dabei steht sein Eintritt ins Leben unter einem guten Stern. Nach sieben Jahren Ehe ist Dietrich das Wunschkind der Eltern. Immerhin ist die Mutter bei der Geburt bereits zweiunddreißig Jahre alt. Zwei Jahre später bekommt sie sogar noch eine Tochter. Der Vater ist Brunnenbaumeister mit einem eigenen Handwerksbetrieb und gutem Einkommen. Doch was nach außen hin so wohlgeordnet erscheint, funktioniert innerhalb der Familie nicht. Die Mutter ist weich und nachgiebig, der Vater jähzornig, braust schon bei Kleinigkeiten auf und schlägt oft brutal zu. Dietrich legt es von klein auf darauf an, bei der Mutter seinen Willen durchzusetzen, und hat damit Erfolg. Werden seine Wünsche nicht erfüllt, zertrümmert er Einrichtungsgegenstände oder schmeißt sie aus dem Fenster in den Garten. Noch mit sechs Jahren nässt der Junge das Bett, und auch den Stuhlgang beherrscht er nicht. Der Linkshänder beginnt zu stottern, als er gezwungen wird, alles mit der »richtigen«, der rechten Hand zu tun.

Dietrich wird zur Kur geschickt, und bald stellen sich Besserungen ein. Doch die sind nicht von Dauer, weil die Eltern nicht in der Lage sind, das Kind mit Konsequenz und Liebe zu erziehen. Auch die Geschwister untereinander vertragen sich nicht. Heimaufenthalte folgen und die ersten Straftaten. Seit seinem vierzehnten Lebensjahr stiehlt Dietrich Bohrmann, was ihm unter die Finger kommt: Geld, Zigaretten, Brieftaschen, Fahrräder, Mopeds. Er rennt von zu Hause weg, wird in Rostock aufgegriffen, will dann in den Westen abhauen.

Auch seine sexuelle Entwicklung verläuft nicht normal. Mit fünf Jahren »beriecht« er seine Schwester und mit großer Intensität deren Freundin, wobei es ihm im Bauch kribbelt.

Mit Beginn der Pubertät fährt Dietrich abends in der Gegend herum und klettert über Dächer, um Frauen beim Ausziehen zu beobachten.

Mit achtzehn Jahren heiratet Dietrich Bohrmann eine gleichaltrige Schulfreundin aus der Berufsschule. Sie ist seine erste Intimpartnerin. Es ist eine Vernunftehe, weil sie von ihm ein Kind erwartet. Schon kurz nach der Hochzeit vernachlässigt der junge Mann seine Partnerin. Einmal im Monat Sex mit ihr, zu mehr hat er kaum Lust. Die Selbstbefriedigung hinter tarnendem Gebüsch beim Anblick nackter Frauen gefällt ihm besser. Die Ehe zerbricht, als Dietrich Bohrmann zu zwei Jahren und vier Monaten Haft verurteilt wird, weil er betrunken einen Verkehrsunfall verursacht und dabei eine Frau verletzt hat. Auch später kommt er noch einmal mit dem Gesetz in Konflikt. Just an dem Tag, an dem er Sandra Meier überfällt, wird eine Strafe von acht Monaten Freiheitsentzug wegen Körperverletzung rechtskräftig, die zur Bewährung ausgesetzt ist.

Als er nach der ersten Verurteilung aus dem Gefängnis kommt, erfährt er, dass sich seine Frau mit anderen Männern getröstet hat. Beide versuchen noch einmal, die brüchige Verbindung zu kitten. Doch auch mit einem zweiten Kind, das sie zeugen, gelingt das nicht. Die Ehe wird geschieden. Er wendet sich einer Freundin seiner Noch-Frau zu, zieht in deren Wohnung und heiratet sie später. Die neue Partnerin, deren Namen er annimmt, bringt drei Kinder mit in die Ehe, die bis zu seiner Verhaftung unauffällig verläuft. Für kurze Zeit unterdrückt er sein voyeuristisches Verlangen, das ihn dann aber umso stärker beherrscht. Der psychologische Gutachter erkennt keinerlei Anhaltspunkte dafür, dass Dietrich Bohrmann für seine Taten nicht voll verantwortlich sein soll. Voyeurismus, Exhibitionismus und Fetischismus sind nicht die Ursache für die aggressive sexuelle Entladung, sondern seine triebhaft zunehmende

Begierde. Er war sich bei der Planung und Verwirklichung der Taten stets bewusst, was er tat, schätzt der Gutachter ein.

Das Bezirksgericht Cottbus verurteilt Dietrich Bohrmann wegen Mordes und versuchter Vergewaltigung an Ingrid Spücher sowie wegen versuchten Mordes und versuchter Vergewaltigung an Manuela Paulick sowie versuchter Vergewaltigung und sexueller Nötigung von Sandra Meier zu lebenslanger Freiheitsstrafe.

Im September 1984 ändert das Oberste Gericht der DDR das Urteil der Cottbuser Richter in Schuld- und Strafausspruch ab. Es glaubt dem Angeklagten, dass er seine Opfer nie töten wollte. Eine Mordabsicht sei ihm nicht zu beweisen. Der fünfte Strafsenat verhängt gegen Dietrich Bohrmann wegen versuchter Vergewaltigung im schweren Fall und mit Todesfolge an Ingrid Spücher sowie wegen versuchter Vergewaltigung mit Nötigung zu sexuellen Handlungen an Sandra Meier und wegen schwerer Körperverletzung von Manuela Paulick eine Freiheitsstrafe von dreizehn Jahren.

Dietrich Bohrmann, der Voyeur vom Halbendorfer See, der Vergewaltiger und Totschläger aus Weißwasser wird Anfang April 1993 auf Beschluss des Landgerichtes Bautzen auf Bewährung aus dem Justizvollzugskrankenhaus Leipzig-Meusdorf entlassen, in dem er zuletzt seine Freiheitsstrafe verbüßte. Ein Gutachter hatte zuvor die Rückfallgefahr des Mannes als »sehr unwahrscheinlich« eingestuft. Er irrte, wie sich schon sechs Monate später herausstellte. Bohrmann missbraucht mit einem Komplicen im Oktober 1993 in Leisning vor den Toren von Leipzig ein zehn Jahre altes Mädchen. Während der Mittäter sein Verbrechen gesteht und im September 1994 vom Landgericht Leipzig zu einer mehrjährigen Haftstrafe verurteilt wird, versucht Dietrich Bohrmann mit allen Mitteln, den Kopf aus der Schlinge zu ziehen. Er bestreitet sowohl bei der Polizei als auch später vor Gericht, dass er sich an dem Kind sexuell vergangen habe. Vor dem Prozess im September 1994, in dem er gemeinsam mit dem Komplicen auf der Anklagebank sitzen sollte, nimmt er eine Überdosis Tabletten und wird dadurch für kurze Zeit bewusstlos. Ein ernsthafter Selbstmordversuch ist das nach Einschätzung von Fachärzten jedoch nicht. Doch er hat Zeit gewonnen, denn das Verfahren gegen ihn wird zunächst ausgesetzt.

Dietrich Bohrmann hatte im Leipziger Gefängniskrankenhaus Klaus Jonas kennengelernt. Sie sprechen über ihre Vorstrafen, und dabei erfährt Bohrmann von der sexuellen Veranlagung seines Freundes, dessen Vorliebe für Kinder, und findet selber Gefallen daran. Nach Bohrmanns Entlassung – Jonas muss weiter seine Haftstrafe verbüßen – bleiben beide in Kontakt. In der Fantasie treibt Bohrmann es jetzt selbst mit Mädchen und Jungen und betrachtet sich dabei pornografische Bilder von nackten Kindern im Alter zwischen sechs und zwölf Jahren. Eines Tages berichtet ihm Jonas von einer Frau, die er Silvester 1992 in Leipzig per Zeitungsannonce kennengelernt und die er bis Mitte 1993 mehrfach besucht hat. Viel mehr als die Frau gefiel ihm jedoch deren zehnjährige Tochter Mandy. Sein sexuelles Verlangen nach dem aufgeweckten und körperlich zarten Mädchen bleibt auch erhalten, als die Beziehung zur Mutter längst beendet ist. In seiner Zelle schmiedet Jonas einen perfiden Plan, in den er seinen Kumpel Bohrmann einweiht.

Jonas macht sich die Begeisterung von Mandy für den Fechtsport zunutze. Mit der Schreibmaschine fertigt er eine Einladung für das Kind zu einem Fechtturnier und bestellt es für den 2. Oktober 1993 um neun Uhr in die Nähe der Gaststätte *Rennbahn*. Für diesen Tag ist der Hafturlaub für Jonas bereits genehmigt. Bohrmann erhält per Kassiber den Auftrag, ein Auto zu besorgen sowie eine Schreckschusspistole und Reizgas mitzubringen.

Verabredungsgemäß mietet dieser einen viertürigen blauen Pkw Seat Ibiza und holt damit zunächst Klaus Jonas ab. Sie fahren zur *Rennbahn*. Dort steigt das Mädchen nichtsahnend ins Auto und nimmt neben Jonas, den sie kennt, auf dem Rücksitz Platz. In Leisning vor Leipzig kommt es zu einem Unfall. Bohrmann, der den Wagen steuert, hat die Vorfahrt nicht beachtet.

Um der anrückenden Polizei zu entgehen, überredet Jonas das Kind zu einem Spaziergang. Eine halbe Stunde später werden sie von Bohrmann wieder an Bord genommen. Die Fahrt endet außerhalb der Ortschaft Leisning an einem abgelegenen Feld. Jonas hält dem Mädchen die Schreckschusswaffe vors Gesicht und fordert es auf, sich auszuziehen. »Wenn du machst, was ich dir sage, tue ich dir nichts«, versichert er der Zehnjährigen, die weint und vor Angst zittert. Zögernd legt sie ihre Oberbekleidung ab, das Übrige erledigt Jonas. Als das Kind nackt auf der Rückbank liegt, zieht auch er sich aus und legt sich auf das Kind. Mehrmals küsst er es auf den Mund und die Scheide und presst schließlich seinen entblößten und erigierten Penis zwischen Mandys Beine. Danach steigt er aus und überlässt Dietrich Bohrmann das völlig verängstigte Mädchen. Der vergeht sich ebenfalls an Mandy. Nach dem sexuellen Missbrauch fahren die Täter mit dem Kind zurück nach Leipzig. Jonas kauft an einer Tankstelle Süßigkeiten und ein Kuscheltier und droht: »Wehe, du erzählst deiner Mutti etwas. Dann passiert ein Unglück.«

Aus Angst und Ekel schweigt Mandy. Sie wird von Alpträumen heimgesucht, schreit im Schlaf und fantasiert. Ihre schulischen Leistungen verschlechtern sich rapide. Erst nach und nach erfährt die Mutter, was ihr ehemaliger Bekannter Klaus Jonas und dessen Freund ihrem Kind angetan haben. Auch bei der Polizei fällt es dem Mädchen zunächst sehr schwer, die Qual in allen Einzelheiten zu schildern. Mandy wird zur Kur geschickt und psychologisch betreut.

Trotz erdrückender Beweise leugnet Bohrmann beharrlich das Verbrechen. Nach seiner Version hatte er Jonas lediglich versprochen, ihn sowie das Kind einer Freundin nach Halle zu fahren. Auf der Fahrt sei es zu dem Unfall gekommen. Er habe danach wegen der ganzen Aufregung kaum noch das Auto vernünftig lenken können. Zum Glück sei in Leisning ein Kumpel von Jonas aufgetaucht. Dieser habe ihm verblüffend geähnelt. Dem habe er den geliehenen Pkw zur Weiterfahrt übergeben, und er sei nach Leipzig zurückgetrampt, wo er mit einem Freund, einem ehemaligen Knastbruder, und dessen Partnerin in einem Café verabredet war und sich dort auch mit ihnen getroffen habe.

Die Polizei vernimmt die beiden Beteiligten am Verkehrsunfall bei Leisning. Unabhängig voneinander erkennen die Zeugen auf Fotos von zehn verschiedenen Männern Dietrich Bohrmann als Fahrer des Autos, von dem sie gerammt wurden. Der sei nach dem Unfall auch nicht besonders aufgeregt gewesen und nach der Unfallaufnahme allein mit dem Auto davongefahren. Eine weitere Person sei nicht hinzugekommen. Sie erinnern sich an das Mädchen im Fonds des Fahrzeugs und an den Mann, der mit dem Kind kurzzeitig davongegangen war. Auch im Gerichtssaal identifizieren sie Bohrmann. Dort muss er sich im Januar 1995 für den sexuellen Missbrauch an Mandy verantworten. Dem Kind bleibt es nicht erspart, über das Martyrium noch einmal zu sprechen. Mandy versichert, dass Dietrich Bohrmann und kein unbekannter Dritter sie sexuell missbraucht habe. Die Schilderungen der Tat bei der Polizei, gegenüber der Gutachterin und im Prozess selbst sind identisch. Der Verteidigung gelingt es nicht, die Glaubhaftigkeit der Zeugenaussage des Mädchens zu erschüttern, die zudem durch eine Kinderpsychologin bestätigt wird.

Von den beiden Entlastungszeugen, die Bohrmann benannt hat, ist das nicht zu sagen. Diese geben ihm zwar ein Alibi.

Doch glaubhaft ist es nicht. Wie schon bei den polizeilichen Vernehmungen verstricken sie sich auch vor Gericht in Widersprüche. Bohrmann unternimmt noch einen letzten Versuch, möglichst ungeschoren davonzukommen. Als das Landgericht Leipzig den Befund der Gehirnuntersuchung der Medizinischen Akademie Dresden aus dem Jahre 1984 heranziehen will, protestiert Bohrmann gegen dessen Verwertung. Die sei damals gar nicht vorgenommen, sondern von der Stasi verhindert worden, behauptet er. Das Gericht gibt ein neues Gutachten in Auftrag mit dem Ergebnis, dass beide Befunde vollständig übereinstimmen. Der Angeklagte ist aus medizinischer Sicht gesund und für seine Taten voll verantwortlich.

Das Landgericht Leipzig verurteilt Dietrich Bohrmann wegen sexueller Nötigung und sexuellem Missbrauch eines Kindes zu sechs Jahren Freiheitsentzug.

Bohrmann zieht auch aus dieser Verurteilung keine Lehren. Seit März 2006 sitzt er wieder im Gefängnis. Erneut hat er eine Frau überfallen, schwer verletzt und zu sexuellen Handlungen genötigt. Dietrich Bohrmann wird nie wieder freikommen. Das Gericht hat nach Verbüßung der Strafe die unbefristete Sicherungsverwahrung für ihn angeordnet.

Die Raubzüge des Falkgrunde

Carola Bellmann und Falk Grunde kennen sich gut. Sie wohnen in Hoyerswerda im Wohnkomplex IX im selben Hauseingang und besuchen die gleiche Polytechnische Oberschule. Allerdings lernt das Mädchen bereits in der neunten Klasse, der Junge hat erst Klassenstufe sieben erreicht. Ihr fällt das Lernen leicht, Falk dagegen hat Mühe, die Klassenziele zu erreichen. Zweimal, im zweiten und siebten Schuljahr, hat er es nicht geschafft. Die Wurzeln für das Zurückbleiben hinter den anderen liegen vor allem in der Familie. Die Mutter trägt die Hauptlast bei der Erziehung von Falk und seiner jüngeren Schwester. Sie ist eher nachsichtig, wo Konsequenz angebracht wäre, verwöhnt die Kinder, ohne ihnen auch häusliche Pflichten aufzuerlegen. Der Vater hält sich zurück, nimmt kaum Einfluss auf die Entwicklung von Falk. Der Sohn ist vier Jahre alt, als der Vater seinen Alkoholkonsum nicht mehr steuern kann, immer öfter und immer mehr trinkt. Die Spannungen zwischen den Eltern bleiben den Kindern nicht verborgen. Falk fühlt sich hin- und hergerissen. Er liebt seine Mutter, hat aber auch zum Vater ein gutes Verhältnis, obwohl der, wenn er sich in die Kindererziehung einmischt, autoritär auftritt und von Falk nicht viel hält. Der ist ihm als Junge viel zu weich, nicht fleißig genug und ohne Durchhaltevermögen. Mit elf Jahren versucht Falk, sich mit Stadtgas das Leben zu nehmen. Es ist eine Panikreaktion, nachdem er seinen Vater entdeckt hatte, der betrunken vor dem Gasherd lag.

Schon im Kindergarten merken die Erzieherinnen, dass es Falk schwerer hat als die gleichaltrigen Mädchen und Jungen in seiner Gruppe. Er ist nervös und fahrig und leistet in der vorschulischen Ausbildung viel weniger als die anderen Kinder. In der Schule verstärken sich die Symptome. Falk lässt sich leicht ablenken. Lesen und Schreiben fallen ihm schwer, im Kopfrechnen sind die Klassenkameraden immer schneller als er, sich Gedichte oder Liedtexte zu merken, überfordert ihn. Oft wirkt der Junge abwesend, ist in Gedanken ganz woanders. Hausaufgaben erledigt er nur widerstrebend und unvollständig, schlechte Noten sind ihm egal. Impulse zum Lernen, die er so dringend benötigt, bekommt er von den Eltern nicht. Ermahnungen der Lehrer nerven ihn, er reagiert entweder gar nicht oder ist beleidigt. Aufmerksamkeit und Anerkennung im Klassenkollektiv versucht er durch extremes Verhalten zu erlangen. Er verlässt einfach den Unterricht, beschimpft Lehrer, verhält sich undiszipliniert. Hobbys hat Falk nicht. Er gehört keiner Sportgemeinschaft an, beteiligt sich auch nicht an außerschulischen Arbeitsgemeinschaften. Matchboxautos sind seine einzige Leidenschaft, doch die kosten Geld, das ihm fehlt. Nachmittags »vergammelt« Falk seine Freizeit in einer Clique von Jungs. Viele von ihnen sind jünger als Falk, ein paar gleichaltrig. Sie beschmieren Fahrstühle in den Hochhäusern, randalieren auf Spielplätzen, rauchen und belästigen Mädchen. In der Clique fühlt sich Falk anerkannt, obwohl er klein und schmächtig ist. In der Gruppe gibt er sich stark, ohne sie ist er ein eher ängstlicher Typ. Gerät der Junge in unbekannte Situationen, schlottern ihm die Knie und die Hände zittern. Er fürchtet sich im Dunkeln, vor dem Arzt, vor dem Tod, träumt, dass er von Verbrechern verfolgt wird, dass die Mutter stirbt, dass er aus großer Höhe herabstürzt. Dann betet der streng christlich erzogene Junge und bittet Gott um Beistand für Mutti, Vati, für sich und seine Schwester, zu der er im Alltag kein besonders inniges Verhältnis pflegt. Viel lieber hätte er einen großen Bruder, zu dem er auf blicken kann und der ihn beschützt.

Daheim eskalieren die Auseinandersetzungen zwischen den Eltern, die Ehe wird im April 1984 geschieden. Dass der Vater aufgrund des Wohnraummangels nach wie vor im Haushalt lebt, freut Falk. Dennoch werfen ihn die Konflikte vollends aus der Bahn.

Im August 1983 lauert der damals 14-Jährige in einem Wald zwischen Hoyerswerda und Seidewinkel einem 16-jährigem Mädchen auf. Er will es vergewaltigen, so, wie er es Tage zuvor im Fernsehen gesehen hatte. Horror- und Gewaltfilme gefallen dem Jugendlichen, die sind spannend und aufregend. Falk verfolgt das Mädchen und schlägt ihm mit einem dicken Knüppel auf den Hinterkopf. Durch den Schlag, so sein Tatplan, fällt es bewusstlos vom Fahrrad, und er kann dann an der Wehrlosen Geschlechtsverkehr durchführen. Wie das geht, hat er sich auf Pornobildern angeschaut. Intimen Kontakt zu einem Mädchen hatte er noch nie, doch zum Sex fühlt sich das schmächtig wirkende Bürschchen in der Lage.

Das Mädchen reagiert anders, als von Falk Grunde erwartet. Es schnauzt den verdutzten Jungen an: »Spinnst du, hau ab, sonst knall ich dir eine«, steigt auf ihr Rad und fährt von dannen. Falk kommt ungestraft davon.

Wochen später lässt das Kindsgesicht seine Wut am helllichten Tag an einem Mädchen aus, das zur Mittagszeit auf dem Weg von der Schule nach Hause ist. Mit einer starken Kette schlägt er ihr ohne Grund in die Kniekehlen. Kurz danach wird die 13-Jährige erneut sein Opfer. Diesmal ist die Clique bei ihm. Die Jungs umringen die Schülerin auf der Wiese hinter einem Wohnblock und zerren sie zu Boden. Falk ist das noch nicht genug. Er springt ihr mit beiden Knien auf den Rücken. Grölend verfolgt die Horde das Mädchen, das sich befreien konnte und voller Angst flieht. Sie wird eingeholt, und Falk tritt ihr aus vollem Lauf heraus mit den Beinen in die Rippen.

Immer tiefer versinkt Falk Grunde im Strudel der Kriminalität. Er braucht Geld, um mit den anderen in der Clique mithalten zu können. Von den Eltern hat er nichts zu erwarten. Die Alkoholsucht des Vaters kostet viel Geld und lässt in der Familienkasse kaum genügend zum täglichen Leben. Falk stiehlt von Mitschülern die Schlüssel zu deren Wohnungen und sucht dort nach Geld. In einem Fall lässt er hundert Mark sowie einige Matchboxautos mitgehen, in einer anderen Wohnung findet er hundert Mark Bargeld und Forumschecks im Wert von siebzig Westmark. Im Intershop kauft er sich dafür Zigaretten, Süßigkeiten und vier Matchbox-Autos.

Die Beschaffung von Geld treibt Falk Grunde um. Die erfolgreich verlaufenen Einbrüche in fremden Wohnungen haben ihn mutiger werden lassen. Niemand ist ihm bisher auf die Schliche gekommen.

Am 15. Juni 1984 ergibt sich erneut eine Chance, sich schnell und leicht die Taschen zu füllen. Er sieht Carola Bellmann, die im Speiseraum der Schule gemeinsam mit Freundinnen am Tisch sitzt. Die Mädchen lassen sich das Essen schmecken und achten nicht auf die Taschen, die im Vorraum stehen. Falk kennt die Schulmappe von Carola und weiß, dass im vorderen Fach der Wohnungsschlüssel liegt. Er stiehlt ihn aus der Mappe, fährt mit dem Rad schnell zu ihr nach Hause und schließt die Wohnung der Bellmanns auf. Die Tür lässt er angelehnt, rast zur Schule zurück und steckt den Schlüssel zurück in Carolas Schulmappe. Die hat nichts bemerkt, sondern hockt noch immer mit den Mädchen am Essenstisch. Falk geht davon aus, dass die neunte Klasse noch eine weitere Stunde Unterricht hat. So bleibt ausreichend Zeit, in der Wohnung der Nachbarn nach Geld und anderen wertvollen Dingen zu suchen, die man verkaufen oder tauschen kann. Ohne Hast inspiziert Falk Küche, Schlaf- und Wohnraum, ohne etwas zu finden, was ihm gefällt. Im Zimmer von Karsten Bellmann, dem älteren Bruder von Carola, hat er schließlich Glück. Auf dem Tisch liegt eine Lohntüte mit hundertdreißig Mark. »Dafür kann ich mir die Jeanshose kaufen«, frohlockt er und steckt sich die Tüte in die Tasche. Die Hose im Exquisitgeschäft hat es ihm schon lange angetan. Im Exquisit gibt es tolle Klamotten, doch die sind in den Edelgeschäften richtig teuer. Mit solchen und ähnlichen Gedanken im Kopf und der Hoffnung auf weitere Beute widmet er sich dem Reich von Carola. Als er die Schrankwand durchsucht, geht die Wohnungstür auf. Carola ist nach Hause gekommen. Die letzte Schulstunde ist ausgefallen, und sie freut sich über die gewonnene Zeit. Sie will nur schnell die Schultasche abstellen und sich später mit Klassenkameradinnen treffen. Carola bemerkt den Dieb zunächst nicht. Als sie ahnungslos ihr Zimmer betritt, schlägt Falk ihr mit einer kunstgewerbliche Schnapsflasche, die er vom Schrank genommen hat, auf den Kopf. Durch die Wucht des Schlages fällt der Boden der Flasche ab. Carola flüchtet benommen ins Zimmer ihres Bruders. Mit dem Flaschenhals in der Hand rennt Falk dem Mädchen nach und trifft es erneut am Kopf. Doch auch durch diese Attacke wird Carola nicht wie erhofft bewusstlos. Im Gegenteil. Sie dreht sich um, erkennt den Nachbarsjungen und schreit ihn voller Wut und Schmerz an: »Bist du verrückt geworden, hör auf, lass das sein!« Falk versetzt seinem Opfer mit dem Handballen einen Schlag gegen das Kinn, nimmt es in den »Schwitzkasten« und reißt es zu Boden. Spätestens jetzt ist ihm klar, dass er als Dieb und Einbrecher entlarvt ist. Carola wehrt sich und versucht, den Täter von sich zu stoßen. Sie ist zu schwach. Falk greift ihr in die Haare, schlägt den Kopf mehrmals auf den Boden und würgt sein Opfer danach so lange, bis es leblos zusammensackt. Gleich darauf versucht er die roten Flecken, die das Würgen am Hals hinterlassen hat, wegzureiben. In diesem Moment stößt Carola einen Seufzer aus und röchelt. Mit aller Kraft drückt er nun den Kehlkopf zu. Er schleppt sein Opfer ins Badezimmer, um mit Wasser alle Spuren am Körper und der Bekleidung beseitigen.

Carola Bellmann ist noch nicht tot. Sie atmet, wenn auch nur schwach. Falk beschließt, sie zu ertränken. Er bugsiert das Mädchen so in die Badewanne, dass es mit dem Gesicht nach unten auf dem Abfluss liegt, und dreht beide Wasserhähne voll auf. Das Wasser steigt schnell an. Deutlich hört der Täter, wie Carola schluckt und ertrinkt.

Falk verlässt nach der Tat die Wohnung. Ihm wird langsam bewusst, was er getan, dass er Carola getötet hat. Er geht die

Treppen hoch und will durch die Luke auf das Dach des Hochhauses steigen, um sich auf die Straße zu stürzen. Die Luke klemmt und lässt sich keinen Zentimeter öffnen. Er gibt auf und geht hinunter in die elterliche Wohnung. Der Mutter, die gerade beim Wäschewaschen ist, fällt auf, dass ihr Junge ungewöhnlich blass ist. »Ist dir nicht gut? Willst du dich hinlegen«, fragt sie besorgt. Falk wiegelt ab: »Wieso blass? Mit mir ist nichts.« Die Mutter verlangt nach seinen Sachen, um sie mit in die Waschmaschine zu stecken. Beim Ausziehen bemerkt Falk die Lohntüte mit den einhundertdreißig Mark in der Gesäßtasche. Die hatte er glatt vergessen. Heimlich nimmt er sie heraus und wirft der Mutter Hose und Hemd zu. Das Geld versteckt er in einem Lüftungsschacht des Hauses, die Lohntüte wandert in den Müllcontainer.

Falk besucht einen Freund, mit dem er kurze Zeit an dessen Fahrrad bastelt. Später nimmt er sich das Minirad seiner Mutter und fährt in ein Waldstück am Ortsausgang von Hoyerswerda. Er will einen Strommast erklimmen und sich das Leben nehmen. Aber Falk Grunde ist zu feige.

Als er wieder daheim eintrifft, ist im Haus der Teufel los. Karsten Bellmann hat seine Schwester gefunden und die Polizei verständigt. Kriminaltechniker sichern die Spuren in der Wohnung, die Ermittler der Hoyerswerdaer Kripo und der Cottbuser MUK befragen die Hausbewohner. Auch Falk Grunde muss erklären, wo er in der Zeit zwischen zwölf und dreizehn Uhr war. Denn der Tatzeitraum ist eingegrenzt. Um 12.30 Uhr hatte sich Carola von Freundinnen vor der Haustür verabschiedet, um 12.50 Uhr hat Karsten Bellmann seine Schwester gefunden. »Ich habe Carola im Haus getroffen und bin mit ihr kurz rauf gegangen, weil sie mir ein Bild zeigen sollte. Dann bin ich sofort wieder runter. Mehr weiß ich nicht«, erzählt er den Kriminalisten. Mit der Lüge will er vorbeugen, falls doch Spuren von ihm an Carola oder in der Wohnung gesichert werden. Und in der Tat gibt es solche. In Falks Schuhen entdecken die Kripo-Experten zwei Glaspartikel, die von der verzierten Flasche stammen, mit der Grunde auf sein Opfer eingeschlagen hatte. Das Licht bricht sich in den Splittern auf die gleiche Weise wie im Glas der Flasche. An seiner Jeansjacke finden sich vier Polyesterfasern, die eindeutig von Carolas Blouson stammen.

Falk Grunde wird verhaftet und in die Untersuchungshaftanstalt nach Cottbus gebracht. Sechs Tage nach der Tat legt er ein umfassendes Geständnis ab und gibt auch die zuvor begangenen Straftaten zu, die der Polizei zum Teil unbekannt sind.

Die Staatsanwaltschaft klagt im November 1984 den zur Tatzeit 15-jährigen Schüler wegen Mordes, schwerer Körperverletzung, versuchter Vergewaltigung, Rowdytums und mehrfachen Diebstahls an. Bei der gerichtspsychologischen Untersuchung an der Medizinischen Akademie in Dresden stellen die Gutachter fest, dass Falk Grunde zwar in seiner Persönlichkeitsentwicklung zurückgeblieben ist, jedoch mindestens die Reife eines 14-Jährigen besitzt und damit für seine Taten voll verantwortlich ist.

Der erste Strafsenat des Bezirksgerichtes Cottbus verhandelt im Dezember 1984 den Fall. Es verurteilt Falk Grunde wegen Mordes und der weiteren angeklagten Straftaten zu fünfzehn Jahren Freiheitsentzug. Das Gericht sieht keine Möglichkeit, die Höchststrafe abzumildern. Die ungünstigen Bedingungen in der Familie hätten keinerlei Beziehungen zu dem Verbrechen, heißt es dazu in der Urteilsbegründung. »Rohheit und Brutalität hat der Angeklagte im Elternhaus nicht erfahren.«

Diese Auffassung teilt das Oberste Gericht nicht. Es erkennt zwar auch, dass der Angeklagte kaltblütig und brutal das Leben der 14-jährigen Carola Bellmann ausgelöscht und unendliches Leid über die ganze Familie gebracht hat. Carolas Vater beispielsweise ist wochenlang in ärztlicher Behandlung und wegen Arbeitsunfähigkeit krankgeschrieben. Dennoch müsse die schwere Kindheit von Falk Grunde berücksichtigt werden. Das Oberste Gericht reduziert die Strafe um ein Jahr auf vierzehn Jahre. Bereits Ende Dezember 1990 wird der inzwischen zweiundzwanzig Jahre alte Grunde zur Bewährung aus der Haft entlassen. Grundlage der Entscheidung ist das mildere Jugendstrafrecht der BRD, das gemäß Einigungsvertrag anzuwenden ist.

Fünf Jahre nach der Haftentlassung wird Falk Grundmann erneut straffällig. Im Juni 1995 wird er wegen sexuellen Missbrauchs eines Kindes zu sechs Jahren Gefängnis verurteilt. Nach Verbüßung der Strafe zieht Grunde in das Bundesland Niedersachsen.

Ungleiche Brüder

»Gut, dass es die Fischers gibt«, freut sich der 16-jährige Lutz Kunze im August 1980. Wie so oft seit er Judith kennt, sitzt er mit der Freundin im Wohnzimmer der Fischers auf der Couch und tauscht mit ihr Zärtlichkeiten aus. Seine Eltern und auch die von Judith sind nicht sehr begeistert über die Verbindung der beiden Jugendlichen. Bei Judith, die mit ihrer Familie im Nebenhaus wohnt, dürfen sie sich gar nicht aufhalten, doch bei ihren Nachbarn können sie sich ungestört treffen. Die Brüder Dieter und Georg Fischer bewohnen das Gehöft in der Gemeinde Brieske seit dem Sommer ganz allein. Die Mutter hat nach dem Tod ihres Mannes – pikanterweise war er der Vater des Vaters von Georg – wieder geheiratet und ist mit ihrem jüngsten Sohn zum Ehepartner in die benachbarte Kreisstadt

Senftenberg gezogen. Sie hält Verbindung zu ihren Jungs, obwohl ihr Einfluss auf die beiden schon seit langer Zeit gering ist.

Dieter, mit fünfundzwanzig Jahren der Älteste, ist ein einfacher Mensch. Er hat ein schlichtes Gemüt, das Denken fällt ihm mehr als schwer.

Ärzte vermuten, dass bei der Geburt etwas schiefgegangen ist und sein Hirn unter Sauerstoffmangel gelitten haben könnte. Die Hilfsschule hat er nach der sechsten Klasse verlassen. Das Rechnen überfordert ihn schon, wenn die Zehnerreihe überschritten wird, und was er aufschreibt, strotzt vor Fehlern.

Georg ist anders. Zwar hat es der inzwischen 23-Jährige auch nur bis zur achten Klasse geschafft, doch das immerhin in der normalen Oberschule. Georg hätte es auch weiterbringen können, wenn er sich nur ein bisschen mehr auf den Hosenboden gesetzt hätte. Stattdessen lässt er sich von hochtrabenden Träumen treiben, ohne mit Ernsthaftigkeit an die Verwirklichung seiner Ziele zu gehen. Einmal will er eine Gaststätte mit gehobenem Niveau übernehmen, ein anderes Mal Klavierstimmer werden oder Musik studieren. Realität ist eine kriminelle Karriere, die bereits im Alter von sechzehn Jahren Anfang der neunten Klasse beginnt. Zwischen 1973 und Mai 1980 sitzt er dreimal im Gefängnis, jeweils verurteilt wegen Diebstahl und Betrug. Georg will Frauen mit Großzügigkeit imponieren, die er sich nicht leisten kann. Von seinen fünfhundert Mark Nettolohn, die er als Montierer im Gleichrichterwerk Großräschen bekommt, gehen monatlich achtzig Mark Unterhalt und hundert Mark Schadenersatz für die einstigen Gaunereien weg.

Die Defizite im Sein versucht er durch Schein zu vertuschen. Er kleidet sich besonders auffällig, lackiert die Fingernägel, spricht geschraubt. Tabletten gehören zu seiner täglichen Ernährung und machen ihn »high«. Nur von ehrlicher Arbeit hält Georg nicht viel. Nach seiner letzten Haftentlassung Mitte Mai

1980 wird er an seinem Arbeitsplatz nur selten gesehen. Von einhundertelf Arbeitstagen ist er dreiundfünfzig Tage krank, genießt acht Tage Urlaub und leistet sich fünfundzwanzig Fehlschichten. Im September hat er ganze vier Pfennige Lohn ausbezahlt bekommen, nachdem ihm wegen verschiedener Verstöße das Krankengeld gestrichen wurde. Im Portemonnaie herrscht chronische Schwindsucht.

Zum Glück hat er seinen einfältigen Bruder Dieter. Der arbeitet ebenfalls im Gleichrichterwerk und verkauft dort für Georg Schallplatten, die dieser sich günstig besorgt hat. Dabei legt Dieter ein Engagement an den Tag, das die Kollegen von ihrem Hilfsarbeiter ansonsten gar nicht kennen. Nur unter strenger Kontrolle erreicht er einigermaßen zufriedenstellende Leistungen. Ansonsten lässt er sich leicht ablenken und beeinflussen. Wenn Bruder Georg in der Nähe ist, wirkt er ängstlich und verschüchtert und macht nur, was der ihm sagt. Dieter weiß, dass sein Bruder brutal zuschlägt, wenn er nicht nach dessen Pfeife tanzt. Bei aller Kritik schätzen die Kollegen, dass Dieter ein gutmütiger Kerl ist, der keiner Fliege etwas zuleide tun kann. Das Leben hat ihn leider mit wenig Intelligenz ausgestattet.

Auch Dieter ist bereits straffällig geworden. 1974 weist ihn das Kreisgericht Senftenberg wegen Nötigung und Diebstahl in eine Nervenklinik ein, nachdem ein Gutachter ihm Schwachsinn attestiert hatte. 1978 wird er wegen sexuellen Missbrauchs eines Kindes zu einer Bewährungsstrafe verurteilt, die ihm später durch eine Amnestie des Staatsrates der DDR erlassen wird.

Lutz Kunze mit seiner Judith auf der Couch weiß von diesen Lebensläufen wenig. Natürlich ist in Brieske bekannt, dass der Dieter »nicht ganz richtig im Kopf« ist. Doch mit dem älteren der Fischer-Brüder hat Lutz sowieso kaum Kontakt. Der werkelt in Haus und Scheune herum oder kümmert sich um das Kleinvieh. Mit Georg ist das anders. Das ist ein richtiger

Kumpel. Er besitzt Schallplatten mit guter Musik, hat Ahnung von Autos und Mopeds und offenbar auch tolle Beziehungen. Georg hat ihm erzählt, dass er über einen Bekannten bis zu 1.500 DDR-Mark im Verhältnis eins zu eins in Westmark umtauschen kann, was ein prima Deal ist, der illegale Wechselkurs liegt bei mindestens eins zu fünf.

»Hast du Interesse«, fragt Georg seinen jungen Freund, von dem er weiß, dass dessen Familie durchaus solche Summen zusammenkriegen kann. »Musst dich ja nicht gleich entscheiden«, fügt er hinzu, als Lutz Kunze zögert.

Die Aussicht, so viel Westgeld in die Hand zu bekommen, ist verlockend. Lutz überlegt, welche Geldquellen er anzapfen kann. Er »schlachtet« sein Sparschwein, in dem einhundertfünfzig Mark stecken. Er pumpt Verwandte und Bekannte an. Die Mutter steuert dreihundert Mark bei, der Schwager zweihundert, der Großvater vierzig und der große Bruder zweihundertfünfzig Mark.

Die verheiratete Schwester unterschreibt einen Blankoscheck für das Umrubeln der weichen Ost in harte Westwährung.

Der Geldumtausch ist für den 10. Oktober 1980 organisiert. Am Nachmittag braust Lutz Kunze mit seinem Moped S50 voller Vorfreude, wenn auch mit mehr als einer halben Stunde Verspätung heran. Georg ist sauer. »Mensch, kannste nicht pünktlich sein? Jetzt ist mein Geschäftspartner weg. Er kommt aber später noch einmal wieder«, beruhigt er den enttäuschten Freund. Beide sitzen mehrere Stunden im Wohnzimmer beisammen, quatschen und trinken Bier und Kräuterschnaps. Lutz hält sich beim Trinken zurück, schließlich ist er mit dem Moped unterwegs.

Inzwischen ist es Abend geworden und der Geschäftspartner noch immer nicht aufgetaucht. »Komm, lass uns noch einen Kaffee trinken«, schlägt Georg vor. Das Getränk hat auf Lutz eine merkwürdige Wirkung. Die Beruhigungs- und Schlaftabletten, die ihm Georg heimlich mit dem Kaffee verabreicht hat, beginnen zu wirken. Lutz Kunze zieht die Schuhe aus, legt sich auf die Couch und fällt kurze Zeit später in einen tiefen Schlaf. Georg Fischer ist zufrieden. Bisher läuft alles nach Plan. Lutz ist auf das Märchen vom Umtausch hereingefallen und hat eine Menge Geld bei sich. Dumm nur, dass der Kerl auf der Brieftasche liegt. Die Gefahr, dass er munter wird, wenn er sie aus der Tasche zieht, ist zu groß. »Der muss weg«, beschließt Georg. Er holt aus dem Schuppen eine Axt und stellt sie im Vorraum vor die Wohnzimmertür. Zwei Säcke und Stricke legt er griffbereit neben dem Moped von Lutz Kunze ab, das im Hof steht.

Dieter hat inzwischen seine Arbeiten erledigt. Er hat draußen von der Pumpe Wasser für den nächsten Tag geholt und die Eimer in die Küche gestellt. Einen zentralen Trinkwasseranschluss gibt es nicht. Der Abwasch ist weggeräumt und der Fußboden gefegt. »Endlich fertig mit dem ganzen Geröll«, murmelt er zufrieden vor sich hin, als Georg bei ihm auftaucht.

»Der Kunze hat Geld bei sich, der muss ein paar auf die Rübe kriegen«, sagt er und weist an: »Du machst das. Die Axt steht schon draußen. Du fasst hinten am Stil an und haust dem Lutz zweimal mit der stumpfen Seite auf den Kopf.«

Dieter glaubt, seinen Ohren nicht zu trauen. »Das mach ich nicht«, widerspricht er. Georg zwingt seinen Bruder, ein paar Schnäpse zu trinken, damit der seine Hemmungen verliert, und droht ihm mit Prügel, wie er sie noch nie bezogen hat. Georg geht ins Wohnzimmer und stellt den Plattenspieler auf volle Lautstärke, damit eventuelle Schreie des Opfers übertönt werden, und verlässt den Raum wieder. »Los jetzt«, herrscht er den Bruder an.

Dieter gibt das bisschen Widerstand auf, das sich in ihm geregt hatte. Er nimmt wie befohlen die Axt, stellt sich ans Kopfende der Couch und lässt sie mit voller Wucht zweimal auf den Schädel von Lutz Kunze niedersausen. Bereits beim ersten Hieb vernimmt er das knirschende Geräusch zerberstender Knochen und sieht das Blut spritzen. Georg kommt in das Zimmer, dreht das Opfer, so dass er bequem an die Brieftasche kommt, und steckt sie ein. Gemeinsam schleppen die Brüder Lutz Kunze auf den Hof. Es ist ihnen, als hörten sie noch einmal ein Röcheln. Das erstirbt in dem Sack, den sie dem Opfer über den Kopf gestülpt haben. Sie binden den leblosen Körper auf dem Moped fest und lassen alles, was ihre Tat verraten könnte, wie den Sturzhelm und die Schuhe, in dem zweiten Sack verschwinden. Georg baut noch schnell die vier Blinkleuchten des Mopeds vorn und hinten ab und versteckt sie auf dem Grundstück. Die will er später verkaufen. Dann schieben die Fischer-Männer die tödliche Fuhre Richtung »Schwarze Elster«, die etwa fünfhundert Meter vom Gehöft entfernt vorbeifließt, und versenken sie mit Schwung im Fluss. Auf dem Rückweg erhält Dieter von seinem Bruder strenge Verhaltensregeln. »Du sagst keinem Menschen, dass der Lutz bei uns war. Und zur Elster gehst du in den nächsten Tagen auf keinen Fall.«

Zu Hause wartet noch jede Menge Arbeit auf die beiden Brüder. Auf dem Hof ist eine Blutlache, Vorraum und Wohnzimmer sind voller Blutflecke. Die Couch ist am Kopfende ebenfalls dunkelrot vom Blut. Mit viel Wasser versuchen sie, alle Spuren zu beseitigen. Beim Putzen erklärt Georg seinem einfältigen Bruder, dass der Kunze nur schlappe fünf Mark bei sich hatte.

»Warum soll ich die Beute mit dem Blödmann teilen«, denkt er sich.

Am Montag bittet Georg Fischer einen Freund, den Scheck einzulösen. Er hat die Summe von fünfhundert Mark in das Blanko-Formular eingetragen. Gern hätte er eine größere Summe aufgeschrieben, doch die Gefahr, dass der Scheck dann nicht eingelöst wird, ist ihm zu groß. Dem Kumpel erklärt er: »Der Scheck ist von meiner Mutter. Ich soll von dem Geld Malerzeug zum Renovieren einkaufen, habe aber meinen Ausweis verlegt.« Der Freund schöpft keinen Verdacht, zumal Georg tatsächlich Pinsel und Farben besorgt.

Die nächsten Tage verbringt Georg Fischer in Saus und Braus. Er kauft reichlich Alkohol und schmeißt in Gaststätten eine Lage nach der anderen. Das erregt Verdacht bei den Angehörigen von Lutz, die sich das Verschwinden des Jugendlichen nicht erklären können, aber auch bei den Saufkumpanen Georgs.

Genau eine Woche nach seiner Versenkung in der Elster wird die Leiche von Lutz Kunze gefunden. Bei der Obduktion stellen die Gerichtsmediziner massive Schädelhirnverletzungen fest. Sie finden aber auch Wasser in der Lunge. Lutz Kunze hat noch gelebt, als er in den Fluss geworfen wurde.

Am 19. Oktober werden Dieter und Georg Fischer verhaftet. Das Kreisgericht Senftenberg erlässt Haftbefehl. Nach anfänglichem Leugnen gesteht Dieter die Tat:

»Den ... habe ich erschlagen. Es war wegen dem Scheißgeld. ... Mein Bruder wollte das Geld. Mein Bruder sagte, dass er eins mit der Axt kriegen sollte. Ich schlug zweimal mit der Axt zu.«

Auch Georg äußert sich vor dem Haftrichter. Er leugnet jede aktive Tatbeteiligung, schiebt alles seinem Bruder in die Schuhe. Er räumt lediglich ein, dass er den Toten mit auf das Moped gebunden und seinen Transport zur Schwarzen Elster begleitet hat. Seine Begründung:

»Ich wollte meinen Bruder nicht in Schwierigkeiten bringen.«

Dieter Fischer bleibt in allen Vernehmungen durch die MUK und den Staatsanwalt bei der Aussage, dass ihn Georg zum Mord angestiftet hat. In einem der Verhöre versichert er:

»Ich hätte nie auf den ... eingeschlagen, wenn es mir mein Bruder nicht gesagt hätte. Ich hätte ja gar keinen Grund gehabt, ihn zu erschlagen.«

Wie abhängig Dieter in seinem schwachsinnigen Gemüt von seinem Bruder war, macht eine andere Aussage deutlich:

»Mein Bruder … ist sehr launisch. Wegen Kleinigkeiten fing er an zu schreien und zu bläken. Er beschimpfte mich mit Ausdrücken wie Schwein, Mistsau, dreckiger Lump und ähnliches. Wenn er richtig in Wut geriet, schnappte er mich und schlug mit den Fäusten ins Gesicht und trat mich mit den Füßen überall hin, wo er treffen konnte. Ich war danach immer fix und fertig und konnte nicht mehr. … Mein Weinen hat … überhaupt nicht gestört. Besonders brutal war er, wenn er vorher etwas getrunken hatte. Ich hatte richtige Angst vor ihm und versuchte nach Möglichkeit, ihm alles recht zu machen.«

Georg Fischer wird im Laufe der Ermittlungen innerhalb des halben Jahres nach seiner Verhaftung über dreißig Mal vernommen. Seine Bereitschaft, bei der Aufklärung des Verbrechens mitzuwirken, scheint nahezu umwerfend zu sein. In einem handschriftlich verfassten Geständnis heißt es:

»… Außerdem sehe ich ein, dass durch unser Verschulden der Ermordete sein Leben beenden musste, die Bevölkerung, das heißt die Bürger der DDR, die von unserem Fall unterrichtet sind, eine gerichtliche Verurteilung sowie Aufklärung des Falles verlangen dürfen.«

Zwei Jahre zuvor hatte er in einem Verfahren wegen Betrugs und Urkundenfälschung ähnlich salbungsvoll geschrieben:

»Da ich endlich vernünftig werden muss, habe ich eingesehen, dass ich keine straf baren Handlungen mehr machen darf. Um meine Einsicht zu beweisen, soll diese Stellungnahme mein erster Schritt in ein vernünftiges Leben sein.«

Die scheinbare Bereitschaft, die Wahrheit und nichts als die Wahrheit zu sagen, ist bei Georg nichts als Lüge. Mit frappierender Kaltschnäuzigkeit bietet er den Ermittlern immer neue Fakten an, die seine Unschuld beweisen sollen und die sich bei näherem Hinsehen als Hirngespinste erweisen. Lügen hält er so lange aufrecht, bis sie durch unwiderlegbare Beweise entlarvt werden. So bestreitet er vehement, dass er mit Kassibern versucht hat, seinen Bruder sowie Zeugen zu beeinflussen. Die Botschaften hatte er in Kleidungsstücke eingenäht, die seine Mutter nach Besuchen in der Haftanstalt zum Waschen mit nach Hause nehmen sollte. In einem Kassiber unterbreitet er seinem Anwalt ein generöses Honorar-Angebot, das er ihm wahlweise in Ost-oder Westmark auszahlen wolle. In einem anderen, mehrere Seiten umfassenden Geheimpapier nennt er angebliche Zeugen, die seine Unschuld beweisen könnten und die er der Polizei bisher verschwiegen habe. Ein Kassiber richtet er an seine Mutter mit der Aufforderung, ihm zu helfen. Georg schreibt ihr detailliert eine Aussage vor, die sie bei der Polizei machen müsse. Dort soll sie beschwören, dass der Geldumtauscher, ein gewisser Müller, zwei Tage vor seinem Selbstmord bei ihr ein Geständnis abgelegt hat. Danach habe er, Müller, den Dieter gezwungen, Lutz Kunze zu töten und in die Elster zu werfen. Ihr Sohn Georg sei zur Tatzeit in Senftenberg gewesen. Besagter Müller war tatsächlich Anfang Februar bei einem Verkehrsunfall gestorben. Nachweislich aber war er zur Tatzeit bei seiner damaligen Verlobten. In einem weiteren Kassiber fordert er Bruder Dieter nachdrücklich auf, die alleinige Schuld auf sich zu nehmen. Ihm könne schließlich angesichts seines Schwachsinns und der damit verbundenen Unzurechnungsfähigkeit nichts passieren.

Über ein Jahr lang ziehen sich die Ermittlungen hin. Am Ende sind siebenundzwanzig Aktenordner gefüllt. Darin befinden sich mehrere Stellungnahmen von Georg Fischer. Darunter ist ein Geständnis, das einhundertundacht handschriftliche Seiten umfasst.

Doch es ist das Papier nicht wert, auf dem es verfasst ist. Wie schon zuvor im Ermittlungsverfahren, widerruft Georg Fischer im Prozess vor dem Bezirksgericht Cottbus Anfang Februar 1982 alle ihn belastenden Aussagen. Er behauptet, dass ihn die Kriminalisten geschlagen hätten. Durch Schlafentzug sei er völlig übermüdet und mit den Nerven am Ende gewesen. Letztlich habe er die von der Polizei gewünschten und vorgegebenen Angaben gemacht, um endlich Ruhe zu haben. Außerdem habe ihm sein Bruder Dieter noch vor der gemeinsamen Inhaftierung Details des Mordes geschildert. Daher stamme das in den Geständnissen offenbarte Täterwissen.

Das Gericht glaubt ihm nicht. Es verurteilt Georg Fischer am 8. Februar 1982 gemäß dem Antrag der Staatsanwaltschaft wegen in Mittäterschaft begangenen Mordes in Tateinheit mit Raub und wegen verbrecherischen Betrugs zum Nachteil sozialistischen Eigentums zu einer lebenslangen Freiheitsstrafe. Gegen Dieter Fischer verhängt der erste Strafsenat wegen gemeinschaftlichen Mordes zwölf Jahre Gefängnis. Ihm wird verminderte Schuldfähigkeit zuerkannt.

Die Verteidiger legen Berufung gegen die Urteile beim Obersten Gericht der DDR ein und haben damit zum Teil Erfolg. Bei Georg Fischer sieht es nur die Anstiftung zum Mord als bewiesen an. Alleiniger Mörder sei Dieter Fischer gewesen. An den verhängten Strafen ändert das jedoch nichts. Sie werden von den obersten Richtern bestätigt.

Dieter Fischer wird im Januar 1989 aus dem Strafvollzug entlassen. Georg Fischer richtet 1993 Gnadengesuche an den Ministerpräsidenten und den Justizminister des Landes Brandenburg, nachdem einem Antrag auf Haftaussetzung nicht stattgegeben wurde. Die Gnadengesuche werden abgelehnt.

Im Januar 1996 öffnen sich für Georg Fischer die Gefängnistore. Inzwischen hat er geheiratet und den Namen seiner Ehefrau angenommen. Wieder in Freiheit, kommt er erneut mit dem Gesetz in Konflikt. Die Amtsgerichte Berlin-Tiergarten und Senftenberg verurteilen ihn wegen kleinerer vollendeter und versuchter Betrügereien, Urkundenfälschungen und Trunkenheit im Straßenverkehr zu Geldstrafen.

»He, kleine Linda«

Es ist Mittwoch, der 14. Juni 1978. Das Fernsehen überträgt stundenlang Spiele der Fußball-Weltmeisterschaft in Argentinien. Kerstin Klingner aus Bad Liebenwerda schaut nur mit einem Auge hin. Fußball interessiert sie wenig. Sie fiebert stattdessen dem Jugendtanz entgegen. Seit vier Monaten ist sie sechzehn Jahre alt und darf mittwochs und sonntags zur Disko. Die HO-Gaststätte *Haus des Handwerks* ist beliebter Treffpunkt für die Jugendlichen der Stadt. In der Tasche ihrer ausgewaschenen Jeanshose stecken vier Mark. Das muss reichen für den Eintritt und ein paar Cola mit Schuss, wie es die Jugendlichen nennen, wenn noch ein Wodka mit im Glas ist. Sie hat die Summe in das Nachweisbuch für die Verwendung des monatlichen Taschengeldes eingetragen. Die Mutter verlangt das so. Wenn die Eltern in einer Woche vom Ostseeurlaub zurückkommen, schaut Mutti sofort nach der Buchführung, und wenn die nicht stimmt, gibt es Ärger, weiß die Tochter.

Kerstin freut sich auf die Disko. Sie hat ansonsten wenig Kontakt zu Gleichaltrigen. Die Mutter leidet an einer Lungenkrankheit, und so muss das Mädchen mehr häusliche Pflichten erfüllen als andere Mädchen und Jungen ihres Alters. Sie verlässt gegen 18.30 Uhr die Wohnung. »Ich gehe jetzt«, ruft sie der Oma zu, die während der Abwesenheit der Eltern ein Auge auf ihre Enkeltochter wirft. Sie geht den gewohnten Weg vorbei an der Wäscherei zur Fernverkehrsstraße F 101 und dort ein Stück die Straße hinauf zum HdW.

Für den 21-jährigen Kraftfahrzeugschlosser Bernd Burghard ist der Schiepchenball, wie der Jugendtanz der überwiegend 14- bis 16-jährigen Küken auch genannt wird, nichts mehr. Mit seinen einundzwanzig Jahren gehört er zur reiferen Jugend und hat bereits diverse Erfahrungen mit dem anderen Geschlecht. Als er siebzehn Jahre alt ist, macht ihn eine drei Jahre ältere Pionierleiterin zum Mann. Seither fällt es dem aufgeschlossenen und meist lustigen jungen Burschen nicht schwer, Intim-Partnerinnen zu finden. Seine Art, das Leben leicht zu nehmen, kommt an. Was also soll er auf dem Schiepchenball? An besagtem Mittwoch nach Arbeitsschluss in der Handwerklichen Produktionsgenossenschaft »Gute Fahrt« fährt er nachmittags um halb vier mit dem Fahrrad lieber zu Susanne. Sie ist seine Hauptfreundin. Weil sie sich beim Sex eher zurückhält und weniger aktiv ist, was Bernd nicht ganz so toll findet, hat er gleichzeitig noch ein anderes Mädchen.

Von der weiß Susanne natürlich nichts. Liebevoll kuscheln die beiden miteinander, hören Musik, reden über dies und das. Auch über die Arbeit, die für Bernd eher Frust als Lust bedeutet. Eigentlich wollte Bernd lieber Kellner als »Autoschrauber« werden. Als Hilfskellner in der Gaststätte seiner Tante hat es ihm immer Spaß gemacht, die Leute voller Eleganz und stets mit einem flotten Spruch auf den Lippen zu bedienen. Sogar Gags mit vollen Gläsern auf dem Tablett gehörten zu seinem Repertoire. Vor Mädchen zeigte er seine Jonglierkünste besonders gern. Ihr Kreischen hat Bernd stets besonders gefallen und ihm die Brust vor Stolz schwellen lassen. Doch der Mutter, die als Expedientin in der Möbelbude arbeitet, und dem Vater, der als Zivilangestellter beim Volkspolizei-Kreisamt beschäftigt ist, war der Kellnerberuf nicht standesgemäß. Mit dem Instandsetzungsmechaniker für Textilmaschinen wurde es auch nichts. Er hätte von daheim ins Lehrlingswohnheim übersiedeln müssen. Wieder stand der Wille der Mutter dagegen. Sie wollte ihren manchmal störrischen und widerspenstigen Jungen lieber im Auge behalten. So erlernte er die Autoschlosserei bei der PGH »Gute Fahrt« in Bad Liebenwerda.

Für viele Jungs in der DDR ist das ein Wunschberuf. Nicht aber für Bernd Burghard. Mit achtzehn Jahren verpflichtet er sich freiwillig zur Nationalen Volksarmee als Berufssoldat. Doch der Traumberuf NVA-Offizier erfüllt sich nicht. Nie konnte man ungefragt in Ausgang gehen, musste stets pünktlich zurück sein, und mit den Vorgesetzten an der Offiziersschule war über deren vermeintlich unsinnigen Befehle nicht zu reden. Nach zwei Jahren voller Ermahnungen, Verwarnungen, Verweise, Arreste ist Schluss: Zwangsentpflichtung bei der NVA und Rausschmiss aus der SED.

Bernd Burghard hält es heute nicht lange bei Freundin Susanne. Nach dem gemeinsamen Abendbrot bricht er auf, um zu Hause das Motorrad zu reparieren. Die Karre zieht nicht so richtig. Wahrscheinlich ist der Vergaser zu oder die Zündkerze verdreckt, vermutet der Fachmann. Außerdem muss er für die PGH noch »Bestellkram« erledigen. Auf dem Heimweg kommt Bernd an der Betriebsgaststätte des VEB Zentronik vorbei. »Ich muss Zigaretten kaufen, die Schachtel ist fast leer«, fällt ihm ein. Er lehnt das Fahrrad an die Hauswand, und dort steht es lange. Denn es bleibt nicht bei den guten Vorsätzen, eine neue Schachtel Zigaretten zu kaufen und ein Bier zu trinken. Er trifft Bekannte und »versumpft« mit ungefähr zwölf Glas Bier bis zum Gaststättenschluss in der Kneipe.

Der Heimweg führt an dem Garagenkomplex vorbei, in dem das Familienauto der Burghards steht – trocken, sicher und liebevoll gepflegt. Bernd, der so gern hinter dem Lenkrad sitzt, kann sich nicht beherrschen. Viel zu selten lässt ihn der Vater fahren.

»Jetzt noch eine Runde drehen, das wäre doch klasse«, denkt er sich. Der Garagenschlüssel hängt an seinem Schlüsselbund, und den Wagen ohne Zündschlüssel in Gang zu setzen, ist für den Kfz-Schlosser kein Problem. Bernd schließt die Drähte vom Zündschloss kurz. Schon öfter hat er sich auf diese Art das blauweiße Gefährt »ausgeliehen«. Der Motor springt nach einigen Mühen an. Bernd Burghard fährt ohne Ziel los. Dass das Fahren unter Alkoholeinfluss streng untersagt ist und sofort mit dem Entzug der Fahrerlaubnis bestraft wird, stört ihn nicht. Fröhlich pfeift er das Lied »He kleine Linda« seines Lieblingsschlagersängers Muck vor sich hin.

Martha Klingner ist die ganze Nacht über vom Mittwoch zum Donnerstag nicht zur Ruhe gekommen. Kerstin, ihre Enkelin, hat sich nicht wie sonst nach der Disko zurückgemeldet.

»Bestimmt wollte sie mich nicht wecken und ist gleich in ihr Zimmer gegangen«, versucht sie die innere Erregung niederzudrücken. Am Morgen dann wird es zur Gewissheit: Das Kind ist nicht nach Hause gekommen. Ohne Erlaubnis hat sie das noch nie getan. Die Rentnerin weiß sich kaum Rat. Sie ruft ihren Neffen in Wahrenbrück an. Bei dem ist Kerstin nicht, auch nicht bei einer befreundeten Familie. Aufgeregt verständigt sie die Polizei. Dort beruhigt man die zweiundsiebzig Jahre alte Dame. Es kommt nicht so selten vor, dass Mädchen in diesem Alter über Nacht weg bleiben und sich dann nicht nach Hause trauen. Der Diensthabende verspricht, dennoch die Streifen zu informieren, damit sie die Augen offen halten. Einen Unfall mit Personenschaden hat es in der Nacht nicht gegeben. Auch im Krankenhaus ist kein unbekanntes Mädchen eingeliefert worden. Es besteht kein Grund zu besonderer Besorgnis.

Doch Kerstin bleibt verschwunden.

Am Mittwoch, dem 14. Juni 1978, kommt Brunhilde Müller abgespannt nach Hause. Über drei Stunden hat die Elternaktivsitzung im Gesellschaftshaus in Bad Liebenwerda gedauert. Die Mitglieder haben das zu Ende gehende Schuljahr mit allen seinen Höhen und Tiefen ausgewertet. Es waren anspruchsvolle Diskussionen nach einem vollgepackten Arbeitstag als Sekretärin beim Rat des Kreises. Sie geht vom Gesellschaftshaus ein Stück zu Fuß, um nach der Sitzerei den Körper in Bewegung zu bringen, und steigt dann auf ihr Fahrrad. Das Wohnhaus der Müllers steht auf dem Gelände einer Wäscherei. Als sie daheim eintrifft, ist es abends kurz nach elf Uhr. Ihr Mann ist bereits im Bett. Er muss früh raus. Brunhilde Müller rückt die Blumenvase und die Tischdecke auf dem Wohnzimmertisch zurecht, räumt die Küche auf und dreht sich im Bad Lockenwickler ins Haar. Die 38-Jährige schaut anschließend noch etwas fern. Natürlich wird wieder Fußball übertragen, ärgert sie sich. Gerade läuft die Begegnung in der zweiten Runde zwischen dem Gastgeber und späteren Weltmeister Argentinien und Polen. Nach einer Viertelstunde geht Argentinien mit eins zu null in Führung. Am Ende siegen die Südamerikaner durch ein weiteres Tor souverän mit zwei zu null. Doch das sieht sie schon nicht mehr. Brunhilde Müller zieht nach dem Führungstreffer ihren Schlaf dem Fußball vor. Doch der will sich trotz ihrer Müdigkeit nicht einstellen. Die verflixten Lockenwickler drücken. Sie kann die harten Dinger aber nicht einfach rausnehmen, schließlich muss man als Sekretärin im Vorzimmer des Chefs »um den Kopf herum« vernünftig aussehen. Zu allem Ärger lässt kurz nach Mitternacht noch jemand ganz in der Nähe ihres Schlafzimmerfensters, das wegen der warmen Nachttemperaturen weit geöffnet ist, den Motor eines Autos laufen. Das Getucker muss von einem Trabant kommen. Sie kennt dieses Geräusch vom eigenen Trabi. Dabei dürfte an dieser Stelle kein Auto entlangfahren, weil der Weg nur für Radfahrer zugelassen ist.

Brunhilde Müller will wissen, was da unten vor sich geht. Sie steht auf, tritt ans Fenster und sieht im Schein der Straßenlampe in der Tat einen Trabant stehen. Sie weckt ihren Mann, der leicht knurrend neben sie ans Fenster tritt. Das Ehepaar beobachtet, wie ein junger Mann eine Person auf den Beifahrersitz seines Autos verfrachtet. Der Fahrer schlägt die Tür auf der rechten Seite zu und rennt hinten um das Auto herum. Er setzt sich hinter das Lenkrad und fährt rückwärts auf die Dresdner Straße, die vorn am Haus vorbeiführt. Sie ist Teil der F101, die durch die Stadt führt. Zu ihrem Mann sagt Brunhilde Müller:

»Du, wir merken uns mal Kennzeichen und Uhrzeit. In der Zeitung stand doch, dass die Polizei nach einem Fahrzeug sucht, das in Gröden in einen Unfall verwickelt war.« Sie blickt auf den Wecker auf dem Nachttisch. Es ist 0.15 Uhr. Auf dem vorderen Nummernschild des Trabis, der in etwa fünf Meter Entfernung rückwärts am Fenster vorbeifährt, erkennt sie ganz deutlich die Buchstaben ZAA und hinter dem Strich die Vierundsiebzig. Die vordere Zahl ist eine Drei oder eine Null. Die Eheleute legen sich wieder schlafen. Am nächsten Tag überdeckt normaler Arbeitsstress die Erinnerung an die nächtliche Episode.

Zwei Tage später, am 16. Juni, wird die Hoffnung, dass Kerstin Klingner einfach wieder auftauchen könnte, jäh zunichte gemacht. Ihre Leiche wird in einem Feld mit Ziergras hinter der Ortschaft Doberschütz im Kreis Eilenburg gefunden, rund fünfzig Kilometer von Bad Liebenwerda entfernt am Rande der Dübener Heide. Die Leiche ist völlig nackt. Die 16-Jährige ist Opfer eines Sexualverbrechens geworden, dessen sind sich der herbeigerufene Gerichtsmediziner und die Kriminalisten der Cottbuser MUK sicher.

Die Nachricht vom Verschwinden des Mädchens und von ihrem Tod verbreitet sich schnell. Als Brunhilde Müller davon erfährt, erinnert sie sich an ihre nächtliche Beobachtung. Sie geht zum Volkspolizei-Kreisamt in Bad Liebenwerda und gibt ihr Wissen zu Protokoll. Für die Kripo ist es der entscheidende Hinweis zur Aufklärung des Verbrechens.

Drei Pkw Trabant mit den Buchstaben ZAA und der Zahl Vierundsiebzig hinter dem Trennstrich sind im Kreis Bad Liebenwerda zugelassen, ermitteln die Kriminalisten. Besitzer des Trabis ZAA 0-74 ist Karl Burghard, Vater von Bernd. Anders als sein Vater, der die Nacht vom vierzehnten zum fünfzehnten Juni im Bett zugebracht hat, kann der Sohn kein überzeugendes Alibi liefern. Im Gegenteil: Die Leiterin der *Zentronik*-Betriebsgaststätte erinnert sich nur zu gut an Bernd. Schließlich wohnt sie im gleichen Haus, und der junge Mann hatte mit ihr sogar gemeinsam nach Hause gehen wollen. Auch ein Freund, der mit ihm von der Gaststätte aus ein Stück des Weges gegangen war, wird ermittelt. Das Kreisgericht Bad Liebenwerda erlässt noch am selben Tag Haftbefehl gegen den jungen Mann wegen dringenden Mordverdachts. Er wird in die Untersuchungshaftanstalt nach Cottbus gebracht.

Die Beweise, die die Kriminaltechniker sichern, sind erdrückend. Das Sperma in der Scheide des Opfers stammt eindeutig von Burghard. An den Knien seiner Hose wird Erde festgestellt, die vom Tatort stammt. Farblose und blaue Baumwollfasern an seinen Sachen sind identisch mit Fasern aus Kerstins Hose. An der Kleidung der Toten, die entlang der Straße gefunden wird, befinden sich rote Polyesterfasern, die von den Schonbezügen der Trabisitze stammen. Vom Unterboden des Autos und von den Reifen gelingt es, Proben zu isolieren, die mit der Erdzusammensetzung am Tatort übereinstimmen. Bernd Burghard gesteht das Verbrechen an Kerstin Klingner und schildert die verhängnisvolle Trabi-Tour.

Seinen Lieblingsschlager »He, kleine Linda« vor sich her trällernd fährt Bernd Burghard in der Tatnacht zunächst zum

Bahnhof, um zu sehen, ob da noch ein paar ihm bekannte Jungs aus Falkenberg auf ihren Zug warten. Doch der Vorplatz ist kurz vor Mitternacht menschenleer. In etwa fünfzig Meter Entfernung Richtung Stadtpark sieht er ein junges Mädchen. »Der könnte ich ja mal hinterhergehen«, denkt er sich, ohne damit ein besonderes Ziel zu verfolgen. Er stellt das Auto am Straßenrand ab, steigt aus und schließt den Pkw ab. Ohne Hast folgt Bernd der Jugendlichen. Im Park angekommen, schießt es ihm durch den Kopf:

»Die Kleine erschrecke ich. Mal sehen, ob sie sich an die Brüste und die ›Schnecke‹ fassen lässt.« Gedacht, getan. Er schleicht sich von hinten an die »Kleine« heran und berührt sie an der Schulter. Das Mädchen reagiert alles andere als erschrocken. Kerstin Klingner dreht sich um und erkennt den Mann, der sie im Beisein seiner Freundin schon mal mit dummen Sprüchen wie »Du hast aber ein gebärfreudiges Becken« angemacht hat. In ganz ruhigem Ton sagt sie ihm: »Burghard, lass mich in Ruhe, sonst sage ich es Herrn Meister.«

Der Satz trifft ihn wie ein Blitz. Herr Meister ist der Buchhalter seines Betriebes, und wenn der erfährt, was Burghard treibt, gibt es Ärger. Wie würde er außerdem vor Susanne dastehen? Bis auf die Knochen blamiert wäre er. Angst kriecht in Bernd Burghard hoch. »Ich muss sie mundtot machen«, fällt ihm die schrecklichste aller Lösungen ein. Er zerrt sein Opfer vom Weg hinter ein Gebüsch, wirft es auf den Boden und setzt sich auf den Unterleib des Mädchens. Seine Knie bohren sich rechts und links von ihrem Körper in das Erdreich. Burghard umfasst mit beiden Händen den Hals des Mädchens und drückt mit seinen kräftigen Schlosserhänden so lange zu, bis Kerstin sich nicht mehr regt. Sie röchelt nur noch. Der Täter reist ihr das kordelartige Schmuckhalsband ab und drosselt damit das Mädchen. Kerstin kämpft bis zur Bewusstlosigkeit um ihr Leben. Burghard kommt nicht zur Besinnung. Er ist entschlossen, den Mord unter allen Umständen zu vollenden. Mit all seiner Kraft presst er die Faust der rechten Hand auf den Kehlkopf der unter ihm Liegenden.

Die grausame Tat hat die sexuelle Begierde von Bernd Burghard nicht eingedämmt. »Wenn du sowieso eingesperrt wirst, dann kannst du dich auch befriedigen«, denkt er. Burghard zieht der Toten die Jeanshose und den Slip herunter, reißt die Bluse und den Büstenhalter auf und führt Geschlechtsverkehr durch. Zum Samenerguss kommt es nicht. Zu groß ist die Angst, entdeckt zu werden. Notdürftig kleidet er die Tote wieder an, holt das Auto vom Straßenrand, bugsiert das Opfer auf den Beifahrersitz und braust davon.

Bernd Burghard fährt mit dem Trabi durch die Stadt Richtung Eilenburg. Er will die Leiche möglichst weit weg vom Tatort »entsorgen«. In Doberschütz beginnt der Motor zu stottern. Der Sprit wird knapp, er muss den Benzinhahn auf Reserve stellen. Will er es zurück nach Bad Liebenwerda schaffen, muss sein Opfer hier verschwinden. Das hohe Ziergras auf dem Feld neben der Fernverkehrsstraße 87 zwischen Doberschütz und Eilenburg kommt gerade recht. Er fährt mit dem Auto ein paar Meter den Feldweg hinein und zerrt die Leiche vom Beifahrersitz. Dass die Tote relativ schnell gefunden werden könnte, ist ihm klar. Um die Identifizierung zu erschweren, entkleidet er sie. Dabei überkommt ihn wieder die sexuelle Erregung. Voller Gier begrapscht er Brüste und Vagina des Opfers und vergeht sich noch einmal an der leblosen Kerstin Klingner. Weder Scham noch Ekel angesichts der bereits deutlich spürbaren Leichenkälte halten ihn ab. Bernd Burghard lässt seinen Samen in die Scheide des Mädchens fließen. Anschließend sammelt er die Sachen des Opfers zusammen und verstaut sie im Trabant. Noch einmal wendet er sich der Toten zu, reißt ihr mehrere Büschel Schamhaare heraus und zieht ihr den Ring vom Finger. Auf der Fahrt nach Bad Liebenwerda wirft Bernd Burghard die Kleidungsstücke einzeln aus dem fahrenden Auto. Nur den Ring behält er bei sich. Der ist ihm zum Wegwerfen zu schade. Er überlegt, ihn vor die Haustür seines Opfers zu legen.

In Bad Liebenwerda angekommen, stellt Burghard das Auto in die Garage, befestigt die Drähte am Zündschloss, schließt das Garagentor ab und geht nach Hause. Den Rest der Nacht schläft der Mörder tief und fest.

Am folgenden Tag geht Burghard wie gewohnt zur Arbeit. Im Betrieb fällt niemandem etwas auf. Wie immer erledigt er routinemäßig und ohne allzu großen Eifer Autodurchsichten und Reparaturen. Dass er müde wirkt, ist nichts Besonderes bei ihm. Für seine nächtlichen Touren ist er in der PGH Gute Fahrt hinlänglich bekannt.

Am Abend nach der Tat hat sich Bernd mit Susanne verabredet. Auf dem Weg zur Freundin sucht er nochmals den Tatort ab und findet dort tatsächlich noch den Stielkamm und den Regenschirm des Opfers. Beides wirft er in die Büsche. Kerstins Ring, der in seiner Hosentasche steckt, wird ihm nun doch zu heiß. Er versenkt ihn im Stadtgraben. Mit Susanne verbringt er ein paar schöne Stunden, schläft auch mit ihr, so als wäre nichts gewesen.

Im Haftkrankenhaus Leipzig wird Bernd Burghard auf seine Zurechnungsfähigkeit untersucht. Im Umgang mit anderen Gefangenen legt er eine gewisse Lässigkeit an den Tag. Von Nachdenklichkeit oder gar Reue ist nichts zu spüren. Vielmehr gibt er sich heiter, ist zu kleinen Scherzen gegenüber Mithäftlingen aufgelegt. Diese »Sonnenschein-Stimmung« entspricht seiner unbekümmerten Lebenseinstellung. Andererseits gibt es auch Tage, da ist er ohne Anlass mürrisch und gereizt. Sich unterzuordnen fällt ihm schwer. Letztlich ist er an diesem Charakterzug bei der Armee gescheitert, obwohl er gern Offizier geworden wäre, weil ihn »die schöne Uniform« gereizt hat.

Burghard ist intelligent, was sich unter anderem im Abschluss der zehnten Klasse mit dem Prädikat »gut« ausdrückt. Als der Gutachter mit ihm Einzelheiten des Tatgeschehens bespricht, wühlt ihn das vorübergehend auf. Zweimal unternimmt er so etwas wie Selbstmordversuche. Doch die leichten Schnittverletzungen an den Unterarmen nach dem Einschlagen von Fensterscheiben sind viel zu oberflächlich für ernstzunehmende Suizidabsichten. Burghard ist aus medizinischer Sicht betrachtet nicht geistes- oder bewusstseinsgestört. So gesehen liegen keine Gründe für eine Unzurechnungsfähigkeit oder verminderte Schuldfähigkeit während der Tat vor. Dennoch hält ihn der Gutachter für vermindert schuldfähig. Er habe völlig abnorm reagiert, als Kerstin Klingner gedroht hatte, sein Verhalten dem Buchhalter der PGH zu melden. Diese Reaktion sei durch seine ungesteuerte Wesensart und die Alkoholisierung noch verstärkt worden. Zudem sei er in sexueller Erregung gewesen und somit die Tat zum Teil triebbestimmt. Der Gutachter kommt zu der Erkenntnis, dass Burghard in der Summe aller Faktoren während des Mordes in seiner Entscheidungsfähigkeit erheblich beeinträchtigt war.

Die Staatsanwaltschaft Cottbus klagt Bernd Burghard im Januar 1979 wegen Mordes an Kerstin Klingner an. Eine verminderte Schuldfähigkeit, wie vom Gutachter angenommen, wird in der Anklageschrift verneint.

Nach einer zweitägigen Hauptverhandlung vor dem Bezirksgericht, die einen Monat später stattfindet, schließt sich der erste Strafsenat dieser Auffassung an. Wie vom Staatsanwalt beantragt, verurteilt das Gericht den Angeklagten zu einer lebenslangen Freiheitsstrafe. Das Oberste Gericht der DDR weist dessen Berufung zurück und bestätigt das Strafmaß.

Im November 1990 wird Bernd Burghard wegen guter Führung auf Bewährung aus dem Strafvollzug entlassen und kehrt zunächst nach Bad Liebenwerda zurück.

Die Schwangerschaftslüge

Seit dem 3. August 1975 scheint es, als habe das unstete Leben von Horst Napalke endlich seinen Ruhepunkt gefunden, an dem er Wärme und Geborgenheit empfängt, die ihm in seinen bisherigen neunzehn Jahren auf dieser Welt so sehr gefehlt haben. Horst Napalke, der im Mai 1956 in Leipzig geboren wurde, ist ein herumgestoßenes Kind. An seine leibliche Mutter kann er sich kaum erinnern, denn die Ehe der Eltern geht früh in die Brüche. Nur für kurze Zeit bleibt er mit seinen beiden Geschwistern bei der Mutter. Der Vater ist inzwischen in den Armen einer anderen Frau gelandet, einer Ärztin, die er später zur Ehefrau Nummer zwei nimmt. Als die leibliche Mutter Horst in ein Heim abschieben will, nimmt der Vater den kleinen Jungen zu sich. Doch die »neue Mutti« hat nichts für das »Kuckuckskind« übrig, zumal es vom Unglück verfolgt wird. Beim Spielen auf der Straße gerät er unter ein Auto. Der Vierjährige wird am Kopf und am Unterleib schwer verletzt, liegt zwei Wochen in einem Leipziger Krankenhaus. Mit sechs Jahren wird er eingeschult, doch kaum ist die Zuckertüte nach Hause getragen, fesselt ihn eine schwere Scharlach-Erkrankung ans Bett. Den mehrwöchigen Lernrückstand kann der schmächtige Horst nicht aufholen. Er wird aus- und ein Jahr später wieder eingeschult. Die erste Klasse schafft er mit Mühe, die zweite muss er als Sitzenbleiber wiederholen. Schule ist für ihn zu dieser Zeit nur noch Last, ohne Erfolgserlebnisse und ohne Anerkennung. Die versucht sich das Kind auf andere Art und Weise zu erheischen. Es stört den Unterricht, neckt Klassenkameraden und hält sie vom Lernen ab.

Zu dieser Zeit ist Ehefrau Nummer zwei beim Vater bereits Geschichte. Auf der »Suche nach einer neuen Mutter«, wie es Horst empfindet, verschlägt es Vater und Sohn Napalke nach

Kühlungsborn an die Ostsee. Dort kommt er in eine Sonderschule und wieder in eine neue Familie. Denn Vater Gerhard hat inzwischen Ehefrau Nummer drei an Land gezogen. Auch zu der ist das Verhältnis des umhergestoßenen Kindes gespannt. Es fühlt sich erneut unnütz wie ein »fünftes Rad am Wagen«. Auf Ehe Nummer drei folgen die Ehen Nummer vier, fünf und sechs des Vaters, verbunden mit Umzügen nach Berlin, Bernau, Vogelsang bei Neubrandenburg, Gerswalde bei Templin und schließlich nach Cottbus. Horst, das Anhängsel seines lebens- und liebeslustigen Erzeugers, wird von Ehe zu Ehe mit- und durchgeschleppt wie das ungeliebte Kuckuckskind. Denn alle Schwüre auf ewige Liebe und Treue zerbrechen dem Vater wieder und wieder. Horst, der nach zwischenzeitlichen Eskapaden im Internat seines Ausbildungsbetriebes eine Lehre zum Betonfacharbeiter im Wohnungsbaukombinat Cottbus ein halbes Jahr vorfristig mit guten Leistungen abgeschlossen hat, bekommt mal wieder eine weitere Frau vorgesetzt, die zu den Männern in die Wohnung zieht und sich anschickt, des Vaters Ehefrau Nummer sieben zu werden.

Als er am besagten Abend im August, einem Sonntag, Marika beim Tanz in der Gaststätte *Mentana* in Cottbus trifft, ist das ein großes Glück. Er versteht sich mit ihr von der ersten Aufforderung an. Es stört ihn überhaupt nicht, dass sie fünf Jahre älter ist und bereits eine drei Jahre alte Tochter hat. Der Mann jünger als die Freundin, das ist ungewöhnlich. Doch was ist an Horst schon gewöhnlich? Bei guter Musik, Bier, Wein und Mixgetränken lassen sie an diesem Abend keine Minute voneinander. Sie tanzen eng umschlungen nach immer schmusiger werdenden Klängen. Als die *Mentana* schließt, bringt Horst seine erste richtige Liebe bis vor die Haustür. Lange stehen sie dort zusammen in der lauen Augustnacht, und Horst fühlt sich erstmals wie ein Sonntagskind.

Ganz klar, dass sie sich für den nächsten Tag verabreden. Sie treffen sich am Ufer der Spree, dem traditionellen Ort für Verliebte. »Es begann eine tolle Woche. Wir machten die Nacht zum Tage, besuchten Tanzveranstaltungen und liebten uns«, erinnert sich Horst. Sie leben wie Mann und Frau zusammen. Marika macht ihm das Essen, kümmert sich um die Wohnung und viele andere Dinge des täglichen Miteinanders. Mandy, die kleine Tochter seiner Freundin, wächst ihm ans Herz, und schon bald ist er für die Dreijährige der »Vati«, der sie auf den Schoß nimmt, mit ihr spielt, sie tröstet bei kindlichem Kummer. Stolz ist er über die Zuneigung.

Sechs Wochen nach dem ersten Kuss vor der Haustür läuten die Hochzeitsglocken. Horst liebt und ist zufrieden mit sich und seinen Gefühlen.

Als der Vater mit seiner Ehefrau Nummer sieben in spe in Cottbus seine Zelte abbricht und wieder einmal die Republik durchquert, hat das junge Ehepaar die komfortable Wohnung für sich allein. Nicht alle jungen Ehepaare starten von einer solch günstigen Position aus in ihr gemeinsames Leben. Doch just ab diesem Zeitpunkt bekommt das so schnell geschlossene Ehebündnis die ersten Risse. Haushalt und Kind werden für Marika von einem Tag auf den anderen zur Nebensache. Gern schlendert sie durch die Stadt, geht lieber zum Tanz – vorzugsweise auch allein – als nach Hause an den heimischen Herd. Kein Wunder, dass das Geld selten bis zur nächsten Lohnzahlung reicht. Es ist öfter Ebbe in der Haushaltskasse. Wenn die frisch Vermählten darüber streiten, fliegen die Fetzen. »Dann gehe ich eben auf den Strich«, giftet ihn die Ehefrau an, wenn Horst wieder ihren ausschweifenden Lebenswandel und ihre Unfähigkeit zum Wirtschaften kritisiert. Das treibt ihm die Wut in den Kopf, in dem sich schon seit längerer Zeit die Vermutung eingenistet hat, dass es Marika nicht so genau nimmt mit der ehelichen Treue. Er schreibt ihr anonyme Briefe mit eindeutigen Angeboten, um das zu überprüfen. Obwohl er keine handfesten Beweise für ihr Fremdgehen hat, treibt ihn seine Eifersucht fast in den Wahnsinn. Er will sie auf Schritt und Tritt überwachen, taucht daheim auf, wenn er eigentlich auf Arbeit sein müsste, und kontrolliert, mit wem sie sich in der Stadt trifft. In seinem Jähzorn schlägt und misshandelt Horst das widerspenstige Eheweib, ritzt ihr sogar mit Rasierklingen die Arme auf. Hausbewohnern und Kolleginnen bleiben derartige Verletzungen und Hämatome nicht verborgen. In mehreren Fällen ist der Abschnittsbevollmächtigte bei Horst und Marika zu Gast. Einmal bittet die Frau um Hilfe, weil Horst ein neues Türschloss eingebaut und sie aus der gemeinsamen Wohnung ausgesperrt hat. Ein anderes Mal kommt der Mann – leicht angetrunken – ins ABV-Dienstzimmer und fordert die Staatsmacht zum Eingreifen gegen die Untreue seiner Ehefrau auf. Sogar von Morddrohungen ist einmal in einem nächtlichen Anruf die Rede. Die herbeigeeilten Polizisten eines Funkstreifenwagens stellen jedoch nichts Ernsthaftes fest, registrieren nur, dass beide Ehepartner sichtlich zu viel Alkohol getrunken haben. Aussprachen finden statt: beim ABV, mit dem Vater von Horst und mit den Eltern von Marika. Von Trennung und Scheidung ist die Rede, doch die Eltern ermahnen die jungen Leute zu Vernunft, Toleranz, Nachsicht und Durchhaltevermögen in der Krise. Die Appelle scheinen zu fruchten. Hausbewohner beschweren sich nicht mehr über lautstarken Zwist in der Wohnung der Napalkes, Polizeistreifen beobachten, dass die Eheleute nachts Arm in Arm aus der *Mentana*, ihrer Lieblingsgaststätte, nach Hause wanken.

Gerade dort, in der *Mentana*, bekommen der Ehekonflikt und die Eifersucht von Horst neue Nahrung. Bei den Tanzrunden ist er längst nicht mehr der uneingeschränkte Favorit bei Marika. Die dreht sich viel lieber mit anderen Männern im Kreis, frischt alte Herrenbekanntschaften auf und knüpft neue. Seit einiger Zeit gibt es Kurtchen an der Seite der unternehmungslustigen Marika. Heimlich noch, aber schon intim.

Die beiden Turtelnden beschließen eine List, um ihre Beziehung ungestört pflegen zu können. Im Mai 1976 betritt bei einem der *Mentana*-Besuche Kurtchen mit seiner Ehefrau die Bühne. Die Familien freunden sich an und besuchen sich, wobei es stets feucht-fröhlich zugeht bei den »kleinen Saufabenden«, wie sie Horst bezeichnet. Schnell aber wird dem eifersüchtigen Ehegatten die zunehmende Vertrautheit zwischen Kurtchen und Marika unheimlich. Die besteht plötzlich auf einen »familienfreien Tag«, um sich mit Freundinnen zu treffen. Zähneknirschend stimmt er dem Verlangen zu, innerlich aber ist er überzeugt, dass die »Freundinnen« alle nur einen Namen tragen: Kurtchen! Selbst dessen Hund ist für ihn der Beweis der Untreue seiner Angetrauten. Während der Vierbeiner Marika bei den Besuchen schwanzwedelnd und freudig begrüßt wie eine alte Bekannte, nimmt er von ihm kaum Notiz oder knurrt ihn böse an. Kurtchen geht bei den Napalkes mittlerweile ein und aus, macht es sich auf der Couch neben Marika bequem, während Horst auf dem Sessel sitzen muss. Um Bier für Kurtchen zu kaufen, ist immer genug Geld in der Haushaltskasse, verlangt der Hausherr hingegen nach einem Cottbuser Hell, ist die Schatulle leer. Kurtchen will Marika seinen Trabi überlassen für einen Preis, für den man auf den florierenden Autoschwarzmarkt nicht mal die Hupe bekommen würde. Als Horst mit dem Verweis auf die gähnende Leere auf dem Konto das großzügige Angebot ablehnt, droht Marika damit, sich das Geld mit Männern zu erschlafen. Im Übrigen jage er nur seinen eifersüchtigen Hirngespinsten nach, wenn er ihr ein intimes Verhältnis mit dem Freund der Familie unterstelle. »Du willst mich gleich mit jedem verkuppeln, mit dem ich mich unterhalte«, pariert sie die Eifersuchtsszenen ihres Gatten. »Fass dich lieber an die eigene Nase. Was ist denn zwischen dir und meiner Schwester«, dreht sie den Spieß um.

Je präsenter der Nebenbuhler wird, desto heftiger nagen

Zweifel und Verzweiflung an Horst, zumal der eheliche Sex immer seltener wird. Sein Misstrauen gewinnt weitere Nahrung, als er wieder einmal von seiner Arbeit im Betonwerk davonrennt, um daheim zu einer überraschenden Kontrolle aufzutauchen. Dort angekommen, steht er vor der verschlossenen Wohnungstür, der Schlüssel steckt von innen. Er brüllt das ganze Haus zusammen: »Macht die Tür auf, sonst schlage ich sie ein«, droht er, hämmert gegen die Tür und klingelt Sturm. Kurtchen ist es schließlich, der von innen öffnet. Der Hosenstall steht noch offen, nahezu provokativ zieht er den Reißverschluss hoch. »Denk dir bloß nichts Falsches dabei«, versucht er den wütenden Horst zu beruhigen. Im Wohnzimmer sitzt Marika mit roten Wangen und völlig aufgelösten, zerzausten Haaren.

»Mir hat der Kopf gejuckt, ich bin davon fast verrückt geworden«, begründet sie ihr durchwühltes Aussehen.

Der Gehörnte hat nun zahlreiche Anhaltspunkte für die außerehelichen Beziehungen seiner Gattin aber keine handfesten Beweise. Er weiß inzwischen nicht mehr, wen er mehr hassen soll: Marika, die er immer noch liebt, und die Ehe, die er erhalten will, oder Kurtchen, der ihn verdrängt hat aus dem Herzen seiner Frau.

Die Konflikte eskalieren. Am 4. Juli, es ist wieder ein Sonntag, erklärt Marika: »Ich lasse mich scheiden. Du kannst alles haben, ich nehme nur den Fernseher, den Kühlschrank und meine persönlichen Sachen mit.« Horst ist wie vor den Kopf geschlagen. Nach noch nicht einmal einem Jahr droht die Ehe mit Marika zu zerbrechen, und damit stirbt seine Hoffnung, doch noch als Sonntagskind auf der Sonnenseite des Lebens einen Platz zu erheischen.

Am nächsten Montag gehen die Eheleute mit Töchterchen Mandy am Spreeufer entlang und essen Eis. Während das Kind spielt, unternehmen die Eltern den Versuch eines Gesprächs.

Das misslingt und mündet wie so oft in der zurückliegenden Zeit im Streit, der an der Wohnungstür nicht endet. Am Abend geht das Paar wieder einmal getrennte Wege. Während Marika eine Freundin besuchen will, die wahrscheinlich Kurtchen heißt, verschlägt es Horst in eine Kneipe. Eigentlich will er nur Zigaretten kaufen, bleibt dann doch auf ein Bier, trinkt noch eines, am Ende sind es vier.

Der Montag neigt sich dem Ende entgegen, als im Volkspolizei-Kreisamt in Cottbus der Notruf 110 eingeht. Von einer Telefonzelle aus meldet sich Horst Napalke. »Meine Frau ist tot«, spricht er aufgeregt in den Hörer. »Ich habe sie im Schlafzimmer vorgefunden, als ich nach Hause gekommen bin. Sie wurde vermutlich erstochen.« Fünf Minuten vor Mitternacht trifft der K-Dienst ein und findet Marika Napalke tatsächlich erstochen auf ihrem Bett. Der Ehemann, der die Kriminalisten eingelassen hat, steht an der Schlafzimmertür und blickt entsetzt auf seine blutverschmierte Frau. Sie ist nur mit Slip und BH bekleidet, der über ihre Brüste gerutscht ist. Die linke Brust sieht aus, als sollte sie abgeschnitten werden. In der Herzgegend und im Bauchbereich sind mehrere Wunden sichtbar, die offensichtlich von einem Messer stammen. Der Hals ist voller Würgemale. Neben dem Frisierschränkchen liegen ein Parfümfläschchen, unweit des Nachttisches ein Wecker auf dem Fußboden. Die Ehebetten sind zerwühlt. Die Frau hat sich gewehrt, als der Täter über sie herfiel. Schon nach kurzer Zeit besteht kein Zweifel, dass Marika ihren Mörder gekannt haben muss. Weder an der Haustür, die nachts verschlossen ist, noch an der Eingangstür zur Wohnung gibt es Spuren eines Einbruchs. War Kurtchen, den der Ehemann in einer ersten Befragung durch die Polizei ins Spiel bringt, bei seiner Geliebten? Hat sie ihm in freudiger Erwartung geöffnet? Hat es Streit zwischen dem Liebespaar gegeben mit dem furchtbaren Ergebnis auf dem Bett? Nein, dessen Alibi ist wasserdicht, er wird bei der Überprüfung friedlich schlummernd im heimischen Schlafgemach angetroffen und hat den ganzen Abend mit seiner Frau verbracht. Horst dagegen gerät in Erklärungsnot und unter dringenden Tatverdacht, als er der Polizei von dem heftigen Streit berichtet. Er wird festgenommen und gesteht wenig später, dass er Marika aus Wut umgebracht hat.

Was ist passiert zwischen dem Besuch in der Bierkneipe und dem Notruf bei der Polizei?

Horst Napalke sieht von der Straße, dass in der Wohnung Licht brennt. Alle möglichen Gedanken schießen ihm durch den Kopf. Er sieht Marika nackt und eng umschlungen in Kurtchens Armen. Er hat noch keine Lust, nach oben in die Wohnung zu gehen. Er weiß, dass er viel zu aufgewühlt ist von den Auseinandersetzungen dieses Tages, und dass er im Jähzorn die Kontrolle über sich verlieren könnte. Er beschließt, noch etwas frische Luft zu schnappen und vielleicht bei Kurtchen vorbeizugehen, um ihn zur Rede zu stellen. Von dem Vorhaben lässt er ab und geht nach einem längeren Spaziergang gegen dreiundzwanzig Uhr doch nach Hause. Inzwischen hat sich seine Nervenanspannung gelegt. Er ist friedlicher gestimmt als noch vor wenigen Stunden und zur Versöhnung bereit. Marika steht leicht bekleidet in der Küche und hat das Brotmesser in der Hand. Es ist ein Sägemesser. Die Klinge misst knapp zwanzig Zentimeter und ist sehr spitz. Der ausgeformte, etwa zehn Zentimeter lange Holzgriff liegt gut in der Hand. Beide mögen dieses Messer zum Stullenschneiden. Horst begrüßt seine Frau freundlich. Die aber reagiert nicht. Er geht zur ihr, legt seinen Arm um ihre Schulter und will sie an sich drücken. »Komm, lass uns ins Wohnzimmer gehen und miteinander reden«, schlägt er vor. Das Versöhnungsvorhaben misslingt gründlich. »Geh weg«, zischt sie und windet sich aus dem Arm ihres Ehemannes. »Du bist schmierig! Du ekelst mich an! Und ewig dein Getatsche!«

Das ist zu viel für Horst. »Dein Haushalt ist schmierig. Sieh dich doch um, wie das alles hier aussieht«, poltert er verärgert und enttäuscht zurück. Ein Wort gibt das andere, gut eine Viertelstunde geht es hin und her mit gegenseitigen Schuldzuweisungen. »Du bist nicht nur schlampig, sondern bringst das ganze Geld mit Kurtchen und deinen anderen Kerlen durch«, kocht es in Horst. Marika aber lacht nur, streckt ihm ihren Bauch entgegen und triumphiert: »Guck mal, wie der wächst. Ich bin schwanger. Bilde dir aber nicht ein, dass du der Vater bist. Das Kind ist von einem anderen Mann.« Außer sich vor Wut, Enttäuschung, Kränkung und Entsetzen packt er seine Frau mit beiden Händen an den Schultern und schüttelt sie durch. »Von wem ist es? Sag, dass es nicht stimmt«, fleht er sie an. Marika lacht nur noch lauter, streckt wieder den Bauch vor und entgegnet: »Was geht es dich an. Ich lass mich doch sowieso scheiden. Denk dran, Kühlschrank und Fernseher nehme ich mit, den anderen Krempel kannst du behalten.«

Es ist der Moment gekommen, in dem Horst Napalke jede Beherrschung verliert. Seine Hände umfassen den Hals, die Daumen drücken fest auf den Kehlkopf. Marika lässt das Messer fallen. Verzweifelt, voller Entsetzen und panischer Angst fuchtelt sie mit den Armen herum und es gelingt ihr, sich aus der Umklammerung zu befreien. Sie flüchtet ins Schlafzimmer, doch noch ehe sie den Schlüssel von innen im Schloss umdrehen kann, ist der wütende Mann bei ihr. Er schmeißt sie auf ihr Bett und würgt sie erneut. Plötzlich erlahmt ihre Gegenwehr. Seine Frau bleibt regungslos liegen. Getrieben von Eifersucht und Vergeltungswillen für die ihm zugefügte Schmach und seine verletzte Männlichkeit rammt ihr Horst Napalke wie von Sinnen das Brotmesser in den Leib.

Wochen sind seit der Tat vergangen. Horst Napalke hat zeitlichen Abstand.

In einer der folgenden Vernehmungen schildert er seine Gemütsverfassung an jenem verhängnisvollen Abend so:

»Für mich war irgendwie eine Welt zusammengebrochen, dass meine Frau doch fremdgegangen ist, mich so lange belogen und betrogen hat, von ihren Eltern unterstützt worden ist und sogar noch ein Kind von (...) kriegt. Da habe ich mir gedacht: ›Bringst beide um.‹ Diesen Gedanken hatte ich während meiner Handlung. Vorher habe ich so etwas nicht gedacht und auch nicht geplant. Die Stiche in den Bauch habe ich deswegen gegeben, weil ich das Kind töten wollte. Die Brust abschneiden wollte ich deswegen, damit das Kind keine Nahrung hat. Weil die Brust nicht abging und ich sie richtig zerstören und vernichten wollte, habe ich auch in sie hineingestochen. Ich war so in Wut, so dass Kind und Frau sterben sollten ...«

Im psychiatrischen Gutachten der Medizinischen Akademie Dresden werden Horst Napalke Gesundheit und Leistungsfähigkeit bescheinigt. Anfängliche Entwicklungsverzögerungen, die zum Besuch der Sonderschule führten, hat er später aufgeholt. Er ist im medizinischen wie auch sozialen Sinne weit weg von einer Schwachsinnigkeit, die Zurechnungsfähigkeit und Schuld mindern würde. Doch als Persönlichkeit mit festen Strukturen konnte er sich durch das ungewöhnliche Mitschleppen durch sechs Ehen nicht entwickeln. Er war leicht zu animieren und ebenso leicht zu verstimmen. Er brachte nicht genügend Stabilität mit, um eine dauerhafte Ehe zu führen, zumal er an eine labile Partnerin geraten war, mit der er sich zwar lustvoll ausleben, aber mit der er keine wirkliche Beziehung aufbauen konnte. Gepaart mit spontaner abnormer Eifersucht war so der Nährboden gegeben, in dem sich die Tat im Affekt bis zu ihrem grausigen Abschluss entwickelte, stellt der Gutachter fest.

Die Staatsanwaltschaft klagt Horst Napalke Ende Dezember 1976 wegen Totschlags in einem Zustand starker Erregung an. Überraschend kommt das Bezirksgericht Cottbus einen Monat später in seinem Urteil zu einem anderen Ergebnis. Nach Ansicht der Richter hat der Angeklagte seinen starken Erregungszustand zur Tatzeit durch eigenes Verschulden mit hervorgerufen. Dadurch war die Tat nicht »nur« ein Totschlag, sondern Mord. Das Gericht verurteilt Horst Napalke zu zwölf Jahren Freiheitsentzug.

Das Urteil hat vor dem Obersten Gericht keinen Bestand. Der fünfte Strafsenat hebt es Anfang März im Schuld- und Strafausspruch auf. Horst Napalke wird wegen Totschlags zu neun Jahren Haft verurteilt.

Bleibt noch anzumerken: Gerichtsmediziner haben bei der Obduktion zweifelsfrei festgestellt, dass Marika Napalke nicht schwanger war.

Rätselhafte Kriminalfälle

Die russische Lösung

In den Morgenstunden des 19. Januar 1986 wird eine Leiche an der Fernverkehrsstraße 97 bei Lakoma vor den Toren von Cottbus gefunden. Die Frau hat keine Papiere bei sich und kann deshalb zunächst nicht identifiziert werden. Am 20. Januar bittet die Polizei in der örtlichen Tageszeitung *Lausitzer Rundschau* die Bevölkerung um Mithilfe. Einen Tag später teilt sie mit, dass es sich um die Russischlehrerin Edith Konrad aus Cottbus handelt, die einem Tötungsverbrechen zum Opfer gefallen ist. Am 24. Januar wird ein Foto der Frau veröffentlicht, um weitere »sachdienliche Hinweise« zu erhalten. Wer die 38-jährige alleinstehende Mutter von zwei Kindern getötet hat und was sich in jener Winternacht zugetragen haben könnte, erfährt die Bevölkerung nicht.

Edith Konrad wird oft als Dolmetscherin für den Fernsehfunk der DDR, für die NVA und für sowjetische Militäreinheiten im Standortbereich Cottbus gerufen. Sie hat zu sowjetischen Soldaten und Offizieren gute Kontakte, wird von ihnen oft in Dienstfahrzeugen nach Hause gebracht und kennt sich in sowjetischen Garnisonen im Bezirk Cottbus gut aus.

Diese engen Verbindungen sind Edith Konrad in jener Nacht zum Verhängnis geworden, ist sich der inzwischen pensionierte Staatsanwalt Horst Helbig sicher. Bis heute ist der Fall juristisch nicht abgeschlossen, obwohl der damals ermittelnde Staatsanwalt Helbig überzeugt ist, dass die Täter überführt wurden. Gemeinsam mit dem damaligen Leiter der Cottbuser MUK, Hans Jakobitz, einem fähigen Kriminalisten und absoluten Fachmann, war Helbig ihnen relativ schnell auf die Spur gekommen. Die führte in die Garnison der Roten Armee nach Dissenchen bei Cottbus. Von dort ist es nur ein Katzensprung bis nach Lakoma, dem Fundort der Leiche. Reifenspuren am Fundort der Leiche, die im wegtauenden Schnee noch gesichert werden, stammen von einem Wolga, dem Standard-Pkw der sowjetischen Streitkräfte. Zeugen haben beobachtet, dass am 19. Januar gegen 1.30 Uhr in der Nähe des Fundortes an der F97 ein sowjetischer Militär-Lkw sowie ein Kübelfahrzeug parkten. Ein Zündkabel russischer Produktion wird gefunden. Verletzungen bei Edith Konrad deuten auf ein Bajonett von einer Kalaschnikow, dem Maschinengewehr der Sowjetarmee, hin. Edith Konrad muss in jener Nacht, als sie von einer privaten Geburtstagsfeier in Cottbus zu Fuß auf dem Heimweg war, in das Auto ihrer Mörder gestiegen und sexuell belästigt worden sein. Als diese merken, dass sie von Edith Konrad identifiziert werden können, bringen die Täter die Russischlehrerin um, ist Helbig überzeugt.

Vom Opfer und Spuren am Leichenfundort werden fünf Geruchsspuren gesichert: von beiden behandschuhten Händen, vom Hals, von der Standspur und vom Zündkabel. Jeweils zwei Fährtenhunde werden auf über zweitausend Bürger angesetzt, um die Gerüche zu identifizieren. Es sind Personen, die sich in Gaststätten entlang des Heimweges aufgehalten haben, den Edith Konrad eingeschlagen haben muss, sowie Halter von Autos der Marken Wolga, Saporoshez, Golf, Volvo und mit noch größerer Spurweite in den Kreisen Cottbus-Stadt und Cottbus-Land. Alibis von Taxifahrern des VEB Kraftverkehr und der Taxigenossenschaft werden überprüft und auch die von Fahrern von Schwarztaxis. Hinzu kommen dreißig russische Armeeangehörige. Die Ermittlungen und die Nasen der Spürhunde führen in die Kaserne nach Dissenchen zu Fähnrich Anatoli G. (vierundzwanzig) und Soldat Wladimir S. (neunundzwanzig) als Verursacher der Geruchsspuren. Die beiden gehören zur Garnison in Dissenchen, eine Nachrichten-Eliteeinheit der Roten Armee. Alle anderen Personen können ausgeschlossen werden. Bei der Überprüfung der Wachunterlagen finden Staatsanwalt Helbig und die Ermittler der MUK Unstimmigkeiten. Es ist ziemlich sicher, dass sich die beiden Mordverdächtigen zur Tatzeit nicht in der Kaserne aufgehalten haben, wie die frisierten Dokumente beweisen sollen, sondern möglicherweise ohne Erlaubnis im Stadtgebiet von Cottbus unterwegs waren. Der russische Soldat wird von der deutschen Polizei sogar kurzzeitig verhaftet und verhört. Der Fall ist so gut wie geklärt.

Plötzlich aber spüren die Ermittler Widerstände. Der oberste Militärstaatsanwalt der DDR in Berlin kippt um und gibt in den Verhandlungen mit den sowjetischen Militärs nicht mehr die anfangs gute Unterstützung. Offensichtlich macht Moskau Druck, weil es nicht sein kann, dass sowjetische Militärangehörige ein solches Verbrechen begangen haben. Ein sowjetischer General gibt an, dass er mit Fähnrich G. zur fraglichen Zeit auf dem Weg nach Magdeburg zu einem Manöver der

Streitkräfte war. Soldat S. hat nach Angaben des sowjetischen Untersuchungsführers in der Nacht vom 18. zum 19. Januar 1986 Wachdienst geschoben. In der Erstaussage nach der Verhaftung durch die deutsche Polizei hat er das aber anhand belastbarer Angaben verneint. Ein Auszug aus dem Wachbefehl der Einheit in Dissenchen stützt diese Aussage. Demnach hatte die Einheit von S. erst ab dem Morgen des 19. Januar, als Edith Konrad schon tot war, Objektwache.

Was aus den beiden mutmaßlichen Mördern geworden ist, darüber kann nur spekuliert werden. Sehr schnell erhielten sie einen Marschbefehl raus aus der DDR. Staatsanwalt Helbig glaubt, dass sie in den Afghanistan-Krieg abkommandiert wurden. »Die Russen haben das immer auf ihre ganz eigene Art und Weise gelöst«, so Helbig. Ganz sicher gab es auch handfeste politische und militärische Gründe für diese »russische Lösung«.

Getrampt in den Tod

Die Stimmung im Kulturraum der Landwirtschaftlichen Produktionsgenossenschaft in Stauchitz bei Riesa ist gut. Viele sind zum Treffen der Seminargruppe der Martin-Luther-Universität gekommen.

Auch Veronika Rudolph aus dem kleinen Dorf Gallinchen bei Cottbus wird begrüßt. Gut geht es der Frau Doktor agr. Ing. In der Cottbuser Außenstelle des Zentrums für Umweltgestaltung Berlin ist die junge Frau anerkannt, weil sie Ideen hat und im Beruf aufgeht. Im Gegensatz zu den meisten anderen Mitkommilitonen ist Veronika Rudolph ohne Ehepartner zu dem studentischen Wiedersehen gekommen. Auf entsprechende neugierige Fragen antwortet sie den einstigen Studienkolleginnen und Studienkollegen, dass ein fester Freund zu Hause wartet.

Das allerdings ist geflunkert. Warum aber soll die knapp 28-Jährige hier und heute ihre geheimsten Herzenswünsche offenbaren: endlich einen Freund zu finden, der sich für ihr Umweltengagement interessiert, mit dem sie darüber philosophieren und streiten kann. Auf eine Reihe von Annoncen hat Veronika Rudolph schon geschrieben, doch gefunden hat sie ihn noch nicht, diesen Mann fürs Gemeinsame, den sie liebt und mit dem sie eine Familie gründen kann.

Veronika Rudolph am 1. Juni 1986, einem schönen Sonntagmorgen, auf dem Weg von der Seminarfete in Stauchitz nach Hause in die großelterliche Wohnung in Gallinchen. Einen ehemaligen Kommilitonen bittet die junge Frau, sie gegen neun Uhr nach Röderau zu bringen. Von dort aus will sie trampen. »Mit dem Zug von Riesa nach Cottbus zu fahren ist viel zu zeitaufwendig«, sagt sie. Schon oft hat das mit dem Trampen gut geklappt. »Was soll schon passieren«, schlägt sie die Warnung ihres Vaters, eines Kriminalisten, in den Wind.

Auch diesmal scheint die Rechnung aufzugehen. Schnell kommt sie voran. Bereits gegen elf Uhr ist sie in Lauchhammer-Mitte. Nur noch sechzig Kilometer sind es über die F169 bis nach Cottbus.

Zwanzig Personen werden später ermittelt, die zwischen zehn und zwölf Uhr die F169 in diesem Bereich passiert haben. Veronika Rudolph aber hat keiner gesehen.

Eine aufwendige Suche beginnt. Von Gröditz bis Cottbus, das sind fast hundert Kilometer, wird beiderseits der F169 in einem Abschnitt von zweihundertfünfzig Meter Breite praktisch jeder Grashalm umgedreht. Restlöcher ausgekohlter Kohlegruben, Teiche und andere markante Stellen in diesem riesigen Gebiet, in denen man einen Menschen verschwinden lassen kann, nehmen die Suchtrupps besonders unter die Lupe. Alles ist vergebens. Von der Vermissten gibt es keine Spur. Ein Pilzsammler entdeckt sie in einem Waldstück im Tagebauvorfeld der Tagebaue

Cottbus-Nord und Jänschwalde an einer Teerstraße entlang der Kohleverbindungsbahn. Die Leiche ist nackt und zusammengekrümmt in einem Loch verbuddelt. Veronika Rudolph ist durch die Anwendung stumpfer Gewalt im Halsbereich getötet worden.

Sehr wahrscheinlich ist die Tramperin an diesem Sonntagvormittag zu einem Mann ins Auto gestiegen, der sich für den Beruf der jungen Frau interessierte. Dafür spricht der Ort, an dem Veronika Rudolph am 4. September 1986 gegen 10.30 Uhr zufällig gefunden wird.

Hier, in dieser aufgewühlten Lausitzer Heide, wird ein Großprojekt zur Rekultivierung von Landschaften in Angriff genommen, die der Tagebau hinterlassen hat. Nur Ortskundige finden zu der Stelle, von der man einerseits einen guten Überblick über den Tagebau hat, andererseits von der Straße und auch von der Kohlebahn aus vor neugierigen Blicken geschützt ist. Wer nun wem von diesem Projekt der Umweltgestaltung etwas vorgeschwärmt hat, muss fraglich bleiben. Jedenfalls fährt Veronika Rudolph mit hierher, weil sie den Mann an ihrer Seite sympathisch findet. Möglicherweise hat sie mit ihm Zärtlichkeiten ausgetauscht. Doch gleich intim will sie nicht mit ihm werden. Der Konflikt spitzt sich zu zwischen dem Begehren des Mannes und der Ablehnung der Frau und endet in einem Mord.

Dieses wahrscheinliche Tatgeschehen bestimmt den weiteren Lauf der Ermittlungen. Aufgrund der vermuteten Opfer-Täter-Beziehung werden alle Männer zwischen vierundzwanzig und fünfzig Jahren aus Gallinchen und dem Nachbarort Groß Gaglow überprüft. Hinzu kommen zweihundertfünfundvierzig Personen, die Kontakt zur Familie Rudolph und zu Veronika selbst haben. Alibis von Männern mit Verbindungen zum Tagebau werden abgeklopft. Kriminaltechniker nehmen Autos unter die Lupe nach Spuren vom Opfer, von denen man ausgeht, dass sie Grabewerkzeuge an Bord haben und die zum

Transport einer Toten im Kofferraum geeignet sind. Schließlich kann nicht ausgeschlossen werden, dass der Fundort nicht der Tatort ist, selbst wenn das unwahrscheinlich erscheint. Die Kriminalisten heben ein Loch exakt in jener Größe aus, in dem die Leiche verscharrt war. Ein Zeitvergleich soll zeigen, ob in der benötigten Grabezeit nicht hätte ein Kohlezug vorbeifahren müssen und ein Lokführer etwas beobachtet haben könnte.

Letztlich ist alles vergebens. Der Mörder wird nicht gefunden. Im August 1987 stellt die Staatsanwaltschaft Cottbus das Ermittlungsverfahren vorläufig ein. Das Netz war gut ausgelegt, doch verfangen hat sich der Täter darin nicht.

Verschwunden

Als Vanessa Ahrens aus Lübbenau verschwindet, ist sie siebzehn Jahre alt. Der Teenager ist hübsch. Das mittelblonde, lockige Haar steht dem Mädchen gut. Sie ist lebenslustig. Nichts deutet an diesem 12. Oktober 1991 darauf hin, dass die harmlose Frage:

»Darf ich zur Disko gehen?« der Beginn eines ungeklärten Kriminalfalles sein würde.

Elfriede Jöckel ist an diesem Tag bei ihrer Tochter in der Straße des Aufbaus der Spreewaldstadt Lübbenau. Auch Vanessa, ihre Pflegekind, ist mitgekommen. Kurz nach neunzehn Uhr bekommt sie Lust auf die Disko in der »Holzoper« in der Straße des Friedens. Schnell radelt sie ein paar Häuser weiter nach Hause in die Brechtstraße. Vanessa macht sich frisch und diskofein. Dafür zieht sie einen blauen Jeansanzug an. Bis zur »Holzoper«, die nicht mehr ist als eine Baracke, ist es nicht weit. Vanessa geht deshalb zu Fuß und lässt das Fahrrad daheim in der Brechtstraße. In der Disko aber kommt sie nicht an. Ihre Freundinnen warten vergebens.

Vergebens wartet auch Elfriede Jöckel auf die Rückkehr des Mädchens. Um ein Uhr nachts wacht sie auf, sieht das leere Bett und erschrickt. Sie spürt tief im Innersten, dass etwas passiert ist und dass Vanessa nicht mehr wiederkommen wird.

Am nächsten Morgen fragt die besorgte Pflegemutter zunächst in der Poliklinik, ob dort etwas über einen Unfall mit einer Jugendlichen bekannt ist. Nichts. Auch der Polizei ist nichts bekannt. Als sie um 11.30 Uhr Anzeige bei der Wache erstatten will, wird sie vertröstet. »Das Mädchen hat sich verliebt und ist bei einem Freund. Spätestens nach drei Tagen ist sie wieder da«, sagen die Polizisten. Elfriede Jöckel und die Familie glauben nicht daran. Auf eigene Faust verteilen sie Flugblätter. Eine Spur von Vanessa Ahrens ergibt sich daraus nicht. Am 15. Oktober leitet die Polizei bundesweit eine Großfahndung ein. Hundertundzwanzig Zeugen werden befragt. Die Kripo setzt einen Leichenspürhund ein, der eine frisch asphaltierte Straße in Lübbenau Meter für Meter absucht.

Obwohl der Fall nun schon fast drei Jahrzehnte zurückliegt, werden noch immer bundesweit Mordtaten mit dem Fall Vanessa Ahrens verglichen. So auch die von Uwe W. Der hatte wenige Wochen nach dem Verschwinden von Vanessa Ahrens zwei Mädchen aus Berlin vergewaltigt und ermordet und sie in einem Wald bei Luckau versteckt. Vom Landgericht Cottbus zu einer lebenslangen Freiheitsstrafe verurteilt, bestreitet Uwe W., etwas von Vanessa Ahrens zu wissen.

Inzwischen ist ihm anhand einer DNA-Spur, dem genetischen Fingerabdruck, ein dritter Mord nachgewiesen worden. Auch für dieses Verbrechen ist er rechtskräftig verurteilt worden. Das Schicksal von Vanessa Ahrens aber bleibt ein Rätsel.